『十一五』國家重點出版規劃項目

主編 陳智超

# 陳垣全集

CHEN YUAN QUANJI

第九册

敦煌劫餘録（下）

北京师范大学出版集团
BEIJING NORMAL UNIVERSITY PUBLISHING GROUP
安徽大学出版社

**圖書在版編目(CIP)數據**

陳垣全集．第9册，敦煌劫餘録．下/陳垣著．—合肥：安徽大學出版社，2009．8(2021．3重印)

ISBN 978-7-81110-388-5

Ⅰ．①陳… Ⅱ．①陳… Ⅲ．①陳垣(1880～1971)—全集 ②敦煌學—專題目録 Ⅳ．①C52 ②Z88:K870．6

中國版本圖書館CIP數據核字(2009)第155335號

陳垣全集 第九册

**敦煌劫餘録(下)**

陳 垣 著 陳智超 主編

安徽大學出版社出版發行

(合肥市肥西路3號 郵編230039 電話0551-65107716

網址 www．ahupress．com．cn)

合肥遠東印務有限責任公司印製

責任總編輯 楊應芹 彭君華

本册編輯 徐玲英 封面設計 孟獻輝

開本 880×1230 1/32 印張 19．25 字數 375千

2009年12月第1版 2021年3月第3次印刷

ISBN 978-7-81110-388-5

定價 2480．00圓(全二十三册)

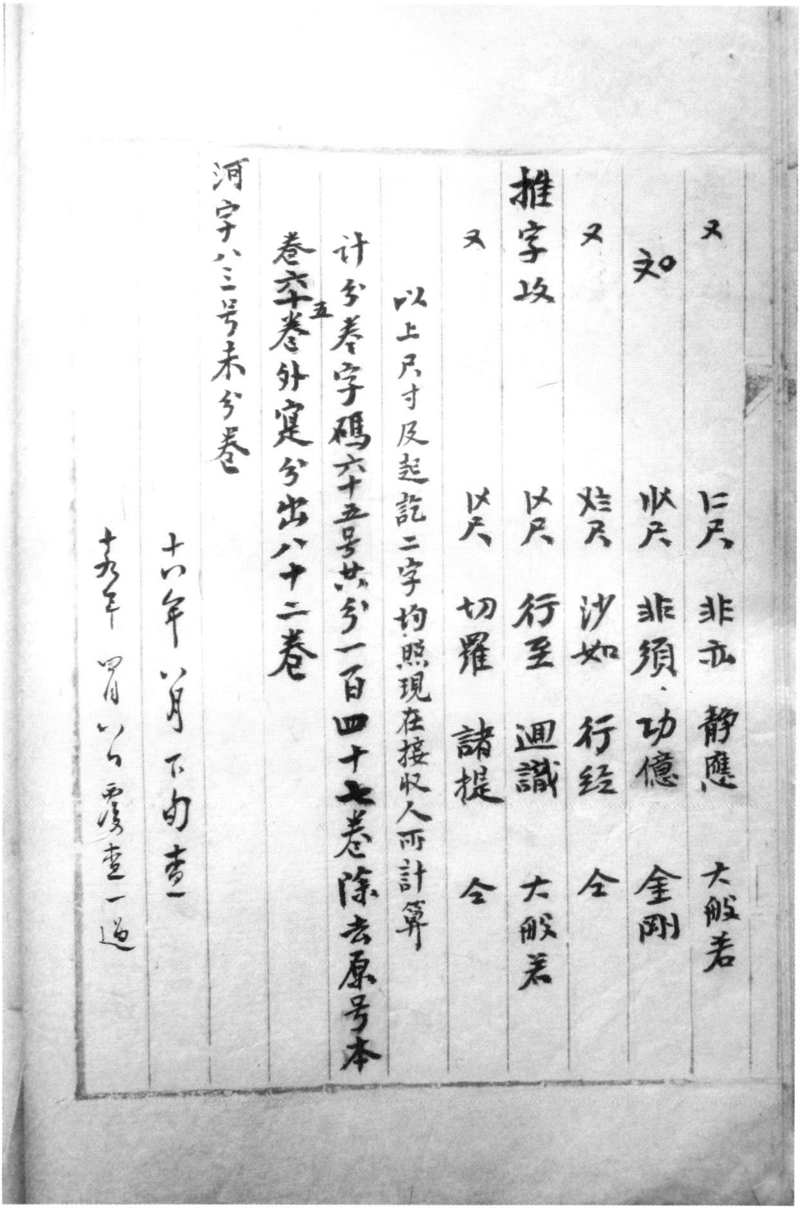

又　仁尺　非立　静應　大般若

知　收尺　非須、功德　金剛

又　炷尺　沙如　行經　仝

推字號　以尺　行至　迴識　大般若

又　以尺　切羅　諸提　仝

以上尺寸及起訖二字均照現在接收人所計算

计分卷字碼六十五号共分一百四十七卷除去原号本

卷六十五卷外寔分出八十二卷

河字八三号未分卷

十八年　月　下旬　查

十九年　四月　以後　覆查一過

《敦煌劫餘録》稿

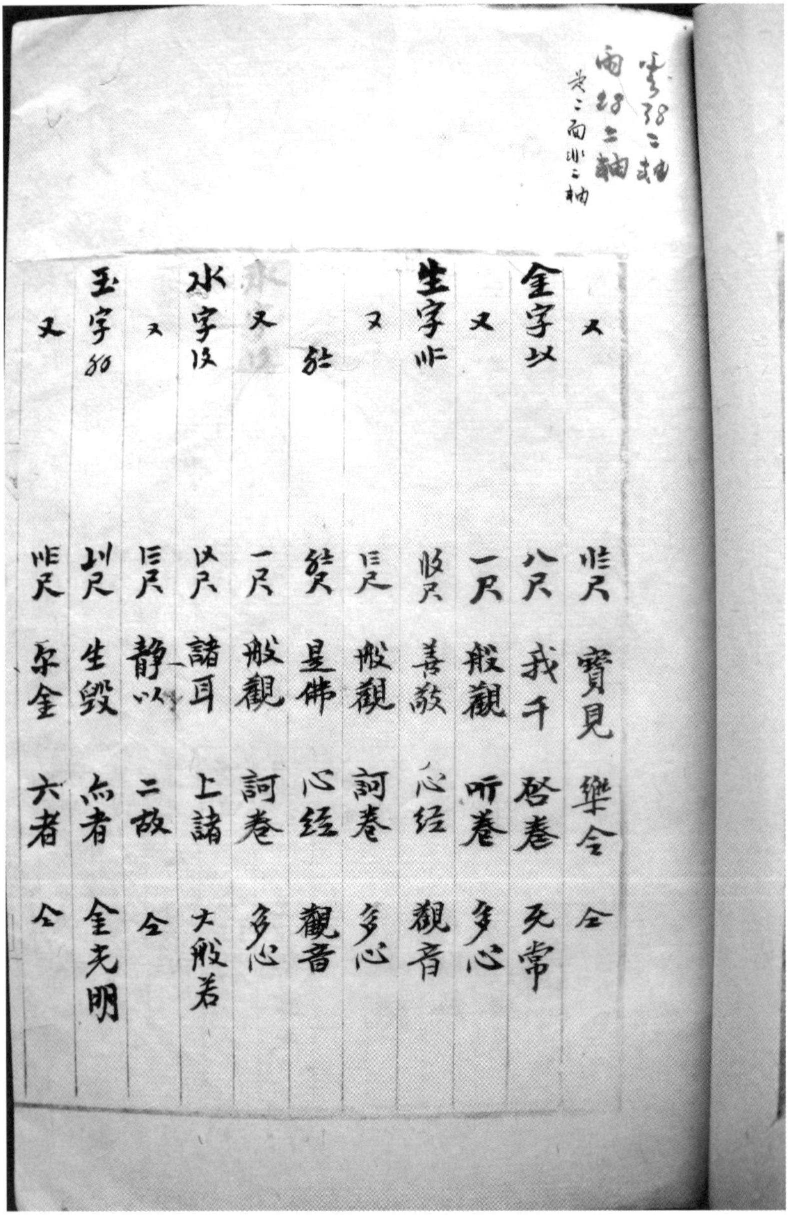
雨48二軸
金字以 八尺 我千 啓卷 无常
又 一尺 般觀 听卷 多心
生字作 善敬 心经 觀音
又 般觀 訶卷 多心
是佛 心经 觀音
又 一尺 般觀 訶卷 多心
水字 諸耳 上諸 大般若
又 静以 二故 仝
玉字 生毁 点者 金光明
又 六者 仝

《敦煌劫餘録》稿

陈垣全集之十七

# 敦煌劫餘錄（下）

安徽大学出版社

新會 陳垣 校錄

## 第七帙

### 妙法蓮華經 後秦鳩摩羅什譯 七卷

| 原號 | | 起 | 止 | 紙 | 行 | 品次 | 附 |
|---|---|---|---|---|---|---|---|
| 菜 | 17 | 妙法如是 | 知己說三 | 14 | 588 | 序品一 信解品四 | |
| 藏 | 95 | 國界我見 | 界其生舍 | 10 | 288 | 序品一 譬喻品三 | 首六行碎不全 |
| 列 | 74 | 妙法如是 | 作佛第一 | 20 | 510 | 序品一 方便品二 | |
| 藏 | 24 | 如是大比 | 作佛第一 | 19 | 527 | 序品一 方便品二 | 首三行碎損 |
| 黃 | 36 | 佛住與大 | 作佛第一 | 19 | 509 | 序品一 方便品二 | 首三行碎損 |

| | | | | | | |
|---|---|---|---|---|---|---|
| 黃 15 | 那提 阿迦 | 作佛 第一 | 19 | 504 | 序品一 方便品二 | 首行碎損 |
| 雨 85 | 妙法 爾時 | 作佛 第一 | 22 | 510 | 序品一 方便品二 | 首十行尾十行碎損 |
| 雨 84 | 舍城 皆是 | 作佛 第一 | 19 | 511 | 序品一 方便品二 | 首八行碎損 |
| 月 87 | 難陀 菩提 | 作佛 第一 | 19 | 514 | 序品一 方便品二 | 首十行碎損 |
| 霜 60 | 刧賓 多畢 | 忍辱 佛道 | 16 | 441 | 序品一 方便品二 | 首八行碎損 |
| 雨 78 | 眷屬 三藐 | 作佛 第一 | 19 | 516 | 序品一 方便品二 | 尾三十八行碎損 |
| 閼 70 | 我聞 漏己 | 能知 世尊 | 6 | 225 | 序品一 方便品二 | 首九行碎損 |
| 巨 17 | 提不 轉不 | 作佛 第一 | 19 | 506 | 序品一 方便品二 | 首四行碎損 |
| 騰 75 | 曰阿 迦葉 | 作佛 第一 | 21 | 524 | 序品一 方便品二 | 首十六行碎損 |
| 黃 74 | 佛慧 普聞 | 作佛 第一 | 19 | 491 | 序品一 方便品二 | 首行碎損 |

| | | | | | | | |
|---|---|---|---|---|---|---|---|
| 餘 | 5 | 序不所殖 | 作佛第一 | 19 | 496 | 序品一 方便品二 | 首二行碎損 |
| 收 | 7 | 以慈岸稱 | 作佛第一 | 20 | 511 | 序品一 方便品二 | 首二行碎損 |
| 列 | 86 | 陁羅羅睺 | 作佛第一 | 19 | 502 | 序品一 方便品二 | 首十四行碎損 |
| 日 | 56 | 多羅陁羅 | 作佛第一 | 19 | 498 | 序品一 方便品二 | 首九行碎損 |
| 珍 | 99 | 提不退轉 | 法輪是法 | 16 | 462 | 序品一 方便品二 | 首十行碎損 |
| 海 | 27 | 名月其眷 | 作佛第一 | 18 | 490 | 序品一 方便品二 | |
| 歲 | 47 | 薩無勒菩 | 第一無錯 | 18 | 490 | 序品一 方便品二 | 首五行碎損尾有校定無錯四字 |
| 呂 | 97 | 大自界主 | 作佛第一 | 18 | 484 | 序品一 方便品二 | |
| 闕 | 74 | 有名子四 | 作佛第一 | 20 | 488 | 序品一 方便品二 | 首二行碎損 |
| 淡 | 9 | 天子大自 | 作佛第一 | 19 | 484 | 序品一 方便品二 | 首行碎損 |

| | | | | | | | |
|---|---|---|---|---|---|---|---|
| 出 | 14 | 諸佛以慈 | 作佛第一 | 19 | 495 | 序品一方便品二 | 首十四行碎損 |
| 律 | 6 | 三萬界主 | 作佛第一 | 18 | 499 | 序品一方便品二 | |
| 盈 | 55 | 界主屬方 | 說偈言自 | 11 | 297 | 序品一方便品二 | 首行碎損 |
| 夜 | 51 | 轉不所殖 | 作佛第一 | 20 | 526 | 序品一方便品二 | 首三十七行碎損 |
| 霜 | 83 | 大自界主 | 作佛第一 | 18 | 484 | 序品一方便品二 | 首七行碎損 |
| 霜 | 75 | 屬萬陁龍 | 作佛第一 | 18 | 483 | 序品一方便品二 | 首三行碎損 |
| 海 | 84 | 眷屬那羅 | 作佛第一 | 17 | 476 | 序品一方便品二 | 首二十五行碎損 |
| 昃 | 89 | 八俱菩薩 | 作佛第一 | 20 | 499 | 序品一方便品二 | 首三十行碎損 |
| 鹹 | 47 | 百千法緊 | 之師作佛 | 16 | 476 | 序品一方便品二 | 首十行碎損 |
| 光 | 85 | 羅王千百 | 作佛第一 | 18 | 448 | 序品一方便品二 | 首二十二行碎損 |

| | | | | | | | |
|---|---|---|---|---|---|---|---|
| 珍 | 43 | 佛足恭敬 | 作佛第一 | 18 | 468 | 序品一　方便品二 | 首行碎損 |
| 調 | 47 | 退坐爾時 | 作佛第一 | 20 | 467 | 序品一　方便品二 | 首九行碎損 |
| 闕 | 27 | 屬萬陁龍 | 角貝供養 | 15 | 419 | 序品一　方便品二 | 首二十五行尾十三行碎損 |
| 陽 | 76 | 希子禮佛 | 作佛第一 | 20 | 469 | 序品一　方便品二 | 首九行碎損 |
| 藏 | 20 | 昧身羅華 | 作佛第一 | 13 | 353 | 序品一　方便品二 | |
| 寒 | 98 | 多羅八千 | 之師作佛 | 18 | 470 | 序品一　方便品二 | 首十八行尾七十六行碎不全 |
| 黃 | 56 | 羅華衆普 | 作佛第一 | 19 | 468 | 序品一　方便品二 | 首二行碎損 |
| 生 | 28 | 比丘阿脩 | 作佛第一 | 18 | 460 | 序品一　方便品二 | 首行碎損 |
| 律 | 7 | 脩羅放眉 | 作佛第一 | 18 | 458 | 序品一　方便品二 | 首三行碎損 |
| 辰 | 43 | 王轉喜合 | 作佛第一 | 13 | 342 | 序品一　方便品二 | 首三行碎損 |

淡 78 上至衆生 作佛第一 17 456 序品一 方便品二

宙 68 及聞優婆 作佛第一 16 451 序品一 方便品二 民國十年二月提送歷史博物館

致 61 及聞優婆 惡道增長 13 364 序品一 方便品二

盈 65 寶塔爾時 乘一乘何 12 288 序品一 方便品二 首六行尾七行碎損

淡 31 以佛念今 之師作佛 15 450 序品一 方便品二 首四行碎損

黃 18 界盡及聞 作佛第一 17 416 序品一 方便品二 首十三行碎損

宿 16 修行種種 作佛第一 17 452 序品一 方便品二 首百六行碎損

致 46 于東於是 諸佛切聲 17 179 序品一 方便品二 首六行尾二行碎損

陽 47 雨曼以是 作佛第一 18 436 序品一 方便品二 首二行碎損 尾有木軸

菜 100 種種湼槃 勇猛宜所 6 192 序品一 方便品二 首十六行碎損

| | | | | | | | |
|---|---|---|---|---|---|---|---|
| 藏 | 33 | 彌勒／問曰 | 作佛／第一 | 16 | 437 | 序品一／方便品二 | 首三十五行碎損　尾有木軸 |
| 騰 | 28 | 從阿／生死 | 作佛／第一 | 16 | 440 | 序品一／方便品二 | 首十行碎損 |
| 呂 | 4 | 文殊／雨曼 | 作佛／第一 | 17 | 438 | 序品一／方便品二 | 首九行碎損 |
| 菜 | 77 | 梵音／種種 | 疑惑／第一 | 16 | 435 | 序品一／方便品二 | 尾四十二行碎損 |
| 水 | 89 | 廻向／或有 | 涅槃／三乘 | 15 | 388 | 序品一／方便品二 | 首尾碎損 |
| 珍 | 93 | 種種／眞珠 | 具得／我知 | 7 | 192 | 序品一／方便品二 | 首十三行尾行碎損 |
| 稱 | 21 | 入於／深脩 | 作佛／第一 | 18 | 409 | 序品一／方便品二 | 首四行碎損 |
| 珍 | 71 | 破魔／天龍 | 作佛／第一 | 15 | 402 | 序品一／方便品二 | 首二行碎損　尾有木軸 |
| 李 | 17 | 人有／有佛 | 作佛／第一 | 16 | 442 | 序品一／方便品二 | 首二十四行碎損 |
| 往 | 99 | 以千／能問 | 三世／有疑 | 8 | 144 | 序品一／方便品二 | 首七行尾四行碎　不全 |

| | | | | | | |
|---|---|---|---|---|---|---|
| 昃 55 | 又見 皆悉 | 作佛 第一 | 14 | 395 | 序品一 方便品二 | |
| 冬 76 | 經行 淨如 | 作佛 第一 | 15 | 413 | 序品一 方便品二 | 首二十四行碎損 |
| 羽 30 | 勤求 以求 | 秘要 佛道 | 15 | 402 | 序品一 方便品二 | 首六行尾十行碎損 |
| 成 11 | 林華 是等 | 作佛 第一 | 16 | 395 | 序品一 方便品二 | 首四行碎損 |
| 陽 29 | 亂攝 見菩 | 作佛 第一 | 15 | 399 | 序品一 方便品二 | 首二十八行尾三行碎損 |
| 巨 81 | 國界 佛放 | 作佛 第一 | 15 | 387 | 序品一 方便品二 | |
| 珍 48 | 自然 佛放 | 復難 一出 | 13 | 346 | 序品一 方便品二 | 首行碎損 |
| 水 77 | 四衆 爾時 | 不信 缺漏 | 10 | 254 | 序品一 方便品二 | 首尾碎損 |
| 冬 71 | 善男 即説 | 作佛 第一 | 14 | 372 | 序品一 方便品二 | |
| 暑 8 | 即説 令衆 | 宜所 種因 | 4 | 112 | 序品一 方便品二 | |

| | | | | | | | |
|---|---|---|---|---|---|---|---|
| 暑 | 67 | 即說佛智 | 令衆能知 | 5 | 140 | 序品一 方便品二 | |
| 鱗 | 80 | 善界法皆 | 即說意皆 | 8 | 222 | 序品一 方便品二 | 首二行碎損內有武周新字 |
| 劍 | 92 | 令乘佛作 | 斯瑞第一 | 14 | 380 | 序品一 方便品二 | 首二行碎損 |
| 律 | 57 | 故現不信 | 男子缺漏 | 10 | 250 | 序品一 方便品二 | 首二行尾二十四行碎損 |
| 柰 | 43 | 亦復作佛 | 信之第一 | 18 | 369 | 序品一 方便品二 | 首七行碎損 |
| 巨 | 66 | 其義衆生 | 行之三七 | 10 | 328 | 序品一 方便品二 | 首三行尾二行碎損 |
| 文 | 50 | 具足一手 | 意四亂心 | 4 | 138 | 序品一 方便品二 | 全卷多碎損 |
| 地 | 29 | 脩梵之師 | 是時作佛 | 14 | 353 | 序品一 方便品二 | 尾五行上端碎 |
| 張 | 90 | 婆夷勇猛 | 羅摩宜所 | 3 | 84 | 序品一 方便品二 | |
| 律 | 34 | 摩賑宜所 | 諸大種因 | 3 | 84 | 序品一 方便品二 | 首行碎損 |

| | | | | | | | |
|---|---|---|---|---|---|---|---|
| 珠 | 93 | 相光所見 | 可度在天 | 11 | 305 | 序品一方便品二 | 首三行碎損 |
| 珠 | 46 | 上彌聽法 | 作佛第一 | 20 | 339 | 序品一方便品二 | 首三行碎損 |
| 雲 | 95 | 當知諸菩 | 作佛第一 | 12 | 337 | 序品一方便品二 | 首二行碎損尾有木軸 |
| 光 | 14 | 時日乘經 | 純有汝今 | 6 | 162 | 序品一方便品二 | 首六行尾行碎損 |
| 雨 | 9 | 人號而不 | 作佛第一 | 14 | 362 | 序品一方便品二 | 首二行碎損内有武周新字 |
| 珍 | 57 | 光妙提是 | 作佛第一 | 13 | 323 | 序品一方便品二 | 首三十一行碎損 |
| 宙 | 54 | 今見大乘 | 作佛第一 | 12 | 314 | 序品一方便品二 | |
| 淡 | 79 | 見此大乘 | 作佛第一 | 12 | 315 | 序品一方便品二 | |
| 黃 | 5 | 世尊佛未 | 作佛卷一 | 11 | 308 | 序品一方便品二 | 首三行碎損 |
| 珠 | 19 | 有一而不 | 作佛第一 | 12 | 318 | 序品一方便品二 | 首二十行碎損 |

| 號 | 起訖 | | 紙數 行數 | 品 | 附記 |
|---|---|---|---|---|---|
| 羽 39 | 座上 一乘 | 自然 一乘 | 10 250 | 序品一 方便品二 | 首十二行碎損 |
| 服 61 | 切衆 无碍 | 頗梨 成就 | 2 49 | 序品一 方便品二 | 首二行碎損 |
| 鱗 54 | 天雨 作佛 | 一切 第一 | 12 166 | 序品一 方便品二 | 十一行 損 |
| 鱗 55 | 善入 作佛 | 量界 第一 | 17 439 | 序品一 方便品二 | |
| 冬 75 | 及見 疑惑 | 又見 作佛 | 12 318 | 序品一 方便品二 | 首八行碎損 字體秀勁 |
| 淡 23 | 各各 作佛 | 讚妙 第一 | 12 292 | 序品一 方便品二 | 首二行碎損 |
| 調 63 | 佛說 作佛 | 諸法 第一 | 11 290 | 序品一 方便品二 | 背面記癸酉年十月二日安廸手書 |
| 服 95 | 尋即 佛者 | 我今 量者 | 2 43 | 序品一 方便品二 | |
| 月 97 | 又見 佛廟 | 爾時 佛道 | 9 224 | 序品一 方便品二 | 首十行尾二行碎損 |
| 玉 36 | 各各 一佛 | 我若 切種 | 5 140 | 序品一 方便品二 | |

| | | | | | | | |
|---|---|---|---|---|---|---|---|
| 冬 | 57 | 佛滅 若滅 | 是經 妙道 | 7 | 177 | 序品一 方便品二 | 首十八行碎損 |
| 翔 | 83 | 比丘 是妙 | 勇猛 宜所 | 1 | 21 | 序品一 方便品二 | |
| 淡 | 38 | 其後 彼佛 | 作佛 第一 | 12 | 272 | 序品一 方便品二 | |
| 冬 | 86 | 于東 獄上 | 作佛 第一 | 17 | 460 | 序品一 方便品二 | |
| 黃 | 59 | 妙法 如是 | 放逸 難値 | 6 | 225 | 序品一 | |
| 往 | 41 | 妙法 如是 | 身是 華經 | 9 | 237 | 序品一 | 首十三行尾八行碎損 |
| 成 | 23 | 妙法 爾時 | 問曰 衆心 | 2 | 45 | 序品一 | 尾三行碎損 |
| 珍 | 69 | 妙法 如是 | 施菩 菩薩 | 1 | 21 | 序品一 | |
| 服 | 59 | 妙法 如是 | 羅華 訶曷 | 2 | 47 | 序品一 | 首二行碎損 |
| 月 | 12 | 嶇小 漢諸 | 後善 白梵 | 6 | 145 | 序品一 | 首十一行碎不全 |

| | | | | | | | |
|---|---|---|---|---|---|---|---|
| 帝 | 39 | 大目天子 | 訶迦婆世 | 1 | 22 | 序品一 | 首四行碎損 |
| 淡 | 86 | 自在光天 | 摩訶天子 | 1 | 23 | 序品一 | 首四行碎損 |
| 麗 | 94 | 時佛已即 | 萬二知今 | 5 | 137 | 序品一 | 首七行尾行碎損 |
| 帝 | 80 | 學无佛道 | 六千智者 | 4 | 101 | 序品一 | 首三行碎損 |
| 呂 | 79 | 迦耶大法 | 迦旃義諸 | 5 | 134 | 序品一 | 首九行碎損 |
| 冬 | 85 | 陁羅歡喜 | 羅睺光照 | 2 | 46 | 序品一 | 首十四行碎不全 |
| 師 | 2 | 樂說此世 | 量百諸佛 | 2 | 42 | 序品一 | 首八行碎損 |
| 水 | 96 | 陁羅大法 | 羅睺義諸 | 6 | 133 | 序品一 | 首十一行尾行碎損 |
| 翔 | 97 | 轉不佛上 | 所植天大 | 2 | 39 | 序品一 | 首九行碎損 |
| 潛 | 63 | 大自薩法 | 界主坐入 | 1 | 20 | 序品一 | 尾三行碎損 |

| 字 | 號 | 文 | 卷 | 行 | 品 | 註 |
|---|---|---|---|---|---|---|
| 致 | 57 | 界主屬方 此世諸佛 | 1 | 28 | 序品一 | |
| 暑 | 1 | 子俱屬三 義諸光已 | 4 | 114 | 序品一 | 首七行尾行碎不全 |
| 罔 | 49 | 眷屬子與 作佛第一 | 19 | 388 | 序品一 | 首八行碎損 |
| 崑 | 82 | 眷屬阿那 有餘第二 | 14 | 123 | 序品一 | 首十六行碎損 |
| 裳 | 20 | 王優俱有 諸佛丘尼 | 1 | 26 | 序品一 | 此卷多碎損 |
| 麗 | 67 | 大自界主 光照地獄 | 1 | 28 | 序品一 | 首九行碎損 此卷民國十六年一月復查時註失 |
| 帝 | 88 | 千人屬俱 金色衆生 | 3 | 69 | 序品一 | 全卷碎損 |
| 推 | 85 | 阿脩羅王 此世諸佛 | 1 | 18 | 序品一 | 首二行碎損 |
| 海 | 93 | 動爾天龍 悉見第一 | 1 | 31 | 序品一 | 首二行碎損 |

| | | | | | | |
|---|---|---|---|---|---|---|
| 收 22 | 比丘脩羅 | 所歎布施 | 3 | 46 | 序品一 | 全卷碎不全 字清秀 |
| 宇 70 | 東方上至 | 金色衆生 | 1 | 27 | 序品一 | |
| 河 26 | 諸菩護念 | 數佛師子 | 8 | 214 | 序品一 | 首十一行碎損 |
| 翔 85 | 獄上趣衆 | 彌勒問曰 | 1 | 19 | 序品一 | |
| 文 98 | 界盡及聞 | 阿修中夜 | 5 | 128 | 序品一 | 尾五行碎損 |
| 歲 54 | 界盡及聞 | 億萬正法 | 1 | 28 | 序品一 | 首十一行碎損 |
| 鳥 4 | 摩訶沙華 | 金色衆生 | 2 | 33 | 序品一 | 首十六行碎損 |
| 翔 47 | 今佛當以 | 正法衆生 | 1 | 22 | 序品一 | |
| 往 45 | 梵音種種 | 界六優婆 | 3 | 84 | 序品一 | |
| 歲 78 | 人人若若 | 授記小緣 | 2 | 50 | 序品一 | 尾行碎損 |

| | | | | | | |
|---|---|---|---|---|---|---|
| 崑 | 90 | 文殊增寶 寶千寶生 | 1 | 37 | 序品一 | 字體尙存八分意味 |
| 始 | 5 | 衆多求佛 種種如寶 | 1 | 21 | 序品一 | 首行尾三行碎損 |
| 重 | 39 | 眞珠辱力 寶飾佛道 | 1 | 20 | 序品一 | 首五行碎損 |
| 海 | 97 | 又見小緣 又見何等 | 1 | 28 | 序品一 | |
| 往 | 1 | 又見世界 一心塞優 | 2 | 56 | 序品一 | |
| 衣 | 9 | 又見大法 一心義諸 | 1 | 28 | 序品一 | |
| 薑 | 67 | 一心光菩 或見是也 | 3 | 84 | 序品一 | |
| 師 | 44 | 衣施菩薩 臥具也今 | 3 | 82 | 序品一 | 首四行碎損 |
| 皇 | 32 | 佛坐頒四 示諸三藐 | 1 | 26 | 序品一 | 首三行碎損字體佳 |
| 水 | 41 | 復如放逸 衆生涅槃 | 3 | 85 | 序品一 | 首行碎損 |

| | | | | | | |
|---|---|---|---|---|---|---|
| 結 | 2 | 日月塞優　遍知緊那 | 1 | 25 | 序品一 | 首行碎損 |
| 人 | 93 | 來應優婆　正遍那羅 | 1 | 25 | 序品一 | 首尾各碎損二行 |
| 位 | 64 | 蔽三相義　次復道者 | 4 | 94 | 序品一 | 首五行尾行碎損 |
| 人 | 14 | 乾闥明珠　羅伽光照 | 2 | 48 | 序品一 | 首尾行碎損 |
| 帝 | 26 | 爾時道者　佛土有餘 | 3 | 76 | 序品一 | 首十行碎損 |
| 鱗 | 50 | 王轉智慧　合掌梵行 | 2 | 34 | 序品一 | 首五行尾二行碎損 |
| 字 | 84 | 薩豈法藏　今見歡喜 | 1 | 25 | 序品一 | |
| 人 | 58 | 又見名利　又見通利 | 1 | 22 | 序品一 | 尾行碎損 |
| 柰 | 22 | 喜合辱力　照東佛道 | 2 | 58 | 序品一 | 首行碎損 |
| 重 | 73 | 諸求我今　妙法著隨 | 5 | 125 | 方便品二 | 首行碎損 |

| | | | | | | | |
|---|---|---|---|---|---|---|---|
| 生 | 72 | 安詳智慧 | 作佛第一 | 12 | 261 | 方便品二 | 首六行碎損 |
| 寒 | 89 | 說意緣種 | 作佛第一 | 10 | 260 | 方便品二 | 尾有木軸 |
| 光 | 48 | 說意緣種 | 不信缺漏 | 5 | 140 | 方便品二 | |
| 李 | 29 | 舍利緣種 | 偈言比丘 | 5 | 140 | 方便品二 | 首尾行碎損 |
| 人 | 42 | 說意緣種 | 如稻沙劫 | 1 | 28 | 方便品二 | 首行尾三行碎損 |
| 荒 | 39 | 已具无礙 | 作佛第一 | 10 | 257 | 方便品二 | 首七行碎損 尾有木軸 |
| 河 | 74 | 佛諸无數 | 作佛第一 | 10 | 245 | 方便品二 | 首二行碎損 尾有木軸 |
| 藏 | 99 | 不退又告 | 行道實說 | 1 | 28 | 方便品二 | |
| 往 | 47 | 又告唯我 | 苦毒人衆 | 5 | 141 | 方便品二 | 尾行碎不全 |
| 藏 | 84 | 諸佛於佛 | 作佛第一 | 10 | 233 | 方便品二 | 首二行碎 碎損處甚多 卷中 |

| | | | | | | | |
|---|---|---|---|---|---|---|---|
| 菜 | 49 | 聖主作佛<br>是德第一 | 11 | 289 | 方便品二 | 全卷碎損 |
| 人 | 89 | 慧曰人阿<br>禪定坑爾 | 1 | 20 | 方便品二 | 首五行碎損 |
| 號 | 49 | 及人第一<br>唯願可度 | 6 | 165 | 方便品二 | 首七行碎損 |
| 盈 | 29 | 无上惡道<br>是會增長 | 4 | 95 | 方便品二 | |
| 寒 | 43 | 之法作佛<br>是說第一 | 8 | 215 | 方便品二 | 首二十四行碎損 |
| 字 | 96 | 皆一佛但<br>願爲智見 | | 40 | 方便品二 | 尾行碎損字體佳 |
| 河 | 36 | 无量作佛<br>皆一第一 | 8 | 197 | 方便品二 | 首五行碎損 |
| 宿 | 87 | 貞實作佛<br>善聽第一 | 7 | 175 | 方便品二 | |
| 荒 | 91 | 貞實作佛<br>善聽第一 | 7 | 174 | 方便品二 | 首五行碎損尾有木軸 |
| 河 | 75 | 得一作佛<br>以无第一 | 6 | 158 | 方便品二 | |

| | | | | | | | |
|---|---|---|---|---|---|---|---|
| 玉 | 14 | 智舍 見示 | 供養 佛道 | 3 | 84 | 方便品二 | |
| 黃 | 13 | 舍利 方便 | 得法 等法 | 2 | 58 | 方便品二 | |
| 盈 | 69 | 弗十 諸佛 | 作佛 第一 | 5 | 146 | 方便品二 | 首三行碎損 |
| 重 | 13 | 阿羅 耨多 | 作佛 第一 | 6 | 131 | 方便品二 | 首三行碎損 |
| 珠 | 11 | 欲重 比丘 | 作佛 第一 | 5 | 123 | 方便品二 | 背有蕃文 |
| 薑 | 12 | 度後 得若 | 作佛 第一 | 5 | 139 | 方便品二 | 首九行碎損 |
| 玉 | 99 | 惑說 譬喻 | 作佛 第一 | 4 | 115 | 方便品二 | |
| 重 | 71 | 護惜 斯人 | 作佛 第一 | 5 | 120 | 方便品二 | 首十行碎損 |
| 閏 | 12 | 爲此 以深 | 作佛 第一 | 4 | 108 | 方便品二 | |
| 柰 | 16 | 說佛 終不 | 忍辱 佛道 | 1 | 28 | 方便品二 | 字體整齊 |

| | | | | | | | |
|---|---|---|---|---|---|---|---|
| 月 | 25 | 薄德依止 | 作佛第一 | 4 | 91 | 方便品二 | |
| 地 | 48 | 薄德依止 | 說法之師 | 4 | 89 | 方便品二 | 尾三十行上端碎 |
| 暑 | 46 | 逼迫入邪 | 作佛第一 | 4 | 94 | 方便品二 | 首行碎損 |
| 騰 | 56 | 受不億劫 | 作佛第一 | 4 | 90 | 方便品二 | 首九行碎損 |
| 月 | 96 | 若聞如是 | 作佛第一 | 3 | 78 | 方便品二 | 尾有木軸 |
| 結 | 58 | 諸佛諸佛 | 作佛第一 | 3 | 83 | 方便品二 | |
| 柰 | 10 | 諸佛諸佛 | 此道一乘 | 1 | 28 | 方便品二 | |
| 麗 | 44 | 乃至如是 | 作佛第一 | 3 | 67 | 方便品二 | |
| 皇 | 23 | 以華簫笛 | 第一可度 | 1 | 28 | 方便品二 | 尾七行碎損 |
| 水 | 15 | 若人或有 | 作佛第一 | 3 | 62 | 方便品二 | |

| | | | | | | | |
|---|---|---|---|---|---|---|---|
| 麗 | 2 | 世尊<br>供養 | 作佛<br>第一 | 2 | 50 | 方便品二 | 首二行碎損 |
| 師 | 15 | 音皆<br>畫像 | 止道<br>作佛 | 2 | 47 | 方便品二 | 首十五行尾二行<br>碎損 |
| 裳 | 96 | 著於<br>求大 | 之師<br>作佛 | 2 | 40 | 方便品二 | 首三行碎損 |
| 柰 | 66 | 爾時<br>并餘 | 作佛<br>第一 | 1 | 37 | 方便品二 | |
| 秋 | 80 | 我即<br>破法 | 作佛<br>第一 | 2 | 34 | 方便品二 | |
| 收 | 26 | 并餘<br>我卽 | 弟子<br>秘要 | 1 | 28 | 方便品二 | |
| 李 | 13 | 法不<br>尋念 | 作佛<br>第一 | 2 | 33 | 方便品二 | 首行碎損 |
| 闕 | 55 | 少智<br>雖復 | 作佛<br>第一 | 2 | 28 | 方便品二 | |
| 來 | 67 | 我常<br>失我 | 說三<br>第二 | 21 | 582 | 譬喩品三十三<br>勸持品十三 | 首七行碎損　尾<br>有木軸 |
| 來 | 43 | 妙法<br>爾時 | 說三<br>第二 | 22 | 594 | 譬喩品三<br>信解品四 | |

| | | | | | | | |
|---|---|---|---|---|---|---|---|
| 秋 | 96 | 妙法說三 / 爾時第二 | 24 | 589 | 譬喻品三 / 信解品四 | 首八行碎損 |
| 陽 | 48 | 妙法說三 / 爾時第二 | 22 | 594 | 譬喻品三 / 信解品四 | |
| 菜 | 39 | 妙法說三 / 爾時第二 | 21 | 593 | 譬喻品三 / 信解品四 | |
| 闕 | 69 | 爾時說三 / 而白第二 | 2 2 | 592 | 譬喻品三 / 信解品四 | 首十一行碎損 |
| 洪 | 27 | 喜即說三 / 此法第二 | 21 | 591 | 譬喻品三 / 信解品四 | 首三行碎損 尾有木軸 |
| 劍 | 31 | 失於說三 / 下若第二 | 22 | 587 | 譬喻品三 / 信解品四 | 首十行碎損 |
| 鹹 | 31 | 者坐說三 / 來以第二 | 22 | 588 | 譬喻品三 / 信解品四 | 首行碎損 |
| 日 | 37 | 等待說三 / 菩提第二 | 22 | 587 | 譬喻品三 / 信解品四 | 首二行碎損 |
| 宿 | 71 | 妙法荷負 / 爾時寶衣 | 20 | 598 | 譬喻品三 / 信解品四 | 首十一行碎損 |
| 巨 | 42 | 得未說三 / 見諸第二 | 22 | 603 | 譬喻品三 / 信解品四 | 首三行碎損 |

| | | | | | | | |
|---|---|---|---|---|---|---|---|
| 羽 | 37 | 佛法來終 | 說三第二 | 21 | 560 | 譬喻品三信解品四 | 首二十一行碎損 |
| 柰 | 9 | 思惟責而 | 宣言中捨 | 20 | 467 | 譬喻品三信解品四 | 尾二行碎損 |
| 鱗 | 1 | 說初昔來 | 說三第二 | 11 | 585 | 譬喻品三信解品四 | 首十四行碎損 |
| 荒 | 32 | 妙法爾時 | 說三第二 | 22 | 606 | 譬喻品三信解品四 | 首十四行碎損 |
| 宿 | 59 | 竟夜有法 | 說三第二 | 14 | 584 | 譬喻品三信解品四 | 首八行碎損 |
| 騰 | 83 | 諸疑是佛 | 說三第二 | 22 | 581 | 譬喻品三信解品四 | 首七行碎損 |
| 閏 | 81 | 等不思惟 | 說三第二 | 22 | 587 | 譬喻品三信解品四 | 首十四行碎損 尾有木軸 |
| 黃 | 66 | 此意是法 | 說三第二 | 22 | 579 | 譬喻品三信解品四 | 首六行碎損 |
| 秋 | 73 | 於大佛音 | 說三第二 | 27 | 499 | 譬喻品三信解品四 | 首八行碎損 |
| 號 | 78 | 以是无漏 | 說三第二 | 21 | 573 | 譬喻品三信解品四 | |

| | | | | | | | | |
|---|---|---|---|---|---|---|---|---|
| 稱 | 43 | 佛音說三 | 我處第二 | 22 | 579 | 譬喻品三 | 信解品四 | 首十一行碎損　尾有木軸 |
| 菜 | 57 | 无漏說三 | 世尊第二 | 16 | 572 | 譬喻品三 | 信解品四 | 首四行碎損 |
| 昃 | 64 | 滿十无漏 | 常於我等 | 21 | 541 | 譬喻品三 | 信解品四 | 首十行尾四行碎損 |
| 張 | 36 | 亦以乘道 | 得道華經 | 21 | 578 | 譬喻品三 | 信解品四 | 首四行尾八行碎損 |
| 收 | 49 | 思議說三 | 我心第二 | 21 | 580 | 譬喻品三 | 信解品四 | 首十六行碎損 |
| 宙 | 64 | 无上說三 | 天人第二 | 20 | 561 | 譬喻品三 | 信解品四 | 首七行碎損 |
| 盈 | 82 | 願佛說三 | 還欲第二 | 21 | 550 | 譬喻品三 | 信解品四 | 首三行碎損　尾有木軸 |
| 調 | 56 | 所行說三 | 遍知第二 | 20 | 558 | 譬喻品三 | 信解品四 | |
| 巨 | 40 | 世過說三 | 億佛第二 | 21 | 552 | 譬喻品三 | 信解品四 | 首四行碎損 |
| 往 | 54 | 華光說三 | 間解第二 | 22 | 540 | 譬喻品三 | 信解品四 | 首二行碎損　尾有木軸 |

| | | | | | | | |
|---|---|---|---|---|---|---|---|
| 日 | 29 | 飭安黃金 | 說三第二 | 20 | 551 | 譬喻品三信解品四 | 首十六行碎損 |
| 果 | 4 | 黃金有華 | 說三第二 | 20 | 539 | 譬喻品三信解品四 | 卷多碎損 |
| 陽 | 51 | 熾盛各有 | 說三第二 | 17 | 530 | 譬喻品三信解品四 | 首九行碎損尾有木軸 |
| 冬 | 34 | 離垢盛琉 | 說三第二 | 20 | 541 | 譬喻品三信解品四 | 首五行碎損尾有木軸 |
| 黃 | 28 | 飭安黃金 | 說三第二 | 20 | 540 | 譬喻品三信解品四 | 首四行碎損 |
| 致 | 55 | 薩非皆久 | 未曾長者 | 14 | 385 | 譬喻品三信解品四 | 首行碎損 |
| 雨 | 91 | 像法此義 | 說三第二 | 20 | 522 | 譬喻品三信解品四 | 首行碎損 |
| 暑 | 80 | 多羅次當 | 說三第二 | 20 | 527 | 譬喻品三信解品四 | 首五行碎損 |
| 雲 | 47 | 正法華光 | 說三第二 | 19 | 511 | 譬喻品三信解品四 | |
| 闕 | 83 | 正法華光 | 說三第二 | 19 | 511 | 譬喻品三信解品四 | |

| | | | | | | |
|---|---|---|---|---|---|---|
| 光 | 2 | 塞優說三<br>樓羅第二 | 19 | 508 | 譬喻品三<br>信解品四 | 首四行碎損 |
| 寒 | 68 | 正法說三<br>華光第二 | 19 | 514 | 譬喻品三<br>信解品四 | 首六行碎損 |
| 致 | 73 | 天子說三<br>昔於第二 | 20 | 498 | 譬喻品三<br>信解品四 | 首三行碎損尾題庚辰年八月七日程自手書記十二字 |
| 秋 | 82 | 舁陁思念<br>散天雖年 | 12 | 346 | 譬喻品三<br>信解品四 | 此卷多碎損 |
| 霜 | 71 | 及見說三<br>爾時第二 | 20 | 491 | 譬喻品三<br>信解品四 | 首三行碎損 |
| 地 | 53 | 爲四說三<br>勿我第二 | 20 | 551 | 譬喻品三<br>信解品四 | 首六行碎損尾有木軸 |
| 盈 | 12 | 辭方說三<br>是諸第二 | 17 | 488 | 譬喻品三<br>信解品四 | 首六行碎損 |
| 昃 | 71 | 乃至說三<br>落柱第二 | 18 | 449 | 譬喻品三<br>信解品四 | 首二行碎損 |
| 辰 | 33 | 是思說三<br>舍出第二 | 18 | 468 | 譬喻品三<br>信解品四 | 首五行碎損 |

| | | | | | | | |
|---|---|---|---|---|---|---|---|
| 盈 | 20 | 善言 肯信 | 說三 第二 | 18 | 471 | 譬喻品三 信解品四 | 首二行碎損 |
| 冬 | 20 | 車令 宅宜 | 說三 第二 | 18 | 461 | 譬喻品三 信解品四 | 首二行碎損 尾有木軸 |
| 結 | 21 | 諸子 無復 | 說三 第二 | 20 | 462 | 譬喻品三 信解品四 | 首行碎損 尾有木軸 |
| 劍 | 98 | 无復 曰父 | 說三 第二 | 17 | 429 | 譬喻品三 信解品四 | 卷多碎損 |
| 果 | 15 | 鈴又 飾之 | 說三 第二 | 16 | 461 | 譬喻品三 信解品四 | |
| 菜 | 97 | 舍利 高廣 | 說三 第二 | 17 | 458 | 譬喻品三 信解品四 | 首二行碎損 |
| 爲 | 20 | 利弗 長者 | 說三 第二 | 17 | 436 | 譬喻品三 信解品四 | 首二行碎損 |
| 雲 | 16 | 不戲 令子 | 說三 第二 | 16 | 430 | 譬喻品三 信解品四 | |
| 稱 | 17 | 者乃 不虛 | 說三 第二 | 16 | 431 | 譬喻品三 信解品四 | 首行碎損 |
| 黃 | 47 | 知財 利弗 | 說三 第二 | 16 | 428 | 譬喻品三 信解品四 | |

| | | | | | | | |
|---|---|---|---|---|---|---|---|
| 昃 | 96 | 知財利弗 | 則爲菩薩 | 12 | 336 | 譬喩品三　信解品四 | |
| 黃 | 97 | 病死受種 | 說三第二 | 19 | 419 | 譬喩品三　信解品四 | |
| 淡 | 80 | 作是无邊 | 說三第二 | 15 | 420 | 譬喩品三　信解品四 | |
| 夜 | 49 | 燒汝我今 | 說三第二 | 15 | 398 | 譬喩品三　信解品四 | 首行碎損 |
| 呂 | 92 | 從佛智自 | 說三第二 | 17 | 387 | 譬喩品三　信解品四 | 首四行碎損 |
| 鱗 | 43 | 衆生天人 | 說三第二 | 20 | 383 | 譬喩品三　信解品四 | 首七行碎損 |
| 日 | 89 | 譬如堂舍 | 知己說三 | 14 | 365 | 譬喩品三　信解品四 | |
| 收 | 37 | 毒蟲夜乂 | 知己說三 | 17 | 350 | 譬喩品三　信解品四 | |
| 淡 | 30 | 復有頭髮 | 子使喜得 | | 198 | 譬喩品三　信解品四 | |
| 字 | 7 | 如是其人 | 受教悕取 | 8 | 112 | 譬喩品三　信解品四 | 背面雜寫晏子賦等 |

| | | | | | | | |
|---|---|---|---|---|---|---|---|
| 爲 | 33 | 復有頭髮 | 說三第二 | 13 | 347 | 譬喩品三 信解品四 | 首三行碎損 |
| 海 | 81 | 惡獸薄福 | 如是餘事 | 12 | 313 | 譬喩品三 信解品四 | 首尾碎損各十九行 |
| 河 | 25 | 衆苦鳩槃 | 子座識之 | 10 | 264 | 譬喩品三 信解品四 | 首尾行碎損 |
| 成 | 79 | 是時今此 | 說三第二 | 13 | 328 | 譬喩品三 信解品四 | 首三行碎損 |
| 宿 | 49 | 我有羊車 | 說三第二 | 12 | 337 | 譬喩品三 信解品四 | 首行碎損 |
| 歲 | 32 | 諸憒諸子 | 能報通力 | 11 | 295 | 譬喩品三 信解品四 | 首十二行尾行碎損 |
| 露 | 85 | 以此一切 | 將來見煞 | 8 | 224 | 譬喩品三 信解品四 | |
| 爲 | 16 | 禪定日夜 | 說三第二 | 12 | 284 | 譬喩品三 信解品四 | |
| 栄 | 98 | 恭敬則爲 | 城其頗梨 | 3 | 84 | 譬喩品三 信解品四 | |
| 稱 | 11 | 及比淺識 | 王等久住 | 8 | 192 | 譬喩品三 信解品四 | |

| | | | | | | | |
|---|---|---|---|---|---|---|---|
| 寒 | 19 | 淺識 於此 | 希取 心亦 | 5 | 140 | 譬喻品三 信解品四 | 首六行碎損 |
| 秋 | 95 | 淺識 於此 | 希取 寶藏 | 8 | 224 | 譬喻品三 信解品四 | 尾行碎損 |
| 李 | 63 | 若狗 不復 | 便爲 窮子 | 5 | 126 | 譬喻品三 信解品四 | 首尾行碎損 |
| 騰 | 74 | 生受 若作 | 如此 悔恨 | 3 | 73 | 譬喻品三 信解品四 | 尾二行碎損 |
| 列 | 71 | 若得 有所 | 說三 第二 | 10 | 237 | 譬喻品三 信解品四 | 首三行碎損 |
| 珍 | 31 | 多病 若有 | 說三 第二 | 9 | 223 | 譬喻品三 信解品四 | 尾有木軸 |
| 果 | 27 | 若自 若他 | 吏民 國商 | 2 | 56 | 譬喻品三 信解品四 | |
| 黃 | 41 | 若他 如斯 | 說三 第二 | 9 | 231 | 譬喻品三 信解品四 | |
| 巨 | 55 | 若他 如斯 | 說三 第二 | 9 | 231 | 譬喻品三 信解品四 | |
| 月 | 67 | 佛道 如是 | 物之 若久 | 2 | 59 | 譬喻品三 信解品四 | 首行尾二行碎損 |

| | | | | | | |
|---|---|---|---|---|---|---|
| 收 | 53 | 若人 如是 | 說三 第二 | 10 224 | 譬喻品三 信解品四 | |
| 律 | 52 | 如是 如是 | 若得 爾時 | 2 36 | 譬喻品三 信解品四 | 尾二行碎損 |
| 巨 | 9 | 亦未 告舍 | 悕取 心亦 | 3 84 | 譬喻品三 信解品四 | |
| 薑 | 9 | 告舍 如是 | 喜得 爾時 | 2 56 | 譬喻品三 信解品四 | 首行尾四行碎損 |
| 宇 | 89 | 妙法 爾時 | 者自 告舍 | 6 167 | 譬喻品三 | |
| 月 | 56 | 妙法 爾時 | 所化 佛道 | 3 80 | 譬喻品三 | |
| 宿 | 60 | 妙法 爾時 | 以方 汝志 | 2 46 | 譬喻品三 | |
| 致 | 56 | 妙法 爾時 | 爲火 又諸 | 11 262 | 譬喻品三 | 尾三十二行碎損 |
| 字 | 79 | 妙法 爾時 | 佛道 小刧 | 3 82 | 譬喻品三 | |
| 字 | 85 | 妙法 爾時 | 尊記 有上 | 4 101 | 譬喻品三 | 尾六行碎損 |

| | | | | | | |
|---|---|---|---|---|---|---|
| 官 | 33 | 音心 豫斯 | 其因 便說 | 2 | 66 | 譬喻品三 |
| 呂 | 25 | 爾時 而白 | 是事 菩薩 | 1 | 26 | 譬喻品三　首十二行碎損 |
| 金 | 30 | 何我 受記 | 佛道 小劫 | 3 | 79 | 譬喻品三　首七行碎損 |
| 潛 | 18 | 經譬 利佛 | 妙第 時諸 | 8 | 222 | 譬喻品三　首七行碎損卷中又碎損三十五行 |
| 潛 | 68 | 菩薩 失於 | 是事 尊種 | 1 | 22 | 譬喻品三　首二行碎損 |
| 羽 | 26 | 常獨 樹下 | 是語 第一 | 11 | 301 | 譬喻品三　首二行碎損內有天保一年比丘法常誦持大中七年莫高鄉人陰仁叓所寶等語 |
| 李 | 6 | 從佛 我等 | 是事 菩薩 | 1 | 23 | 譬喻品三　首五行碎損 |
| 收 | 5 | 妙法 爾時 | 時諸 勇銳 | 6 | 144 | 譬喻品三　首九行碎損 |

| | | | | | | | |
|---|---|---|---|---|---|---|---|
| 珍 | 87 | 非世以者 | 淨嚴交道 | 2 | 48 | 譬喻品三 | 首行碎損 |
| 麗 | 75 | 妙法爾時 | 菩薩說法 | 1 | 27 | 譬喻品三 | 首九行尾行碎損 |
| 宙 | 56 | 說所羅三 | 華經第二 | 18 | 388 | 譬喻品三 | 首三十七行碎損 |
| 河 | 10 | 如來也所 | 淨嚴交道 | 2 | 84 | 譬喻品三 | 首三行碎損 |
| 潛 | 30 | 也所羅三 | 菩薩說法 | 1 | 19 | 譬喻品三 | 首二行碎損 |
| 龍 | 57 | 羅三等不 | 度佛佛其 | 2 | 27 | 譬喻品三 | 首六行尾行碎損 |
| 皇 | 13 | 未曾菩薩 | 菩薩說法 | 1 | 24 | 譬喻品三 | 首八行碎損 |
| 秋 | 83 | 羅三等不 | 車寶長者 | 8 | 214 | 譬喻品三 | 首九行碎不全 |
| 雲 | 45 | 來以也所 | 小刧衆生 | 3 | 76 | 譬喻品三 | 首六行碎損 |
| 歲 | 46 | 從佛不預 | 小刧衆生 | 3 | 80 | 譬喻品三 | 首二十四行碎損 |

| | | | | | | | |
|---|---|---|---|---|---|---|---|
| 宿 | 26 | 我已 / 若坐 | 遊戲 / 而出 | 11 | 260 | 譬喻品三 | |
| 日 | 40 | 我聞 / 昔來 | 提耶 / 當復 | 4 | 98 | 譬喻品三 | 首尾碎不全者各三行 |
| 露 | 52 | 金色 / 八十 | 子爲 / 諸子 | 8 | 192 | 譬喻品三 | 首七行碎損 |
| 翔 | 73 | 金色 / 八十 | 交道 / 樹常 | 2 | 37 | 譬喻品三 | 首九行碎損 |
| 龍 | 8 | 重宣 / 我聞 | 阿耨 / 三藐 | 3 | 54 | 譬喻品三 | 首十二行尾行碎損 |
| 辰 | 56 | 以是 / 无漏 | 所化 / 佛道 | 2 | 55 | 譬喻品三 | |
| 寒 | 40 | 以是 / 无漏 | 夫天 / 嚴餚 | 1 | 28 | 譬喻品三 | |
| 李 | 16 | 以是 / 无漏 | 丈夫 / 淨嚴 | 1 | 28 | 譬喻品三 | |
| 龍 | 31 | 今聞 / 我本 | 思議 / 菩薩 | 1 | 26 | 譬喻品三 | |
| 麗 | 65 | 无漏 / 世尊 | 火宅 / 快樂 | 9 | 252 | 譬喻品三 | |

| | | | | | | |
|---|---|---|---|---|---|---|
| 文 | 38 | 世尊刼像 爾時重宣 | 2 | 47 | 譬喻品三 | 首三行碎損 |
| 芥 | 47 | 心拔可以 爾時出來 | 4 | 113 | 譬喻品三 | 首行尾二行碎損 |
| 餘 | 76 | 若得議劫 是時薩所 | 1 | 21 | 譬喻品三 | 首尾行碎不全 |
| 稱 | 77 | 我本淨嚴 除邪交道 | 1 | 28 | 譬喻品三 | 首六行碎損 |
| 張 | 28 | 自惟智佛 欲以愍念 | 7 | 336 | 譬喻品三 | 首八行尾二行碎損 |
| 珍 | 27 | 我當信受 聞如所使 | 14 | 319 | 譬喻品三 | 首二行碎損 |
| 冬 | 89 | 以是丈夫 无漏淨嚴 | 1 | 28 | 譬喻品三 | 首七行碎不全 |
| 推 | 51 | 无漏小刼 世尊衆生 | 2 | 56 | 譬喻品三 | 首十行碎損 |
| 生 | 73 | 今者勿貪 世尊所燒 | 6 | 157 | 譬喻品三 | 首行碎損 |
| 帝 | 14 | 是法衆生 魔作供養 | 2 | 52 | 譬喻品三 | 首十二行碎損 |

| | | | | | | |
|---|---|---|---|---|---|---|
| 餘87 | 等大道故 | 所以皆充 | 5 | 110 | 譬喻品三 | |
| 荒95 | 佛爲諸菩 | 時諸偈言 | 2 | 57 | 譬喻品三 | 首五行尾行碎不全 |
| 荒67 | 轉无爾時 | 勤修言汝 | 6 | 54 | 譬喻品三 | 首十四行碎不全 |
| 出92 | 無漏世尊 | 第一諸子 | 7 | 196 | 譬喻品三 | 首二十一行碎損 |
| 稱86 | 萬億行之 | 得免奇異 | 3 | 87 | 譬喻品三 | 首二行碎損 |
| 餘56 | 行之知明 | 上道瑕穢 | 1 | 26 | 譬喻品三 | |
| 張42 | 飾安黃金 | 奇異好希 | 3 | 84 | 譬喻品三 | |
| 張65 | 飾安黃金 | 玩奇玩好 | 3 | 84 | 譬喻品三 | |
| 光56 | 飾安黃金 | 佛道小劫 | 1 | 28 | 譬喻品三 | |
| 巨16 | 安隱金爲 | 玩奇玩好 | 3 | 84 | 譬喻品三 | |

| | | | | | | |
|---|---|---|---|---|---|---|
| 淡 | 7 | 黃金有華 者自告舍 | 4 | 112 | 譬喻品三 | |
| 寒 | 25 | 金爲華菓 佛道小刧 | 1 | 27 | 譬喻品三 | |
| 服 | 71 | 利弗日大 轉最深奧 | 1 | 30 | 譬喻品三 | 尾行碎損 |
| 龍 | 26 | 飾安黃金 倫疋天龍 | 2 | 33 | 譬喻品三 | 首三行尾七行碎損 |
| 巨 | 21 | 將非其心 而拔尊若 | 5 | 131 | 譬喻品三 | 首二十七行尾行碎損 |
| 致 | 40 | 通善如是 爲火時疾 | 3 | 66 | 譬喻品三 | 首六行碎損 |
| 文 | 39 | 此義舍利 墮落宜時 | 2 | 56 | 譬喻品三 | |
| 呂 | 34 | 以瑠彼國 有上過是 | 1 | 26 | 譬喻品三 | |
| 月 | 48 | 佛爲華光 如針嗽狗 | 16 | 168 | 譬喻品三 | |
| 果 | 35 | 佛滅正法 而今尊願 | 1 | 28 | 譬喻品三 | |

| | | | | | | | |
|---|---|---|---|---|---|---|---|
| 李 | 92 | 佛滅正法 | 支佛宅勿 | 4 | 112 | 譬喻品三 | |
| 地 | 77 | 正法華光 | 尊願舍利 | 1 | 28 | 譬喻品三 | 此係前段另一段為五百弟子受記品見後 |
| 收 | 34 | 正法華光 | 如是人肉 | 8 | 145 | 譬喻品三 | 首行碎不全 |
| 藏 | 75 | 正法華光 | 方便好車 | 7 | 196 | 譬喻品三 | 首三行碎不全字體圓潤 |
| 稱 | 25 | 正法華光 | 尊願舍利 | 1 | 28 | 譬喻品三 | |
| 光 | 69 | 正法華光 | 寶德菩薩 | 8 | 237 | 譬喻品三 | 首二行尾行碎損 |
| 雲 | 7 | 佛為華光 | 無學得涅 | 2 | 28 | 譬喻品三 | 首六行尾五行碎損 |
| 宇 | 83 | 正法華光 | 勿貪為所 | 4 | 112 | 譬喻品三 | 首六行碎損 |
| 稱 | 83 | 天王天昇 | 身手子火 | 4 | 100 | 譬喻品三 | 首四行碎損 |

| | | | | | | |
|---|---|---|---|---|---|---|
| 羽 | 22 | 羅伽三藐 所欲物適 | 2 | 54 | 譬喻品三 | 首十行尾二行碎損 |
| 歲 | 70 | 及見爾時 爲火時疾 | 1 | 26 | 譬喻品三 | |
| 光 | 34 | 爲四弗我 玩好種羊 | 1 | 29 | 譬喻品三 | 尾行碎損 |
| 海 | 38 | 弗我辭方 玩好種羊 | 1 | 28 | 譬喻品三 | |
| 衣 | 23 | 耨多爲化 賜與其車 | 2 | 36 | 譬喻品三 | 首二行尾行碎損 |
| 鹹 | 94 | 以譬利弗 勇銳者見 | 1 | 29 | 譬喻品三 | |
| 秋 | 53 | 以種菩薩 財物十歲 | 9 | 245 | 譬喻品三 | 首六行碎損 |
| 始 | 28 | 廣大百人 方便者自 | 2 | 51 | 譬喻品三 | 首三行碎損 |
| 暑 | 42 | 面起之門 利弗難全 | 2 | 40 | 譬喻品三 | 首尾行碎不全 |
| 潛 | 39 | 我身之復 之類而食 | 5 | 128 | 譬喻品三 | |

| | | | | | | | |
|---|---|---|---|---|---|---|---|
| 龍 | 24 | 怖而令子 | 出而者自 | 2 | 45 | 譬喻品三 | 首八行碎損 |
| 餘 | 95 | 出无劣小 | 具告偏黨 | 1 | 26 | 譬喻品三 | 首尾行碎不全 |
| 張 | 59 | 希有方便 | 車鹿者自 | 1 | 28 | 譬喻品三 | |
| 翔 | 53 | 得汝來亦 | 車鹿惱憂 | 1 | 31 | 譬喻品三 | 首行碎損 |
| 夜 | 48 | 希有支佛 | 車鹿宅勿 | 2 | 56 | 譬喻品三 | 首二行碎損 |
| 陽 | 28 | 於此第一 | 所欲初以 | 3 | 83 | 譬喻品三 | 首二行尾行碎損 |
| 藏 | 76 | 互相爲說 | 諸子爲說 | 10 | 240 | 譬喻品三 | |
| 帝 | 93 | 諸子便智 | 无復事利 | 1 | 29 | 譬喻品三 | |
| 金 | 48 | 白父諸衆 | 願時樂之 | 3 | 75 | 譬喻品三 | |
| 乃 | 96 | 舍利方便 | 車高者自 | 1 | 20 | 譬喻品三 | 首三行碎損 |

| | | | | | | |
|---|---|---|---|---|---|---|
| 荒 | 72 | 寶而禪定 飾之快樂 | 2 | 53 | 譬喻品三 | 首尾行碎不全 |
| 成 | 34 | 我有不驚 各與宅東 | 1 | 26 | 譬喻品三 | |
| 珠 | 88 | 匱何化令 曾有生老 | 1 | 18 | 譬喻品三 | 首二行碎損 |
| 寒 | 80 | 言不佛乘 其軀貪麁 | 2 | 34 | 譬喻品三 | |
| 翔 | 86 | 利弗游戲 大車力及 | 1 | 28 | 譬喻品三 | 首四行碎損 |
| 號 | 31 | 便令光遍 自知離鷲 | 3 | 69 | 譬喻品三 | 尾二行碎損 此係前段 |
| 號 | 31 | 共相界苦 諸大決定 | 2 | 48 | 譬喻品三 | 首五行碎損 此係後段 |
| 張 | 51 | 知財神通 利弗衆生 | 5 | 140 | 譬喻品三 | |
| 芥 | 93 | 利弗好車 如是此車 | 4 | 107 | 譬喻品三 | 尾行碎損 |
| 李 | 94 | 患无一之 力无諸子 | 2 | 53 | 譬喻品三 | 首行碎損 |

| 號 | 起 | 止 | 紙數 | 行數 | 品 | 附記 |
|---|---|---|---|---|---|---|
| 冬31 | 利弗於汝 | 如是智說 | 6 | 168 | 譬喻品三 | 首八行碎不全 |
| 制33 | 益一道禪 | 病死隱快 | 1 | 29 | 譬喻品三 | |
| 制75 | 衆生事終 | 病死如來 | 1 | 26 | 譬喻品三 | 首行尾三行碎 |
| 洪18 | 得阿馳走 | 病死摠牖 | 3 | 77 | 譬喻品三 | 首行碎不全 |
| 呂83 | 西馳支佛 | 已便衆生 | 1 | 26 | 譬喻品三 | |
| 霜47 | 其苦是法 | 其遊於汝 | 7 | 152 | 譬喻品三 | 首五行碎損 |
| 制70 | 憂悲嬉戲 | 之智自樂 | 2 | 58 | 譬喻品三 | 首四行尾二行碎損 |
| 秋3 | 火宅界苦 | 則爲泱定 | 4 | 112 | 譬喻品三 | |
| 光6 | 貪麗第一 | 燒汝諸子 | 1 | 28 | 譬喻品三 | |
| 柰51 | 貪麗馳走 | 燒汝摠牖 | 2 | 56 | 譬喻品三 | |

| | | | | | | | |
|---|---|---|---|---|---|---|---|
| 成 | 30 | 燒汝我今 | 致死增劇 | 6 | 168 | 譬喻品三 | |
| 海 | 56 | 三乘定解 | 枯竭罪報 | 7 | 151 | 譬喻品三 | 首行碎損 內有武周新字 |
| 騰 | 68 | 樂舍法信 | 第一諸子 | 1 | 21 | 譬喻品三 | |
| 洪 | 93 | 舍利信受 | 娛樂令无 | 2 | 63 | 譬喻品三 | 全卷碎不全 |
| 餘 | 88 | 從佛智自 | 惡蟲不淨 | 1 | 29 | 譬喻品三 | 尾二行碎不全 |
| 珠 | 20 | 從佛智自 | 更生畜生 | 5 | 140 | 譬喻品三 | |
| 陽 | 49 | 名聲有衆 | 頓躄隤毀 | 2 | 28 | 譬喻品三 | 首五行尾二行行碎損 |
| 玉 | 1 | 具皆之樂 | 吾子救護 | 3 | 84 | 譬喻品三 | |
| 果 | 3 | 然後者无 | 馳走窗牖 | 1 | 28 | 譬喻品三 | |
| 乃 | 95 | 後但无虛 | 依怪忘失 | 3 | 80 | 譬喻品三 | 卷多碎損 |

| | | | | | | |
|---|---|---|---|---|---|---|
| 陽 | 24 | 大車爲說 者无因緣 | 6 | 164 | 譬喻品三 | 首行碎損 |
| 餘 | 96 | 橫馳食噉 溢蜣蜓毒 | 1 | 25 | 譬喻品三 | 首二行尾行碎不全 |
| 鳥 | 49 | 鬪諍閟走 處處非一 | 1 | 24 | 譬喻品三 | |
| 歲 | 97 | 狐狼神通 由是衆生 | 3 | 70 | 譬喻品三 | 首十三行碎損 |
| 來 | 21 | 頭髮深故 夜乂界苦 | 2 | 56 | 譬喻品三 | 首四行碎損　字體嚴謹 |
| 乃 | 99 | 自樂方便 住其妙寶 | 2 | 31 | 譬喻品三 | 卷多碎損 |
| 巨 | 5 | 如是神通 其人衆生 | 2 | 56 | 譬喻品三 | |
| 果 | 84 | 如是神通 其人衆生 | 2 | 56 | 譬喻品三 | |
| 呂 | 86 | 爲火寶車 又諸所欲 | 1 | 26 | 譬喻品三 | |
| 荒 | 59 | 告喻暫捨 衆苦爲本 | 2 | 59 | 譬喻品三 | 首尾行碎不全 |

| | | | | | | | |
|---|---|---|---|---|---|---|---|
| 列 | 80 | 到於住於 | 頂受越致 | 2 | 56 | 譬喻品三 | 尾四行碎不全 |
| 餘 | 74 | 今正金銀 | 解脫子等 | 1 | 26 | 譬喻品三 | |
| 薹 | 81 | 金銀莊校 | 如是背傴 | 3 | 72 | 譬喻品三 | |
| 張 | 71 | 以此一切 | 所得他疾 | 2 | 56 | 譬喻品三 | 尾五行碎不全卷首與張五十一號卷尾緊接字跡紙色均同蓋一卷裂爲二卷 |
| 果 | 48 | 以此一切 | 忘失致死 | 2 | 56 | 譬喻品三 | |
| 陽 | 46 | 充滿如是 | 觸嬈枯竭 | 2 | 52 | 譬喻品三 | 首八行碎損字體勁秀 |
| 歲 | 18 | 日夜乘此 | 支佛此經 | 1 | 26 | 譬喻品三 | |
| 月 | 84 | 爲是若滅 | 此經多聞 | 2 | 54 | 譬喻品三 | 首尾二行碎不全 |

| | | | | |
|---|---|---|---|---|
| 閏97 | 名第爲滅　第二敎竟 | 4　79 | 譬喻品三 | 首二十七行碎損 |
| 柰45 | 在所當知　爲說因緣 | 2　56 | 譬喻品三 | |
| 呂3 | 以信隨人　致死增劇 | 1　26 | 譬喻品三 | |
| 呂2 | 若他如斯　頂受一偈 | 1　26 | 譬喻品三 | 首行碎損 |
| 闕73 | 曾念汝當　方佛第四 | 17　655 | 信解品四　勸持品十三 | 首六行碎損 |
| 淡59 | 寶物若國　諸如定便 | 8　274 | 信解品四　化城喻品七 | 首行碎損 |
| 辰15 | 如人其人　說三第二 | 8　147 | 信解品四 | 首十七行碎損 |
| 光80 | 等其象馬　子後加汝 | 2　44 | 信解品四 | |
| 光44 | 估賈歷國　者語未曾 | 1　29 | 信解品四 | |
| 果96 | 估賈國邑　受敎悕取 | 2　56 | 信解品四 | |

| | | | | | | | |
|---|---|---|---|---|---|---|---|
| 餘 | 98 | 委付子委 | 犯何窮子 | 1 | 28 | 信解品四 | 首二行碎不全 |
| 巨 | 3 | 子見是念 | 眞是佛則 | 3 | 70 | 信解品四 | |
| 金 | 34 | 車馬賈客 | 善聽第三 | 17 | 411 | 信解品四 | 首三十三行碎損 |
| 始 | 10 | 晝夜若得 | 說三第二 | 9 | 249 | 信解品四 | 首八十四行碎損 |
| 月 | 45 | 是念處不 | 便自尊失 | 2 | 60 | 信解品四 | 首二行尾行碎不全 |
| 珠 | 82 | 是念處不 | 在大少時 | 1 | 44 | 信解品四 | 首六行尾三行碎損 |
| 成 | 2 | 自念躃地 | 十年入出 | 1 | 27 | 信解品四 | 尾行碎損 |
| 寒 | 45 | 未曾長者 | 見煞狹劣 | 3 | 84 | 信解品四 | 首八行碎損 |
| 結 | 69 | 敬圍吏民 | 成熟乘道 | 7 | 166 | 信解品四 | 首三十三行尾五行碎損 |
| 往 | 81 | 愍而痩顦 | 說三第二 | 6 | 164 | 信解品四 | |

| | | | | | | | |
|---|---|---|---|---|---|---|---|
| 成 | 28 | 然其知將 | 來智於此 | 1 | 27 | 信解品四 | 尾行碎損 |
| 騰 | 24 | 一殘未能 | 說三第二 | 5 | 120 | 信解品四 | |
| 珍 | 3 | 一殘未能 | 將來見煞 | 2 | 56 | 信解品四 | |
| 寒 | 61 | 未能大志 | 希取復如 | 3 | 84 | 信解品四 | |
| 稱 | 81 | 未能大志 | 見煞狹劣 | 2 | 56 | 信解品四 | |
| 官 | 27 | 捨復大志 | 衣食所得 | 2 | 45 | 信解品四 | 首四行尾二行碎損 |
| 柰 | 64 | 失爾寶及 | 知己說三 | 4 | 121 | 信解品四 | 首九行碎損 |
| 荒 | 96 | 知我別汝 | 家事令知 | 2 | 49 | 信解品四 | 首行碎不全 |
| 成 | 14 | 大乘菩薩 | 住城門內 | 1 | 27 | 信解品四 | 首尾行碎損 |
| 重 | 55 | 者何等有 | 至此使作 | 1 | 28 | 信解品四 | |

| | | | | | | |
|---|---|---|---|---|---|---|
| 律40 | 施大或有 | 所用珍寶 | 1 | 26 | 信解品四 | 尾行碎損 |
| 往24 | 何用不信 | 說三第二 | 3 | 64 | 信解品四 | |
| 果71 | 何用不信 | 說三第二 | 3 | 64 | 信解品四 | |
| 歲27 | 不信眇目 | 志劣財物 | 2 | 40 | 信解品四 | 首尾行碎損 |
| 果55 | 眇目除諸 | 說三第二 | 3 | 62 | 信解品四 | 卷多碎損 |
| 日21 | 門外父知 | 諸三第二 | 3 | 53 | 信解品四 | 首行碎損 |
| 呂72 | 意下幷及 | 說三第二 | 2 | 47 | 信解品四 | 首行碎損 |
| 皇99 | 施安養殊 | 大果魔梵 | 2 | 45 | 信解品四 | 此卷內分二段前段係另一經 |
| 鹹20 | 大雲言我 | 歡喜第三 | 26 | 685 | 藥草喻品五 五百弟子受記品八 | 首九行碎損 |
| 宇94 | 妙法爾時 | 佛慧第三 | 21 | 571 | 藥草喻品五 化城喻品七 | |

| | | | | | | | |
|---|---|---|---|---|---|---|---|
| 稱 | 6 | 妙法 爾時 | 佛慧 第三 | 19 | 556 | 藥草喻品五 化城喻品七 | 首四十五行碎損 尾有木軸 |
| 柰 | 79 | 妙法 爾時 | 佛慧 第三 | 20 | 556 | 藥草喻品五 化城喻品七 | |
| 致 | 20 | 經藥 爾時 | 佛慧 第三 | 24 | 556 | 藥草喻品五 化城喻品七 | 首三行碎損 |
| 河 | 62 | 弟子 實功 | 佛慧 第三 | 20 | 555 | 藥草喻品五 化城喻品七 | 首四行碎損 |
| 宙 | 39 | 子善 誠如 | 佛慧 第三 | 20 | 547 | 藥草喻品五 化城喻品七 | 首二十行碎損 |
| 列 | 63 | 妙法 爾時 | 佛慧 第三 | 20 | 557 | 藥草喻品五 化城喻品七 | 首八行碎損 尾有木軸 |
| 淡 | 94 | 妙法 爾時 | 佛慧 第三 | 20 | 257 | 藥草喻品五 化城喻品七 | 首六行碎損 |
| 餘 | 75 | 妙法 爾時 | 通智 諸天 | 11 | 321 | 藥草喻品五 化城喻品七 | 首八行碎損 |
| 結 | 60 | 切衆 生深 | 佛慧 第三 | 19 | 552 | 藥草喻品五 化城喻品七 | 首二行碎損 |
| 爲 | 81 | 也於 之其 | 佛慧 第三 | 20 | 546 | 藥草喻品五 化城喻品七 | 首五行碎損 |

| | | | | | | | |
|---|---|---|---|---|---|---|---|
| 宙 | 10 | 品地告摩 | 刦至過十 | 9 | 251 | 藥草喩品五 化城喩品七 | 首十三行碎損 |
| 鹹 | 5 | 一切土地 | 欣慶嚴飾 | 14 | 382 | 藥草喩品五 化城喩品七 | 首四行碎損 |
| 收 | 70 | 川谿若千 | 大相三千 | 8 | 352 | 藥草喩品五 化城喩品七 | 首四行碎損 |
| 收 | 81 | 知壹通達 | 納受世尊 | 11 | 298 | 藥草喩品五 化城喩品七 | 首六行碎損 |
| 果 | 43 | 衆生川谿 | 行道禪定 | 18 | 518 | 藥草喩品五 化城喩品七 | 首六行尾四行碎損 |
| 地 | 7 | 界一草小 | 佛慧第三 | 20 | 544 | 藥草喩品五 化城喩品七 | 首三行碎損 |
| 巨 | 4 | 一切川谿 | 佛慧第三 | 23 | 549 | 藥草喩品五 化城喩品七 | 首八行碎損 |
| 鹹 | 4 | 寶雖別迦 | 所念行業 | 10 | 262 | 藥草喩品五 化城喩品七 | 首行碎損 |
| 稱 | 36 | 所雨所生 | 一心頌曰 | 13 | 348 | 藥草喩品五 化城喩品七 | 首七行尾二十行碎損 |
| 閏 | 60 | 心所衆生 | 佛慧第三 | 20 | 549 | 藥草喩品五 化城喩品七 | 首十行碎損 |

| | | | | | | |
|---|---|---|---|---|---|---|
| 列 | 56 | 界天 大雲 | 佛慧 第三 | 20 539 | 藥草喩品五 化城喩品七 | 首三行碎損 |
| 稱 | 10 | 令度 得涅 | 佛慧 第三 | 23 545 | 藥草喩品五 化城喩品七 | |
| 地 | 60 | 亦復 音聲 | 佛慧 第三 | 20 539 | 藥草喩品五 化城喩品七 | 首六行碎損 |
| 薑 | 21 | 一切 阿修 | 佛慧 第三 | 21 521 | 藥草喩品五 化城喩品七 | |
| 重 | 53 | 者一 阿修 | 佛慧 第三 | 23 517 | 藥草喩品五 化城喩品七 | |
| 生 | 47 | 大音 覆三 | 納受 願世 | 15 241 | 藥草喩品五 化城喩品七 | 首七行碎損 |
| 露 | 31 | 爲聽 諸佛 | 法螺 遠音 | 12 339 | 藥草喩品五 化城喩品七 | 首二行尾行碎損 |
| 宇 | 54 | 種衆 衆生 | 佛慧 第三 | 19 531 | 藥草喩品五 化城喩品七 | 首六行碎損 |
| 夜 | 58 | 懈无 令度 | 佛慧 第三 | 21 556 | 藥草喩品五 化城喩品七 | 首二十三行碎損 尾有木軸 |
| 洪 | 31 | 萬億 是衆 | 願世 梵天 | 11 308 | 藥草喩品五 化城喩品七 | 首四行碎損 |

| | | | | | | | |
|---|---|---|---|---|---|---|---|
| 鹹 | 89 | 一切 阿修 | 佛慧 第三 | 19 | 532 | 藥草喩品五 化城喩品七 | 首二十七行碎損 尾有木軸 |
| 宇 | 40 | 種性 如來 | 佛慧 第三 | 19 | 525 | 藥草喩品五 化城喩品七 | 首二行碎損 |
| 寒 | 32 | 衆生 諸根 | 佛慧 第三 | 19 | 531 | 藥草喩品五 化城喩品七 | 首九行上端碎去 |
| 月 | 88 | 說修 體性 | 佛已 第三 | 10 | 336 | 藥草喩品五 化城喩品七 | 尾有木軸 |
| 列 | 77 | 若持 以者 | 佛慧 第三 | 19 | 517 | 藥草喩品五 化城喩品七 | 首三行碎損 |
| 騰 | 33 | 於一 若持 | 佛慧 第三 | 19 | 522 | 藥草喩品五 化城喩品七 | 首十三行碎損 尾有木軸 |
| 黄 | 9 | 法衆 明了 | 佛慧 第三 | 19 | 538 | 藥草喩品五 化城喩品七 | 首三行碎損 |
| 日 | 5 | 說法 世尊 | 佛慧 第三 | 19 | 512 | 藥草喩品五 化城喩品七 | 首八十七行碎損 |
| 雨 | 14 | 隨宜 義而 | 佛慧 第三 | 19 | 510 | 藥草喩品五 化城喩品七 | 首行碎損 |
| 珠 | 58 | 空佛 卽爲 | 浴池 勿懼 | 20 | 501 | 藥草喩品五 化城喩品七 | 首四行碎損 |

| | | | | | | |
|---|---|---|---|---|---|---|
| 陽75 | 破有　如來 | 佛慧　第三 | 21 | 510 | 藥草喻品五　化城喻品七 | |
| 爲12 | 尊隨　義而 | 佛慧　第三 | 19 | 512 | 藥草喻品五　化城喻品七 | 首三行碎損 |
| 成54 | 清涼　其雨 | 因緣　六入 | 14 | 346 | 藥草喻品五　化城喻品七 | 首尾行碎損 |
| 水71 | 其雨　山川 | 一心　頌曰 | 11 | 308 | 藥草喻品五　化城喻品七 | 首十六行碎損 |
| 日38 | 如來　有智 | 佛慧　第三 | 22 | 510 | 藥草喻品五　化城喻品七 | 首十一行碎損 |
| 雨53 | 譬如　分別 | 佛慧　第三 | 18 | 496 | 藥草喻品五　化城喻品七 | 首三行碎損 |
| 宿95 | 一雨　所潤 | 佛慧　第三 | 18 | 496 | 藥草喻品五　化城喻品七 | 首六行碎損 |
| 官90 | 爲大　以一 | 滅度　量刧 | 7 | 168 | 藥草喻品五　化城喻品七 | |
| 海48 | 離苦　諸天 | 涅槃　佛慧 | 17 | 490 | 藥草喻品五　化城喻品七 | 首四行碎損 |
| 珍38 | 分別　一切 | 佛慧　第三 | 23 | 493 | 藥草喻品五　化城喻品七 | 首尾碎損數行 |

| | | | | | | |
|---|---|---|---|---|---|---|
| 河 | 5 | 爲大以一 佛慧第三 | 18 | 488 | 藥草喻品五 化城喻品七 | 首十三行碎損 |
| 洪 | 17 | 又諸決定 相諸千大 | 5 | 140 | 藥草喻品五 化城喻品七 | 此係後段前段爲金光明經 |
| 荒 | 61 | 又諸決定 梵天偈言 | 9 | 252 | 藥草喻品五 化城喻品七 | |
| 李 | 81 | 智慧雨法 佛慧第三 | 16 | 479 | 藥草喻品五 化城喻品七 | 首六行碎損 |
| 致 | 4 | 得三是中 佛慧第三 | 19 | 474 | 藥草喻品五 化城喻品七 | 首十三行碎損 |
| 宇 | 63 | 妙法爾時 音聲淸涼 | 5 | 136 | 藥草喻品五 授記品六 | |
| 陽 | 26 | 妙法爾時 言未來 | 5 | 120 | 藥草喻品五 授記品六 | 尾四行碎損 |
| 淡 | 42 | 妙法爾時 偈言音聲 | 5 | 134 | 藥草喻品五 授記品六 | |
| 雲 | 9 | 摩訶說如 共同偈言 | 5 | 131 | 藥草喻品五 授記品六 | 首六行碎損 |
| 餘 | 84 | 復有億刦 中多彼國 | 6 | 159 | 藥草喻品五 授記品六 | 首十行尾三行碎不全 |

| 千字文號 | 號 | 起 | 止 | 紙數 | 行數 | 品名 | 附記 |
|---|---|---|---|---|---|---|---|
| 霜 | 24 | 萬億是衆 | 无上刦名 | 3 | 84 | 藥草喻品五 授記品六 | |
| 服 | 38 | 觀是爲說 | 无上刦名 | 4 | 89 | 藥草喻品五 授記品六 | |
| 宙 | 52 | 說法生聞 | 无量恒河 | 6 | 138 | 藥草喻品五 授記品六 | 首二行碎損 |
| 往 | 31 | 萬億是衆 | 諸大來世 | 3 | 86 | 藥草喻品五 授記品六 | 首十行尾二行碎 不全蓋燒破 |
| 水 | 84 | 我等而自 | 法亦爲衆 | 7 | 190 | 藥草喻品五 授記品六 | 首百行碎損 |
| 爲 | 17 | 力所蘐林 | 唱如於未 | 3 | 75 | 藥草喻品五 授記品六 | 首七行尾二行碎 損 |
| 雲 | 40 | 迦葉惠雲 | 見者道多 | 5 | 126 | 藥草喻品五 授記品六 | 首尾行碎損 |
| 麗 | 22 | 大小百穀 | 乘過作佛 | 3 | 83 | 藥草喻品五 授記品六 | 首行碎損 |
| 薑 | 96 | 普覆別演 | 恒沙小刦 | 3 | 103 | 藥草喻品五 授記品六 | 首二行碎損 |
| 水 | 92 | 音演一切 | 善聽第三 | 5 | 148 | 藥草喻品五 授記品六 | 首二十九行碎損 |

| | | | | | | |
|---|---|---|---|---|---|---|
| 海 67 | 平等曾无 | 從飢若復 | 2 | 65 | 藥草喻品五 授記品六 | 首九行尾五行碎損 |
| 致 10 | 知无獨處 | 如是皆悉 | 2 | 56 | 藥草喻品五 授記品六 | 字體整齊 |
| 淡 26 | 獨處求世 | 成佛善聽 | 5 | 140 | 藥草喻品五 授記品六 | |
| 歲 66 | 求世又諸 | 便食乘過 | 2 | 56 | 藥草喻品五 授記品六 | |
| 致 41 | 如彼諸佛 | 奉觀梵行 | 1 | 31 | 藥草喻品五 授記品六 | |
| 水 60 | 如一所稟 | 梵行之慧 | 2 | 36 | 藥草喻品五 授記品六 | 首尾碎損 |
| 月 44 | 妙法爾時 | 異佛一法 | 4 | 89 | 藥草喻品五 | 尾十行碎損 |
| 暑 54 | 妙法爾時 | 數千時觀 | 1 | 27 | 藥草喻品五 | 尾行碎損 |
| 霜 87 | 妙法爾時 | 率土卉木 | 2 | 57 | 藥草喻品五 | 尾二行碎損 |
| 鳥 21 | 妙法爾時 | 應到種衆 | 1 | 27 | 藥草喻品五 | 尾二行碎損 |

| | | | | | | | |
|---|---|---|---|---|---|---|---|
| 鳥 | 42 | 妙法爾時 | 天人數千 | 1 | 26 | 藥草喻品五 | 卷內有蕃文 |
| 文 | 22 | 妙法爾時 | 知如來隨 | 2 | 46 | 藥草喻品五 | 首二行尾十二行碎損 |
| 官 | 82 | 一切心所 | 藥草藥草 | 3 | 76 | 藥草喻品五 | 卷多碎損 |
| 雲 | 29 | 葉中葉諸 | 諸地藥草 | 3 | 69 | 藥草喻品五 | |
| 服 | 88 | 及諸枝中 | 宣此偈言 | 2 | 37 | 藥草喻品五 | 首六行碎損 |
| 柰 | 39 | 者令槃者 | 菩薩一味 | 3 | 65 | 藥草喻品五 | 首尾碎損各二行 |
| 翔 | 20 | 覆三我是 | 大樹不同 | 3 | 68 | 藥草喻品五 | 首五行碎損 |
| 柰 | 30 | 觀世說法 | 悅豫承攬 | 1 | 28 | 藥草喻品五 | |
| 乃 | 43 | 利鈍種種 | 藥草藥草 | 2 | 56 | 藥草喻品五 | 首四十一行碎損 |
| 帝 | 38 | 隨其喜快 | 一切悅豫 | 1 | 27 | 藥草喻品五 | 首八行碎損 |

| | | | | | | | |
|---|---|---|---|---|---|---|---|
| 龍 | 98 | 羅衆悅豫 | 億種可承 | 1 | 30 | 藥草喻品五 | 首行第七八行第十四五行及尾行碎損 |
| 裳 | 54 | 觀是槃樂 | 爲說上尊 | 2 | 42 | 藥草喻品五 | 首九行尾四行碎損 |
| 衣 | 16 | 光掩三明 | 其雨藥草 | 1 | 28 | 藥草喻品五 | 首五行碎損 |
| 致 | 39 | 受潤一滴 | 生長修行 | 1 | 31 | 藥草喻品五 | 首二行碎損 |
| 洪 | 97 | 又諸佛慧 | 決定第三 | 17 | 462 | 授記品六 化城喻品七 | 首十六行碎損 |
| 日 | 68 | 爾時菩薩 | 此弟餘衆 | 14 | 324 | 授記品六 化城喻品七 | 首行尾二十二行碎損 |
| 稱 | 79 | 妙法御文 | 爾時相諸 | 5 | 117 | 授記品六 化城喻品七 | |
| 淡 | 95 | 人華佛慧 | 種種第三 | 17 | 457 | 授記品六 化城喻品七 | 首三十七行碎損 |
| 珠 | 59 | 是信佛慧 | 三百第三 | 22 | 451 | 授記品六 化城喻品七 | 首三十四行碎損 |

| | | | | | | |
|---|---|---|---|---|---|---|
| 藏73 | 是我諸聲 | 佛慧第三 | 18 | 486 | 授記品六化城喻品七 | 首十二行碎損 |
| 菜75 | 大莊像法 | 佛慧第三 | 16 | 448 | 授記品六化城喻品七 | |
| 水17 | 像法礫荊 | 佛慧第三 | 16 | 445 | 授記品六化城喻品七 | 尾有木軸 |
| 宇28 | 儀法礫荊 | 相諸千大 | 4 | 112 | 授記品六化城喻品七 | |
| 地86 | 士調大莊 | 佛慧第三 | 16 | 451 | 授記品六化城喻品七 | 首三行碎損 |
| 洪19 | 億諸无量 | 如是而諸 | 7 | 135 | 授記品六化城喻品七 | 首十五行碎損 |
| 暑26 | 億莊小刼 | 滅度量刼 | 2 | 60 | 授記品六化城喻品七 | 首二行碎損 |
| 盈92 | 未來恭敬 | 涅槃佛慧 | 17 | 450 | 授記品六化城喻品七 | 首十二行碎損 |
| 辰79 | 偈言告諸 | 佛慧第三 | 17 | 450 | 授記品六化城喻品七 | 首四十二行碎損 |
| 藏32 | 欲重見是 | 衆生法者 | 15 | 415 | 授記品六化城喻品七 | 首七行尾六行碎不全 |

| | | | | | | | |
|---|---|---|---|---|---|---|---|
| 列 | 87 | 名光正法 | 佛慧第三 | 19 | 499 | 授記品六 化城喻品七 | 首八行碎損尾有木軸 |
| 鱗 | 8 | 最上後身 | 佛慧第三 | 16 | 434 | 授記品六 化城喻品七 | 碎損三百八十餘行 |
| 致 | 35 | 悚慄聲而 | 佛慧第三 | 16 | 425 | 授記品六 化城喻品七 | |
| 地 | 63 | 心尚大雄 | 佛慧第三 | 15 | 417 | 授記品六 化城喻品七 | |
| 昃 | 59 | 憂懼大雄 | 佛慧第三 | 15 | 418 | 授記品六 化城喻品七 | 首十八行碎損 |
| 收 | 35 | 是須他佛 | 小刧過十 | 4 | 109 | 授記品六 化城喻品七 | 首二十五行碎不全 收三十六號 與此緊接蓋一卷裂爲兩卷 |
| 收 | 78 | 皆當弟子 | 佛慧第三 | 15 | 402 | 授記品六 化城喻品七 | 首二行碎損尾有木軸 |
| 爲 | 73 | 其佛佛於 | 御文相諸 | 3 | 63 | 授記品六 化城喻品七 | 首四行碎損末紙亦碎 行內有武周新字 |

| | | | | | | |
|---|---|---|---|---|---|---|
| 人 | 77 | 今告梵天　弟子世尊 | 9 | 248 | 授記品六　化城喻品七 | 首九行尾五行碎損 |
| 雨 | 61 | 正法納受　爾時願世 | 5 | 140 | 授記品六　化城喻品七 | |
| 宇 | 38 | 佛恭滅行　縱廣入滅 | 10 | 266 | 授記品六　化城喻品七 | |
| 雲 | 73 | 旃延佛慧　佛恭第三 | 11 | 388 | 授記品六　化城喻品七 | 首三十二行碎損 |
| 列 | 49 | 士請第三　度脫口此 | 16 | 377 | 授記品六　化城喻品七 | 首六行碎損末題信士弟子王恩自付佳音因微梵然萬里口等語不知何解 |
| 歲 | 73 | 菩薩一劫　爾時量劫 | 2 | 48 | 授記品六　化城喻品七 | |
| 出 | 42 | 用供小劫　亦復佛過 | 2 | 56 | 授記品六　化城喻品七 | |
| 官 | 9 | 當以於汝　佛滅算師 | 2 | 36 | 授記品六　化城喻品七 | 首尾碎損各五行 |

| 字 | 號 | 起 | 止 | 紙數 | 行數 | 品名 | 附記 |
|---|---|---|---|---|---|---|---|
| 光 | 53 | 復供……願世 | 復如……梵天 | 4 | 112 | 授記品六 化城喻品七 | 首二行碎損 |
| 河 | 3 | 正等……佛慧 | 珠玫……第三 | 14 | 388 | 授記品六 化城喻品七 | 首八行碎損 |
| 冬 | 41 | 說眞……佛慧 | 好供……第三 | 15 | 343 | 授記品六 化城喻品七 | 首十八行碎損 |
| 日 | 74 | 多摩……行道 | 善逝……如恆 | 12 | 331 | 授記品六 化城喻品七 | 首十四行尾六行碎損 |
| 來 | 4 | 菩薩……億那 | 佛滅……阿耨 | 1 | 29 | 授記品六 化城喻品七 | |
| 柰 | 7 | 妙法……乘過 | 爾時……作佛 | 2 | 35 | 授記品六 | 首九行碎損 |
| 翔 | 100 | 汝等……敎食 | 妙法……丘是 | 2 | 41 | 授記品六 | 首行尾二行碎損 |
| 來 | 72 | 萬億……二十 | 佛无……重宣 | 3 | 80 | 授記品六 | 尾三行碎不全 |
| 雨 | 58 | 名大……便食 | 像法……乘過 | 1 | 28 | 授記品六 | |
| 翔 | 92 | 量千……聞衆 | 事雖……壽十 | 3 | 66 | 授記品六 | 首二行尾四行碎損 |

| | | | | | | |
|---|---|---|---|---|---|---|
| 柰41 | 供養邊算 | 於最億那 | 1 | 30 | 授記品六 | |
| 河83 | 心尚是諸 | 大雄浮那 | 2 | 36 | 授記品六 | 尾行碎損此卷係分二段其一段另一經 |
| 寒76 | 得佛恆沙 | 憂懼小刼 | 1 | 28 | 授記品六 | 首十行碎不全 |
| 柰38 | 由他量萬 | 亦住二千 | 1 | 30 | 授記品六 | |
| 龍5 | 皆共供養 | 正法金光 | 1 | 24 | 授記品六 | |
| 字61 | 正法七寶 | 爾時幡以 | 1 | 29 | 授記品六 | |
| 盈50 | 是大佛慧 | 恭敬第三 | 14 | 360 | 授記品六 | |
| 稱89 | 彌知杖等 | 一一億刼 | 10 | 480 | 化城喻品七　安樂行品十四 | 首八行碎損 |
| 稱70 | 衆生喜若 | 爾時華經 | 8 | 280 | 化城喻品七　法師品十 | 首十六行尾十七行碎損 |

| | | | | | | | |
|---|---|---|---|---|---|---|---|
| 稱 | 82 | 比丘千世 | 佛慧第三 | 12 | 328 | 化城喻品七 | 尾二十二行碎損 |
| 藏 | 86 | 大千東方 | 羅三萬億 | 7 | 196 | 化城喻品七 | |
| 黃 | 93 | 千世東方 | 佛慧第三 | 12 | 334 | 化城喻品七 | |
| 宙 | 92 | 千世東方 | 願世梵天 | 3 | 84 | 化城喻品七 | |
| 張 | 6 | 千世東方 | 清淨菩薩 | 9 | 252 | 化城喻品七 | |
| 金 | 21 | 千世東方 | 梵天偈言 | 4 | 112 | 化城喻品七 | 首行碎損 |
| 闕 | 28 | 方千復下 | 梵天偈言 | 3 | 84 | 化城喻品七 | 卷中多碎損 |
| 荒 | 16 | 世尊國土 | 世尊王一 | 3 | 82 | 化城喻品七 | 此卷碎不全 |
| 羽 | 33 | 千世東方 | 第三衆義 | 12 | 335 | 化城喻品七 | 首十三行碎損尾題有開元九年 |

二月十三日馬奉祿於此經略取衆

義等語

| | | | | | | | |
|---|---|---|---|---|---|---|---|
| 暑 | 62 | 塵一無邊 | 佛慧第三 | 7 | 320 | 化城喻品七 | 卷多碎損 |
| 雨 | 44 | 如來諸比 | 城耳此城 | 13 | 312 | 化城喻品七 | |
| 來 | 2 | 佛告由他 | 佛故納受 | 3 | 67 | 化城喻品七 | |
| 張 | 83 | 那由耨多 | 光明各相 | 3 | 72 | 化城喻品七 | |
| 宇 | 1 | 佛法菩提 | 佛言時諸 | 7 | 154 | 化城喻品七 | |
| 柰 | 36 | 佛於座當 | 東南光明 | 2 | 67 | 化城喻品七 | 首二行碎損 |
| 宿 | 81 | 萎華於佛 | 佛慧第三 | 12 | 312 | 化城喻品七 | 首二行碎損 尾有木軸 |
| 爲 | 40 | 佛當至于 | 佛慧第三 | 12 | 308 | 化城喻品七 | |
| 收 | 36 | 小刧藐三 | 佛法涅槃 | 11 | 305 | 化城喻品七 | 與收三十五號緊接 尾八行碎不全 |

| | | | | | | | |
|---|---|---|---|---|---|---|---|
| 菜 | 9 | 小刦三菩 | 佛慧第三 | 11 | 307 | 化城喻品七 | 首三行碎損 |
| 暑 | 19 | 成阿佛未 | 佛慧第三 | 12 | 305 | 化城喻品七 | 首三行碎損 |
| 盈 | 88 | 震動照而 | 地者菩提 | 7 | 187 | 化城喻品七 | 此卷字體工整無一率筆實爲僅見 |
| | | | | | | | 尾二行碎不全 |
| 人 | 63 | 照而此中 | 儀則乃出 | 4 | 224 | 化城喻品七 | |
| 巨 | 49 | 震動照而 | 佛道第三 | 10 | 278 | 化城喻品七 | 首五行碎損 |
| 陽 | 7 | 天宮梵宮 | 法者佛道 | 9 | 252 | 化城喻品七 | 首五行碎損 |
| 稱 | 94 | 中有我等 | 佛慧第三 | 10 | 265 | 化城喻品七 | 首七行碎損 |
| 闕 | 46 | 前一世尊 | 頌曰一見 | 2 | 56 | 化城喻品七 | |
| 收 | 43 | 哀愍天王 | 佛慧第三 | 10 | 259 | 化城喻品七 | 首三行碎損背面粘補之紙係借 |

劵之屬

| | | | | | | | |
|---|---|---|---|---|---|---|---|
| 宙 | 1 | 梵王上其 | 佛慧第三 | 10 | 261 | 化城喻品七 | 首七行碎損 |
| 暑 | 98 | 尊轉王一 | 等恭諸梵 | 2 | 44 | 化城喻品七 | |
| 藏 | 85 | 尊轉天王 | 佛慧第三 | 9 | 250 | 化城喻品七 | |
| 陽 | 30 | 尊轉王一 | 未出乘經 | 8 | 224 | 化城喻品七 | |
| 宇 | 9 | 王一世雄 | 佛慧第三 | 9 | 250 | 化城喻品七 | |
| 崑 | 76 | 王一世雄 | 一心頌曰 | 2 | 56 | 化城喻品七 | |
| 號 | 81 | 世雄爾時 | 乃出傾慶 | 3 | 84 | 化城喻品七 | |
| 潛 | 10 | 說法嘿然 | 世尊羅門 | 2 | 53 | 化城喻品七 | 首二行碎損 |
| 洪 | 36 | 演說智勝 | 佛慧第三 | 5 | 138 | 化城喻品七 | 首六十六行碎損 |

| | | | | | | | |
|---|---|---|---|---|---|---|---|
| 歲 | 88 | 過千爾時 | 佛慧第三 | 9 | 241 | 化城喻品七 | |
| 河 | 54 | 照曜詣共 | 佛慧第三 | 11 | 245 | 化城喻品七 | 首八行碎損 尾有木軸 |
| 出 | 70 | 聖主世尊 | 佛慧第三 | 9 | 231 | 化城喻品七 | 首十三行碎損 |
| 翔 | 98 | 三惡世間 | 一見慧者 | 1 | 28 | 化城喻品七 | |
| 菜 | 16 | 摩睺子請 | 佛慧第三 | 8 | 237 | 化城喻品七 | 首二十九行碎損 |
| 翔 | 49 | 世間我等 | 頌曰予大 | 2 | 34 | 化城喻品七 | 首四行尾行碎損 |
| 荒 | 22 | 大聖衆生 | 佛慧第三 | 8 | 221 | 化城喻品七 | |
| 霜 | 88 | 大聖衆生 | 三藐世尊 | 3 | 84 | 化城喻品七 | |
| 始 | 95 | 未有此事 | 佛慧第三 | 10 | 217 | 化城喻品七 | 全卷多碎 |
| 雲 | 8 | 龍王敬圍 | 佛慧第三 | 8 | 208 | 化城喻品七 | |

| | | | | | | |
|---|---|---|---|---|---|---|
| 張 94 | 天王……念說 | 上所……菩提 | 3 | 78 | 化城喻品七 | |
| 餘 55 | 百千……佛慧 | 如須……第三 | 9 | 230 | 化城喻品七 | 首六行碎損 |
| 闕 48 | 諸飢……涅槃 | 如優……佛慧 | 7 | 300 | 化城喻品七 | |
| 辰 8 | 衆生……明六 | 如優……萬億 | 2 | 58 | 化城喻品七 | 首二行尾八行碎不全 |
| 崑 57 | 唯願……普告 | 普雨……通利 | 3 | 76 | 化城喻品七 | 尾行碎損 |
| 裳 53 | 唯願……見十 | 普雨……彼佛 | 3 | 61 | 化城喻品七 | |
| 宙 18 | 唯願……世世 | 普雨……此因 | 3 | 84 | 化城喻品七 | 首七行碎損此係前段後段爲授學無學人記品 |
| 爲 30 | 普雨……佛慧 | 爾時……第三 | 7 | 192 | 化城喻品七 | 首二行碎損 |
| 列 93 | 王頭……佛慧 | 所散……第三 | 5 | 178 | 化城喻品七 | 首四行碎損 |

| | | | | | | | |
|---|---|---|---|---|---|---|---|
| 宿 | 82 | 伽人六王 | 佛慧第三 | 7 | 120 | 化城喻品七 | 首三行碎損 |
| 鱗 | 70 | 圍繞王頭 | 佛慧第三 | 8 | 208 | 化城喻品七 | 首五十四行碎損 |
| 玉 | 87 | 哀愍及餘 | 佛慧第三 | 6 | 166 | 化城喻品七 | |
| 收 | 14 | 及餘今以 | 息已疲極 | 6 | 150 | 化城喻品七 | 尾二十八行碎不全 |
| 闕 | 41 | 及餘今以 | 丘是菩薩 | 2 | 54 | 化城喻品七 | 首行碎損 |
| 宇 | 5 | 梵天世尊 | 佛慧第三 | 7 | 152 | 化城喻品七 | |
| 鳥 | 18 | 觸觸緣生 | 清淨菩薩 | 3 | 70 | 化城喻品七 | 首行碎損 |
| 宇 | 11 | 六入則取 | 佛慧第三 | 6 | 148 | 化城喻品七 | |
| 調 | 14 | 滅愛滅生 | 佛慧第三 | 6 | 149 | 化城喻品七 | 首八行碎損 |
| 柰 | 44 | 藐三大德 | 眞實三如 | 3 | 84 | 化城喻品七 | 尾三行碎損 |

| | | | | | | | |
|---|---|---|---|---|---|---|---|
| 閏 | 26 | 大德阿耨 | 佛慧第三 | 5 | 137 | 化城喻品七 | |
| 羽 | 42 | 大德阿耨 | 之言我化 | 3 | 85 | 化城喻品七 | |
| 爲 | 34 | 通利佛淨 | 佛慧第三 | 6 | 139 | 化城喻品七 | 首五行碎損 |
| 暑 | 25 | 故皆沙彌 | 耳諸師知 | 3 | 67 | 化城喻品七 | 尾行碎不全 |
| 出 | 88 | 然禪衆廣 | 二佛彌陀 | 1 | 23 | 化城喻品七 | |
| 位 | 56 | 有信佛說 | 佛乘衆生 | 2 | 49 | 化城喻品七 | 首八行尾二行碎損 |
| 闕 | 24 | 所化生與 | 佛慧第三 | 4 | 111 | 化城喻品七 | 卷多碎損 |
| 餘 | 73 | 十六所化 | 佛慧第三 | 5 | 112 | 化城喻品七 | 首四行碎損 |
| 律 | 30 | 於八經一 | 佛慧第三 | 5 | 124 | 化城喻品七 | 首三十一行碎損 |
| 成 | 97 | 以爲彌東 | 佛慧第三 | 5 | 134 | 化城喻品七 | 首四行碎損 |

| 字 | 號 | 上文 | 下文 | | | 品 | 備考 |
|---|---|---|---|---|---|---|---|
| 推 | 58 | 信解及聲 | 未出乘經 | 2 | 56 | 化城喻品七 | |
| 薑 | 24 | 薩及滅度 | 精進實滅 | 2 | 80 | 化城喻品七 | 尾五行碎損此卷內分三段但此經文接續 |
| 位 | 25 | 滅度性知 | 佛道第三 | 4 | 81 | 化城喻品七 | 首二行碎損 |
| 始 | 74 | 入衆等故 | 師言此輩 | 3 | 64 | 化城喻品七 | |
| 往 | 50 | 比丘諸生 | 佛慧第三 | 3 | 64 | 化城喻品七 | 首行碎損 |
| 金 | 57 | 寶處重宣 | 佛慧第三 | 2 | 53 | 化城喻品七 | 首行碎損 |
| 薑 | 45 | 欲重大通 | 佛慧第三 | 2 | 52 | 化城喻品七 | |
| 藏 | 53 | 宣暢第二 | 非滅佛法 | 2 | 34 | 化城喻品七 | 尾行碎不全 |
| 帝 | 71 | 一心爲无 | 佛慧第三 | 1 | 29 | 化城喻品七 | 首三行碎損 |

| | | | | | | | |
|---|---|---|---|---|---|---|---|
| 寒 | 1 | 有六在在 | 佛慧第三 | 1 | 26 | 化城喻品七 | |
| 潛 | 84 | 世間作車 | 佛慧第三 | 2 | 35 | 化城喻品七 | 首十行碎損此卷分二段首段係 |
| | | | | | | | 另一經 |
| 呂 | 13 | 之力於佛 | 我心第四 | 24 | 656 | 五百弟子受記品八分別功德品十七 | 首十行碎損 |
| 陽 | 14 | 妙法爾時 | 我心第四 | 26 | 675 | 五百弟子受記品八勸持品十三 | 尾有木軸 |
| 爲 | 56 | 妙法爾時 | 我心第四 | 24 | 663 | 五百弟子受記品八勸持品十三 | |
| 鹹 | 13 | 因緣之力 | 我心第四 | 14 | 659 | 五百弟子受記品八勸持品十三 | 首二行碎損 |
| 稱 | 8 | 暫捨希有 | 我心第四 | 22 | 653 | 五百弟子受記品八勸持品十三 | 首五行碎損尾有木軸 |
| 結 | 12 | 多羅法又 | 我心第四 | 24 | 659 | 五百弟子受記品八勸持品十三 | 首十一行碎損尾有木軸 |
| 生 | 38 | 最爲護持 | 我心第四 | 24 | 648 | 五百弟子受記品八勸持品十三 | 首三行碎損 |

| | | | | | |
|---|---|---|---|---|---|
| 荒 55 | 樓那 八中 | 我心 第四 | 28 639 | 五百弟子受記品八 勸持品十三 | 首八行碎損 |
| 盈 99 | 佛聞 耨多 | 我心 第四 | 24 613 | 五百弟子受記品八 勸持品十三 | 首十六行碎損 尾有木軸 |
| 雲 53 | 量衆 土故 | 我心 第四 | 23 631 | 五百弟子受記品八 勸持品十三 | 首行碎損 |
| 稱 62 | 持助 量衆 | 我心 第四 | 23 531 | 五百弟子受記品八 勸持品十三 | 首九行碎損 |
| 爲 96 | 淨佛 故常 | 我心 第四 | 25 630 | 五百弟子受記品八 勸持品十三 | 首二行碎損 |
| 果 67 | 土故 道過 | 我心 第四 | 23 630 | 五百弟子受記品八 勸持品十三 | 首四行碎損 題口經王瀚寫 尾 |
| 黃 84 | 淨佛 生漸 | 我心 第四 | 23 631 | 五百弟子受記品八 勸持品十三 | 首六行碎損 有木軸 尾 |
| 鱗 17 | 出光 金色 | 我心 第四 | 23 632 | 五百弟子受記品八 勸持品十三 | 首行碎損 |
| 閏 3 | 諸比 知衆 | 我心 第四 | 23 617 | 五百弟子受記品八 勸持品十三 | 尾十二行碎損 |
| 珠 49 | 善學 智是 | 我心 第四 | 23 606 | 五百弟子受記品八 勸持品十三 | 首三行碎損 有木軸 尾 |

| | | | | | | | |
|---|---|---|---|---|---|---|---|
| 秋 | 37 | 若我 今此 | 我心 第四 | 22 | 609 | 五百弟子受記品八 勸持品十三 | |
| 爲 | 50 | 若我 今此 | 我心 第四 | 22 | 605 | 五百弟子受記品八 勸持品十三 | |
| 爲 | 48 | 若我 今此 | 我心 第四 | 22 | 605 | 五百弟子受記品八 勸持品十三 | 首三行碎損 |
| 地 | 82 | 演暢 未來 | 我心 第四 | 23 | 599 | 五百弟子受記品八 勸持品十三 | 首行碎損尾有 木軸 |
| 巨 | 12 | 未來 常以 | 我心 第四 | 22 | 596 | 五百弟子受記品八 勸持品十三 | 首四行碎損 |
| 張 | 45 | 供養 其國 | 得言 願不 | 19 | 608 | 五百弟子受記品八 勸持品十三 | 尾行碎損背面 雜鈔彌塞沙律般 泥洹後灌臘經沙 彌羅經華嚴經金 剛仙誦第十九等 |
| 雲 | 44 | 得思 是故 | 我心 第四 | 23 | 610 | 五百弟子受記品八 勸持品十三 | 首十八行碎損 |
| 宿 | 38 | 得阿 明爾 | 恐怖 辱鎧 | 23 | 568 | 五百弟子受記品八 勸持品十三 | 首四行碎損 |

| | | | | | | |
|---|---|---|---|---|---|---|
| 雨 | 18 | 聲聞我心<br>壽命第四 | 21 | 565 | 五百弟子受記品八<br>勸持品第十三 | 首四行碎損 |
| 歲 | 43 | 我等我心<br>如无第四 | 22 | 521 | 五百弟子受記品八<br>勸持品第十三 | 首三行碎損 |
| 列 | 99 | 滅度我心<br>失今第四 | 20 | 549 | 五百弟子受記品八<br>勸持品第十三 | |
| 收 | 13 | 失今我心<br>等所第四 | 20 | 548 | 五百弟子受記品八<br>勸持品第十三 | |
| 張 | 13 | 貧生我心<br>失今第四 | 20 | 548 | 五百弟子受記品八<br>勸持品第十三 | 首四行碎損 |
| 寒 | 75 | 今於憍曇<br>如无次授 | 18 | 495 | 五百弟子受記品八<br>勸持品第十三 | |
| 律 | 74 | 妙法供養<br>爾時第四 | 18 | 486 | 五百弟子受記品八<br>見寶塔品十一 | |
| 收 | 68 | 法蓮華供<br>爾時迦樓 | 12 | 335 | 五百弟子受記品八<br>見寶塔品十一 | 首八行碎損 |
| 陽 | 95 | 從座供養<br>尊顏第四 | 18 | 483 | 五百弟子受記品八<br>見寶塔品十一 | 首十一行碎損 |
| 黃 | 67 | 亦最緊那<br>四无切華 | 22 | 316 | 五百弟子受記品八<br>見寶塔品十一 | 首十四行碎損 |

| | | | | | | | |
|---|---|---|---|---|---|---|---|
| 宇 | 41 | 人中 達得 | 薩法 是釋 | 13 | 322 | 五百弟子受記品八 見寶塔品十一 | 首二行尾四行碎損 |
| 收 | 80 | 從座 尊顏 | 供養 第四 | 18 | 483 | 五百弟子受記品八 見寶塔品十一 | 首十五行碎損 |
| 露 | 76 | 道過 此土 | 樹莊 樹下 | 15 | 369 | 五百弟子受記品八 見寶塔品十一 | 首六行碎損 |
| 稱 | 75 | 萬億 善能 | 天寶 坐故 | 14 | 358 | 五百弟子受記品八 見寶塔品十一 | 首六行碎損 |
| 麗 | 56 | 可計 後當 | 供養 第四 | 16 | 424 | 五百弟子受記品八 見寶塔品十一 | 首十九行碎損 |
| 地 | 85 | 陳如 後得 | 摩訶 法華 | 11 | 288 | 五百弟子受記品八 見寶塔品十一 | 首行碎損 |
| 洪 | 23 | 諸十 作是 | 供養 第四 | 17 | 403 | 五百弟子受記品八 見寶塔品十一 | 首十五行碎損 尾有木軸 |
| 菜 | 52 | 苦切 富有 | 華供 迦樓 | 8 | 210 | 五百弟子受記品八 見寶塔品十一 | 首二行碎損 |
| 結 | 86 | 妙法 爾時 | 實相 法華 | 11 | 290 | 五百弟子受記品八 法師品十 | 首三行碎損 |
| 日 | 45 | 智慧 授諸 | 上法 法者 | 9 | 250 | 五百弟子受記品八 法師品十 | 首五行碎損 |

| 字 | 號 | 文 | 卷 | 頁 | 品 | 備注 |
|---|---|---|---|---|---|---|
| 秋 | 48 | 希有說法 上法法者 | 9 | 243 | 五百弟子受記品八 | 首三行碎損 |
| 爲 | 76 | 亦最通達 皆與藥王 | 9 | 194 | 五百弟子受記品八 | 首六行碎損 |
| 稱 | 57 | 佛世一佛 偈言一難 | 10 | 274 | 五百弟子受記品八 | |
| 鹹 | 36 | 重宣諦聽 解說視如 | 7 | 168 | 五百弟子受記品八 | 首二行碎損 |
| 重 | 100 | 薩衆衆生 衛護經典 | 11 | 280 | 五百弟子受記品八 | 首四行尾二行碎損 |
| 李 | 80 | 滅度失今 女人寫種 | 4 | 112 | 五百弟子受記品八 | 尾三十八行碎損 |
| 宇 | 62 | 妙法爾時 緣而聲聞 | 7 | 162 | 五百弟子受記品八 授學無學人記品九 | 尾行碎損 |
| 潛 | 17 | 妙法爾時 亦護本願 | 6 | 167 | 五百弟子受記品八 授學無學人記品九 | 首四行碎損 |
| 芥 | 76 | 空法四无 本願記及 | 4 | 151 | 五百弟子受記品八 授學無學人記品九 | 首二行尾行碎損 |
| 衣 | 42 | 一丈通達 佛道現爲 | 7 | 168 | 五百弟子受記品八 授學無學人記品九 | 首八行尾五行碎損 |

| | | | | | | | |
|---|---|---|---|---|---|---|---|
| 始 | 45 | 一而 足善<br>助宣 世尊 | 4 | 116 | 五百弟子受記品八 | 授學無學人記品九 | 首三行尾行碎損 |
| 暑 | 6 | 中亦 成阿<br>護持 亦護 | 5 | 140 | 五百弟子受記品八 | 授學無學人記品九 | 尾行碎損 |
| 地 | 31 | 道過 亦護<br>三蘱 本願 | 5 | 137 | 五百弟子受記品八 | 授學無學人記品九 | 首四行碎損 |
| 雨 | 37 | 无量 寂然<br>量衆 无學 | 6 | 163 | 五百弟子受記品八 | 授學無學人記品九 | 首十四行尾行碎損 |
| 光 | 38 | 善能 來所<br>所不 義而 | 5 | 111 | 五百弟子受記品八 | 授學無學人記品九 | 尾四行碎損 |
| 張 | 85 | 知衆 法亦<br>以无 衆其 | 5 | 119 | 五百弟子受記品八 | 授學無學人記品九 | 首四行碎損 |
| 官 | 89 | 今此 羅三<br>爲求 時學 | 3 | 83 | 五百弟子受記品八 | 授學無學人記品九 | |
| 岡 | 53 | 若我 成阿<br>今此 亦護 | 4 | 112 | 五百弟子受記品八 | 授學無學人記品九 | 首四行碎損 |
| 乃 | 17 | 其國 念我<br>其數 緣而 | 4 | 98 | 五百弟子受記品八 | 授學無學人記品九 | 首十二行尾五行碎損 |
| 秋 | 1 | 如是 丈夫<br>爾時 護持 | 3 | 75 | 五百弟子受記品八 | 授學無學人記品九 | 首行碎損 |

| | | | | | | | |
|---|---|---|---|---|---|---|---|
| 洪 | 35 | 爾時歡喜 | 悉同偈言 | 5 | 152 | 五百弟子受記品八 授學無學人記品九 | 首三行碎損 |
| 餘 | 66 | 或爲尊其 | 睺羅通王 | 2 | 36 | 五百弟子受記品八 授學無學人記品九 | 首行尾三行碎不全 |
| 薑 | 44 | 憍陳常放 | 右肩羅睺 | 2 | 57 | 五百弟子受記品八 授學無學人記品九 | |
| 麗 | 79 | 常放當說 | 丈夫護持 | 3 | 60 | 五百弟子受記品八 授學無學人記品九 | 首行碎損 |
| 翔 | 89 | 其五我滅 | 亦護本願 | 3 | 78 | 五百弟子受記品八 授學無學人記品九 | 首五行碎損 |
| 往 | 75 | 價寶覺知 | 時學右肩 | 2 | 39 | 五百弟子受記品八 授學無學人記品九 | 首十一行碎不全 |
| 騰 | 27 | 者世得非 | 法亦衆其 | 2 | 56 | 五百弟子受記品八 授學無學人記品九 | |
| 師 | 99 | 世尊非究 | 有分聞天 | 1 | 23 | 五百弟子受記品八 授學無學人記品九 | |
| 宇 | 74 | 遇見如是 | 恆沙愍衆 | 3 | 55 | 五百弟子受記品八 授學無學人記品九 | 首尾行碎不全 |
| 李 | 62 | 歡喜如等 | 座者心爲 | 7 | 184 | 五百弟子受記品八 授學無學人記品九 | 首二行碎損 |

| | | | | | | | |
|---|---|---|---|---|---|---|---|
| 盈 | 64 | 其家默與 | 一刦同等 | 4 | 74 | 五百弟子受記品八 授學無學人記品九 | 首行尾六行碎損 |
| 來 | 23 | 妙法爾時 | 刦中亦法 | 1 | 27 | 五百弟子受記品八 | |
| 暑 | 100 | 妙法爾時 | 衆生疑惑 | 2 | 55 | 五百弟子受記品八 | |
| 麗 | 77 | 妙法爾時 | 佛土衆生 | 2 | 54 | 五百弟子受記品八 | 首九行碎損 |
| 露 | 47 | 妙法爾時 | 放亦乃知 | 5 | 68 | 五百弟子受記品八 | 首五行碎損 |
| 劍 | 30 | 之事在神 | 成阿亦護 | 6 | 164 | 五百弟子受記品八 | 首三行碎損 |
| 羽 | 7 | 妙法爾時 | 審諦足菩 | 1 | 20 | 五百弟子受記品八 | 首六行尾二行碎損 |
| 稱 | 72 | 刦住尊顏 | 刧中持助 | 1 | 22 | 五百弟子受記品八 | 首行碎損 |
| 師 | 100 | 生處世尊 | 佛土衆生 | 2 | 46 | 五百弟子受記品八 | 全卷碎損 |
| 鳥 | 1 | 妙法爾時 | 生類成就 | 2 | 51 | 五百弟子受記品八 | 首八行碎損尾二行模糊 |

| | | | | | | |
|---|---|---|---|---|---|---|
| 來 | 94 | 助宣釋佛 惡道甚多 | 3 | 57 | 五百弟子受記品八 | 首十四行碎不全 |
| 衣 | 19 | 護持量衆 衆生疑惑 | 1 | 28 | 五百弟子受記品八 | |
| 字 | 52 | 隨順說法 普明偈言 | 3 | 76 | 五百弟子受記品八 | 首十九行碎損 |
| 師 | 80 | 亦敎梵行 甚多國土 | 3 | 52 | 五百弟子受記品八 | 首行尾五行碎損 |
| 珍 | 98 | 世人以斯 佛土衆生 | 1 | 34 | 五百弟子受記品八 | 首四行碎損 |
| 鳥 | 50 | 中亦護持 我等大弟 | 3 | 46 | 五百弟子受記品八 | 卷多碎損 |
| 調 | 93 | 護持量衆 衆多略說 | 2 | 43 | 五百弟子受記品八 | |
| 收 | 12 | 護持量衆 自謂在不 | 3 | 84 | 五百弟子受記品八 | |
| 字 | 3 | 敎化无量 衆生疑惑 | 1 | 26 | 五百弟子受記品八 | 首九行碎損 |
| 陽 | 31 | 光明色三 緣甚時阿 | 4 | 79 | 五百弟子受記品八 | 首行尾五行碎損 |

| | | | | | | |
|---|---|---|---|---|---|---|
| 李 91 | 今此 日普 | 爲求 偈言 | 1 | 28 | 五百弟子受記品八 | |
| 稱 53 | 明爾 切智 | 憍陳 自謂 | 1 | 28 | 五百弟子受記品八 | |
| 文 26 | 世尊 教化 | 憍陳 覺既 | 1 | 28 | 五百弟子受記品八 | 首行尾八行碎損 |
| 地 77 | 憍陳 何等 | 常放 等於 | 5 | 137 | 五百弟子受記品八 | 此係後段另一段爲譬喻品見前 |
| 宙 14 | 爾時 我心 | 設得 第四 | 13 | 534 | 授學無學人記品九 勸持品十三 | 首十二行碎損 |
| 玉 73 | 千人 我心 | 到於 第四 | 19 | 521 | 授學無學人記品九 勸持品十三 | 首行碎損 |
| 水 94 | 到於 我心 | 羅所 第四 | 19 | 520 | 授學無學人記品九 勸持品十三 | |
| 寒 20 | 百億 我心 | 三菩 第四 | 19 | 506 | 授學無學人記品九 勸持品十三 | 首三行碎損 |
| 生 95 | 上士 切衆 | 二億 得阿 | 18 | 477 | 授學無學人記品九 勸持品十三 | 首六行尾行碎損 |
| 來 7 | 於佛 我心 | 所願 第四 | 20 | 519 | 授學無學人記品九 勸持品十三 | 首十一行碎損 |

| | | | | | | |
|---|---|---|---|---|---|---|
| 洪 | 13 | 如是國土 | 我心第四 | 18 | 494 | 授學無學人記品九　勸持品十三 | |
| 盈 | 75 | 將來如是 | 我心第四 | 18 | 487 | 授學無學人記品九　勸持品十三 | 首二行碎損 |
| 致 | 88 | 有爾欲重 | 供養第四 | 14 | 371 | 授學無學人記品九　見寶塔品十一 | 首三十行碎損 |
| 宇 | 47 | 中說海慧 | 面皆幡蓋 | 7 | 180 | 授學無學人記品九　見寶塔品十一 | 首二行碎損 |
| 陽 | 41 | 本願記及 | 供養第四 | 12 | 320 | 授學無學人記品九　見寶塔品十一 | |
| 號 | 56 | 界微長子 | 中諸方諸 | 8 | 231 | 授學無學人記品九　見寶塔品十一 | 首行碎損　背有蕃字 |
| 羽 | 28 | 後當欲重 | 跏趺力令 | 9 | 251 | 授學無學人記品九　見寶塔品十一 | 卷多碎損 |
| 金 | 35 | 法藏十千 | 作佛以故 | 3 | 78 | 授學無學人記品九　法師品十 | |
| 來 | 44 | 耨多將來 | 讀誦行菩 | 4 | 113 | 授學無學人記品九　法師品十 | 首行碎損 |
| 宙 | 18 | 是二所供 | 寫種繒蓋 | 1 | 28 | 授學無學人記品九　法師品十 | 此係後段前段爲化城喻品 |

| | | | | | | |
|---|---|---|---|---|---|---|
| 李74 | 到於悉同 | 羅所偈言 | 2 | 56 | 授學無學人記品九 | |
| 署49 | 十千見灌 | 三藐第十 | 2 | 59 | 授學無學人記品九 | |
| 昃39 | 佛告我心 | 又如第四 | 18 | 491 | 法師品十 | 勸持品十三 | 首二百行碎損 |
| 律29 | 王其佛前 | 而自偈言 | 15 | 389 | 法師品十 | 勸持品十三 | 首行碎損 |
| 列98 | 肩所我心 | 掌共第四 | 16 | 423 | 法師品十 | 勸持品十三 | 首十六行碎損　尾有木軸 |
| 成53 | 之又我心 | 力及第四 | 15 | 397 | 法師品十 | 勸持品十三 | 首五行碎損 |
| 雲78 | 諸苦我心 | 國遣第四 | 15 | 360 | 法師品十 | 勸持品十三 | |
| 霜72 | 若人我心 | 處衆第四 | 14 | 349 | 法師品十 | 勸持品十三 | 首二十行碎損 |
| 洪22 | 若有覺三 | 有衆演說 | 11 | 308 | 法師品十 | 提婆達多品十二 | 首行碎損 |
| 海70 | 喜誦讚言 | 充滿衆中 | 5 | 149 | 法師品十 | 見寶塔品十一 | 首三行尾行碎損 |

| | | | | | | | |
|---|---|---|---|---|---|---|---|
| 宇 | 32 | 幢幡 應瞻 | 奉持 量土 | 9 | 252 | 法師品十 見寶塔品十一 | 此分二段一段爲 金剛經 |
| 冬 | 82 | 吾滅 上饌 | 供養 第四 | 9 | 238 | 法師品十 見寶塔品十一 | |
| 闕 | 45 | 吾滅 上饌 | 合成 華供 | 3 | 84 | 法師品十 見寶塔品十一 | |
| 辰 | 50 | 上饌 若能 | 下諸 中然 | 7 | 196 | 法師品十 見寶塔品十一 | 尾六行碎損 |
| 騰 | 52 | 上饌 若能 | 供養 第四 | 9 | 235 | 法師品十 見寶塔品十一 | |
| 往 | 98 | 薩道 道其 | 於地 樹高 | 4 | 112 | 法師品十 見寶塔品十一 | |
| 推 | 3 | 薩道 道其 | 聽法 示四 | 3 | 84 | 法師品十 見寶塔品十一 | |
| 玉 | 18 | 有衆 信解 | 五百 師子 | 4 | 112 | 法師品十 見寶塔品十一 | 首十行碎損 |
| 李 | 8 | 而爲 驚怖 | 合成 華供 | 2 | 44 | 法師品十 見寶塔品十一 | 首五行碎損 |
| 金 | 79 | 逆若 乾闥 | 莊嚴 以大 | 3 | 82 | 法師品十 見寶塔品十一 | 尾二行碎損 |

| | | | | | | | |
|---|---|---|---|---|---|---|---|
| 菜 | 95 | 欲重之眼<br>欲捨供養 | 7 | 183 | 法師品十<br>見寶塔品十一 | |
| 往 | 79 | 入如願欲<br>處衆是多 | 3 | 49 | 法師品十<br>見寶塔品十一 | 首尾行碎損 |
| 往 | 78 | 爾時往者<br>見是得須 | 3 | 55 | 法師品十 | 尾行碎不全 |
| 字 | 94 | 至一世廣<br>受記能竊 | 2 | 21 | 法師品十 | 首尾行碎損 |
| 字 | 8 | 授記上法<br>如來說法 | 2 | 40 | 法師品十 | 首十二行碎損 |
| 玉 | 71 | 寫妙華供<br>種種迦樓 | 5 | 120 | 法師品十 | |
| 水 | 24 | 若善優婆<br>讀誦順不 | 3 | 82 | 法師品十 | |
| 闕 | 99 | 幢幡法者<br>應瞻世尊 | 1 | 28 | 法師品十 | |
| 劍 | 23 | 演此爲四<br>爲一善如 | 2 | 66 | 法師品十 | 首尾行碎損 |
| 柰 | 25 | 嚴則來座<br>向禮辱衣 | 2 | 78 | 法師品十 | 首二行碎損 |

| | | | | | | | |
|---|---|---|---|---|---|---|---|
| 帝 | 22 | 幢幡應瞻 | 世尊臾聞 | 1 | 28 | 法師品十 | |
| 來 | 33 | 藥王爾時 | 聞法智慧 | 3 | 53 | 法師品十 | |
| 麗 | 42 | 七寶羅華 | 功德第六 | 14 | 391 | 見寶塔品十一 安樂行品十四 | 首三行碎損 尾有木軸 |
| 露 | 33 | 而於佛一 | 功德第六 | 16 | 371 | 見寶塔品十一 安樂行品十四 | 首五行碎損 |
| 金 | 42 | 多摩金銀 | 授記羅母 | 10 | 284 | 見寶塔品十一 勸持品十三 | 首四行碎損 |
| 洪 | 1 | 經故者彼 | 我心第四 | 11 | 299 | 見寶塔品十一 勸持品十三 | |
| 罔 | 56 | 者彼集一 | 我心第四 | 11 | 297 | 見寶塔品十一 勸持品十三 | 尾有木軸 |
| 夜 | 83 | 說法我兮 | 我心第四 | 11 | 296 | 見寶塔品十一 勸持品十三 | |
| 呂 | 35 | 寶師无大 | 我心第四 | 10 | 267 | 見寶塔品十一 勸持品十三 | |
| 雨 | 22 | 於是音聲 | 安隱我心 | 9 | 239 | 見寶塔品十一 勸持品十三 | |

| | | | | | | |
|---|---|---|---|---|---|---|
| 露 9 | 各捨令法 | 我心第四 | 8 | 222 | 見寶塔品十一 勸持品十三 | |
| 張 1 | 寶佛寶如 | 我心第四 | 8 | 211 | 見寶塔品十一 勸持品十三 | 首三行碎損 |
| 騰 8 | 則為寶塔 | 我心第四 | 8 | 209 | 見寶塔品十一 勸持品十三 | 首十八行碎損 |
| 人 56 | 佛護順是 | 會人聞法 | 12 | 264 | 見寶塔品十一 提婆達多品十二 | 全卷碎損 |
| 洪 84 | 皆有之亦 | 我心第四 | 11 | 262 | 見寶塔品十一 提婆達多品十二 | 全卷碎損 尾有木軸 |
| 宇 65 | 善哉尼佛 | 利起人民 | 4 | 100 | 見寶塔品十一 提婆達多品十二 | 首行尾二行碎損 |
| 宇 84 | 佛坐身出 | 此經化生 | 3 | 84 | 見寶塔品十一 提婆達多品十二 | |
| 暑 32 | 大風告諸 | 十種八不 | 4 | 64 | 見寶塔品十一 提婆達多品十二 | 首行碎損 |
| 水 4 | 而以若使 | 能至量劫 | 4 | 95 | 見寶塔品十一 提婆達多品十二 | |
| 玉 11 | 羅緊一切 | 護法法者 | 5 | 119 | 見寶塔品十一 | |

| | | | | | | | | | |
|---|---|---|---|---|---|---|---|---|---|
| 地 22 | 香纓 | 嘆爾 | 座全 | 其言 | 3 | 86 | 見寶塔品十一 | 首尾二行碎不全 |
| 重 33 | 善哉 | 法佛 | 盡還 | 說我 | 1 | 26 | 見寶塔品十一 | 尾行碎損內有蕃文 |
| 律 75 | 羅緊 | 一切 | 病少 | 菩薩 | 3 | 82 | 見寶塔品十一 | 首八行尾三行碎損 |
| 列 10 | 佛成 | 告諸 | 修羅 | 璃爲 | 2 | 38 | 見寶塔品十一 | 首行尾三行碎損 |
| 律 37 | 故踊 | 成道 | 之眼 | 供養 | 6 | 134 | 見寶塔品十一 | 首三行碎損全卷多碎孔 |
| 露 4 | 薩摩 | 爲聽 | 方所 | 受所 | 1 | 28 | 見寶塔品十一 | |
| 往 87 | 佛有 | 諸佛 | 迦牟 | 等國 | 2 | 47 | 見寶塔品十一 | 尾行碎不全 |
| 玉 60 | 諸寶 | 寶而 | 善地 | 之眼 | 4 | 94 | 見寶塔品十一 | 首行碎損 |
| 雨 100 | 分身 | 國皆 | 說佛 | 如來 | 2 | 56 | 見寶塔品十一 | |
| 秋 16 | 五百 | 師子 | 供養 | 第四 | 4 | 96 | 見寶塔品十一 | |

| | | | | | | |
|---|---|---|---|---|---|---|
| 乃 | 33 | 由旬坐於　座高從座 | 1 | 28 | 見寶塔品十一 | |
| 海 | 44 | 分之於此　分身八方 | 1 | 23 | 見寶塔品十一 | 首六行碎損 |
| 玉 | 2 | 座高世中　江湖虛空 | 3 | 73 | 見寶塔品十一 | |
| 柰 | 31 | 海江供義　山大第四 | 4 | 92 | 見寶塔品十一 | |
| 出 | 63 | 生及樹下　亦以子座 | 2 | 48 | 見寶塔品十一 | 首八行碎損 |
| 秋 | 7 | 土中炬火　方諸方國 | 2 | 42 | 見寶塔品十一 | 尾行碎不全 |
| 推 | 26 | 爾時爲難　遍滿爲難 | 2 | 56 | 見寶塔品十一 | 卷多碎損 |
| 張 | 29 | 諸天供養　地寶第四 | 4 | 89 | 見寶塔品十一 | 首十七行碎損 |
| 河 | 88 | 供養神通　諸佛奉持 | 3 | 61 | 見寶塔品十一 | 首十一行碎損 |
| 字 | 47 | 觀佛子座　出大炬火 | 1 | 28 | 見寶塔品十一 | |

| | | | | | | | |
|---|---|---|---|---|---|---|---|
| 乃 | 78 | 正是槃佛 | 之眼供養 | 2 | 54 | 見寶塔品十一 | 首六行尾四行碎損 |
| 宇 | 6 | 此妙義而 | 供養監製 | 2 | 51 | 見寶塔品十一 | 首六行碎損尾有貞觀三年敬業監製八字 |
| 夜 | 87 | 如恆各捨 | 民壽太子 | 2 | 52 | 見寶塔品十一 | 尾七行碎損 |
| 成 | 57 | 妙法爾時 | 佛想止處 | 18 | 539 | 提婆達多品十二 分別功德品十七 | |
| 菜 | 59 | 品第及天 | 退地第五 | 19 | 534 | 提婆達多品十二 從地踊出品十五 | 首十行碎損 |
| 月 | 79 | 爲於擊鼓 | 退地第五 | 19 | 525 | 提婆達多品十二 從地踊出品十五 | 首六行碎損 |
| 鹹 | 71 | 踴躍設食 | 退地第五 | 20 | 522 | 提婆達多品十二 從地踊出品十五 | 首五行碎損 |
| 鳥 | 40 | 所之我念 | 退地第五 | 16 | 406 | 提婆達多品十二 從地踊出品十五 | 首二行碎損 |
| 洪 | 48 | 來白當爲 | 退地第五 | 20 | 513 | 提婆達多品十二 從地踊出品十五 | 首十一行碎損 |

| | | | | | | | |
|---|---|---|---|---|---|---|---|
| 稱 | 16 | 具足 / 磨金 | 退地 / 第五 | 20 | 505 | 提婆達多品十二 / 從地踊出品十五 | 首五行碎損 |
| 冬 | 66 | 佛告 / 是由 | 退地 / 第五 | 13 | 379 | 提婆達多品十二 / 從地踊出品十五 | 首十一行碎損 |
| 宙 | 61 | 龍女 / 說法 | 退地 / 第五 | 16 | 418 | 提婆達多品十二 / 從地踊出品十五 | 首行碎損尾有 / 木軸 |
| 結 | 26 | 其數 / 待須 | 三菩 / 發道 | 15 | 421 | 提婆達多品十二 / 安樂行品十四 | 首十一行尾行碎 / 損 |
| 芥 | 90 | 行有 / 妻子 | 我心 / 第四 | 7 | 172 | 提婆達多品十二 / 勸持品十三 | 首六行碎損 |
| 餘 | 79 | 時有 / 華若 | 我心 / 第四 | 7 | 160 | 提婆達多品十二 / 勸持品十三 | 首八行碎損背 / 面雜寫有思益梵 / 天經及清天句經 / 戒律等 |
| 乃 | 53 | 來白 / 行者 | 我心 / 第四 | 6 | 157 | 提婆達多品十二 / 勸持品十三 | 首二行碎損 |
| 雲 | 37 | 共神 / 達多 | 於佛 / 偈言 | 4 | 112 | 提婆達多品十二 / 勸持品十三 | |
| 黃 | 71 | 七寶 / 悉以 | 佛道 / 光相 | 4 | 97 | 提婆達多品十二 / 勸持品十三 | 首二行尾行碎損 |

| | | | | | | | |
|---|---|---|---|---|---|---|---|
| 歲 | 14 | 於時多寶 | 我心第四 | 5 | 127 | 提婆達多品十二 勸持品十三 | |
| 李 | 70 | 寶佛子且 | 次授羅母 | 3 | 84 | 提婆達多品十二 勸持品十三 | |
| 張 | 35 | 言其且待 | 隱住我心 | 5 | 120 | 提婆達多品十二 勸持品十三 | |
| 往 | 60 | 深達以八 | 汝欲佛法 | 2 | 44 | 提婆達多品十二 勸持品十三 | 尾行碎不全 |
| 地 | 46 | 遍照以八 | 有卽偈言 | 2 | 59 | 提婆達多品十二 勸持品十三 | 首行碎損 |
| 列 | 14 | 事疾物復 | 學无掌瞻 | 1 | 28 | 提婆達多品十二 勸持品十三 | 首四行碎損 |
| 珠 | 89 | 妙法爾時 | 令我十種 | 1 | 26 | 提婆達多品十二 | 卷首有五弟子汜思亮受持八字 |
| 號 | 96 | 惓於王發 | 證知衆生 | 3 | 81 | 提婆達多品十二 | 首二行碎損 |
| 薑 | 99 | 國位我說 | 法身仰戴 | 2 | 74 | 提婆達多品十二 | 尾十二行碎損 |
| 翔 | 56 | 搥鐘時有 | 化生名曰 | 1 | 30 | 提婆達多品十二 | 尾二行碎損 |

| | | | | | | | |
|---|---|---|---|---|---|---|---|
| 生 | 85 | 即便不退 情存菩薩 | 3 | 83 | 提婆達多品十二 | |
| 往 | 16 | 道力未訖 達多以偈 | 2 | 52 | 提婆達多品十二 | |
| 蓋 | 62 | 世間本土 界名俱來 | 1 | 22 | 提婆達多品十二 | 首三行碎損 |
| 人 | 31 | 寶佛能至 子且量刧 | 1 | 28 | 提婆達多品十二 | |
| 水 | 98 | 難行无垢 三千不退 | 1 | 28 | 提婆達多品十二 | |
| 成 | 62 | 諸比退地 於他第五 | 17 | 391 | 勸持品十三 從地踊出品十五 | |
| 來 | 35 | 一心於世 憍曇爲說 | 3 | 77 | 勸持品十三 安樂行品十四 | 首六行尾行碎損 |
| 雨 | 76 | 誑惑功德 中欲第六 | 10 | 208 | 勸持品十三 安樂行品十四 | 首十一行碎損 |
| 荒 | 79 | 妙法隱住 爾時我心 | 3 | 70 | 勸持品十三 | |
| 金 | 45 | 心大我心 不退第四 | 3 | 75 | 勸持品十三 | 首六行碎損 |

李 46 仰尊我心 憂色第四 2 55 勸持品十三 此卷分二段一段為金剛經

暑 16 知記我心 中為第四 3 51 勸持品十三 首行碎損

宙 5 應供我心 御文第四 2 40 勸持品十三

果 9 應供我心 丈夫第四 2 41 勸持品十三

羽 47 我等第四 諸比難寫 2 36 勸持品十三 首行碎損 尾題天實五載五印度僧祇難寫

宿 46 薩敬我心 子吼第四 1 27 勸持品十三

位 53 謂為薩觀 納衣轉如 3 49 勸持品十三 首二行尾六行碎損

宇 80 妙法坐臥 爾時第五 23 621 安樂行品十四 分別功德品十七 尾有木軸

暑 91 妙法坐臥 爾時第五 23 623 安樂行品十四 分別功德品十七 首五行碎損

| | | | | | | | | |
|---|---|---|---|---|---|---|---|---|
| 冬 | 23 | 妙法坐臥 | 爾時第五 | 23 | 624 | 安樂行品十四 | 分別功德品十七 | |
| 昃 | 69 | 摩訶坐臥 | 師利第五 | 22 | 607 | 安樂行品十四 | 分別功德品十七 | |
| 日 | 92 | 是法坐臥 | 惡世第五 | 22 | 618 | 安樂行品十四 | 分別功德品十七 | 首五行碎損 |
| 寒 | 10 | 妙法千界 | 爾時四三 | 19 | 510 | 安樂行品十四 | 分別功德品十七 | 尾二行碎損 |
| 宇 | 13 | 師利坐臥 | 薩行第五 | 23 | 615 | 安樂行品十四 | 分別功德品十七 | 首二行碎損 |
| 張 | 100 | 於法量无 | 諸法无邊 | 21 | 577 | 安樂行品十四 | 分別功德品十七 | 首三行碎損 |
| 爲 | 32 | 師利坐臥 | 安住第五 | 23 | 622 | 安樂行品十四 | 分別功德品十七 | 首七行碎損尾 有木軸 |
| 露 | 56 | 行而坐臥 | 名菩第五 | 23 | 614 | 安樂行品十四 | 分別功德品十七 | 首六行碎損 |
| 收 | 47 | 師利坐臥 | 安住第五 | 27 | 620 | 安樂行品十四 | 分別功德品十七 | 首八行碎損 |
| 往 | 53 | 何名坐臥 | 親近第五 | 23 | 610 | 安樂行品十四 | 分別功德品十七 | 首四行碎損 |

| | | | | | | | | |
|---|---|---|---|---|---|---|---|---|
| 致 | 14 | 又不 | 諸惡 | 坐臥第五 | 23 | 605 | 安樂行品十四 分別功德品十七 | 首四十九行碎損 尾有木軸 |
| 露 | 3 | 入他 | 近五 | 坐臥第五 | 24 | 599 | 安樂行品十四 分別功德品十七 | |
| 日 | 24 | 揵子 | 及路 | 坐臥第五 | 23 | 612 | 安樂行品十四 分別功德品十七 | 首十一行碎損 |
| 列 | 67 | 有因 | 不露 | 坐臥第五 | 22 | 597 | 安樂行品十四 分別功德品十七 | |
| 鱗 | 22 | 律儀 | 所悕 | 坐臥第五 | 23 | 605 | 安樂行品十四 分別功德品十七 | 首九行碎損 尾有木軸 |
| 露 | 45 | 一心 | 不現 | 菩提第五 | 21 | 594 | 安樂行品十四 分別功德品十七 | 首二行碎損 |
| 巨 | 78 | 彌小 | 樂與 | 坐臥第五 | 21 | 595 | 安樂行品十四 分別功德品十七 | 首行碎損 |
| 辰 | 92 | 文殊 | 處復 | 坐臥第五 | 23 | 546 | 安樂行品十四 分別功德品十七 | 首行碎損 |
| 張 | 20 | 法不 | 況復 | 坐臥第五 | 22 | 596 | 安樂行品十四 分別功德品十七 | 首三行碎損 |
| 羽 | 34 | 況復 | 樂與 | 坐臥第五 | 21 | 596 | 安樂行品十四 分別功德品十七 | 首六行碎損背面寫有大佛□略 |

懺本

| | | | | | | | | |
|---|---|---|---|---|---|---|---|---|
| 鹹 | 40 | 利是坐臥 | 切法第五 | 15 | 592 | 安樂行品十四 | 分別功德品十七 | 首二行碎損 |
| 黃 | 46 | 攝其坐臥 | 復次第五 | 22 | 584 | 安樂行品十四 | 分別功德品十七 | 首三行碎損 |
| 露 | 69 | 在講坐臥 | 所悕第五 | 22 | 600 | 安樂行品十四 | 分別功德品十七 | 首六十五行碎損尾有木軸 |
| 荒 | 70 | 況復坐臥 | 樂與第五 | 22 | 596 | 安樂行品十四 | 分別功德品十七 | 首十二行碎損 |
| 盈 | 47 | 佛若坐臥 | 胸臆第五 | 24 | 598 | 安樂行品十四 | 分別功德品十七 | 首十六行碎損尾有木軸 |
| 潛 | 16 | 應入坐臥 | 大臣第五 | 22 | 588 | 安樂行品十四 | 分別功德品十七 | 首四行碎損 |
| 生 | 14 | 魁膾坐臥 | 敗賓第五 | 21 | 577 | 安樂行品十四 | 分別功德品十七 | 首行碎損尾有木軸 |
| 列 | 17 | 但以坐臥 | 薩第第五 | 11 | 339 | 安樂行品十四 | 分別功德品十七 | 首十行碎損尾有木軸 |
| 地 | 80 | 親近坐臥 | 盡勿第五 | 28 | 572 | 安樂行品十四 | 分別功德品十七 | 首四行碎損 |

| | | | | | | | |
|---|---|---|---|---|---|---|---|
| 地 | 58 | 是名顛倒 | 坐臥第五 | 21 | 573 | 安樂行品十四 分別功德品十七 | 兩截 |
| 結 | 92 | 分別於閑 | 坐臥第五 | 22 | 566 | 安樂行品十四 分別功德品十七 | 首十六行碎損 |
| 結 | 99 | 內外有比 | 坐臥第五 | 24 | 544 | 安樂行品十四 分別功德品十七 | 首十四行碎損 尾有木軸 |
| 荒 | 98 | 內外安處 | 坐臥第五 | 21 | 550 | 安樂行品十四 分別功德品十七 | 首十行碎損 |
| 洪 | 49 | 衣服但一 | 坐臥第五 | 20 | 540 | 安樂行品十四 分別功德品十七 | 首四行碎損 |
| 露 | 84 | 尼優菩薩 | 坐臥第五 | 20 | 530 | 安樂行品十四 分別功德品十七 | 首十一行碎損 |
| 爲 | 89 | 於諸第三 | 坐臥第五 | 19 | 590 | 安樂行品十四 分別功德品十七 | |
| 玉 | 83 | 故而何此 | 坐臥第五 | 19 | 511 | 安樂行品十四 分別功德品十七 | 首二行碎損 |
| 藏 | 81 | 强力諸小 | 坐臥第五 | 19 | 492 | 安樂行品十四 分別功德品十七 | 首三十二行碎損 尾有木軸 |
| 鹹 | 93 | 經者等不 | 塢近名是 | 18 | 440 | 安樂行品十四 分別功德品十七 | 首十三行碎損 |

| | | | | | | |
|---|---|---|---|---|---|---|
| 宿 9 | 諸佛又夢 | 坐臥第五 | 18 | 433 | 安樂行品十四　分別功德品十七 | |
| 宇 23 | 若後妙法 | 无量告彌 | 10 | 280 | 安樂行品十四　分別功德品十七 | |
| 閏 73 | 若後妙法 | 坐臥第五 | 16 | 427 | 安樂行品十四　分別功德品十七 | |
| 河 30 | 說是願於 | 多羅无量 | 15 | 265 | 安樂行品十四　如來壽量品十六 | 首三行碎損 |
| 黃 52 | 樂與殊師 | 等當勸爲 | 12 | 335 | 安樂行品十四　如來壽量品十六 | |
| 鱗 92 | 須彌空无 | 於意也世 | 15 | 385 | 安樂行品十四　如來壽量品十六 | 首五行碎損 |
| 冬 1 | 一切是名 | 佛等別諸 | 12 | 335 | 安樂行品十四　如來壽量品十六 | 首四十行碎損 |
| 宇 3 | 衆有久在 | 是爲明練 | 10 | 276 | 安樂行品十四　如來壽量品十六 | 首三行碎損 |
| 鱗 23 | 外道書及 | 依止於諸 | 11 | 288 | 安樂行品十四　從地踊出品十五 | 首十行碎損 |
| 劍 96 | 所希人身 | 指年如是 | 11 | 308 | 安樂行品十四　從地踊出品十五 | |

| | | | | | | | |
|---|---|---|---|---|---|---|---|
| 潛 | 23 | 乃至弟子 | 之寶佛道 | 11 | 308 | 安樂行品十四<br>從地踊出品十五 | 首十四行碎損 |
| 歲 | 20 | 若是菩薩 | 佛道此經 | 8 | 218 | 安樂行品十四<br>從地踊出品十五 | |
| 宿 | 84 | 是則又復 | 退地第五 | 11 | 307 | 安樂行品十四<br>從地踊出品十五 | |
| 月 | 70 | 一心是則 | 退地第五 | 10 | 273 | 安樂行品十四<br>從地踊出品十五 | 首五行碎損 |
| 雨 | 19 | 其心說法 | 而以諸菩 | 6 | 160 | 安樂行品十四<br>從地踊出品十五 | 首二十行碎損<br>全卷多碎孔 |
| 盈 | 5 | 諸天林中 | 退地第五 | 9 | 231 | 安樂行品十四<br>從地踊出品十五 | 尾有木軸 |
| 珠 | 73 | 利譬而諸 | 時諸偈言 | 4 | 114 | 安樂行品十四<br>從地踊出品十五 | 首三行碎損 |
| 淡 | 40 | 寶金珀象 | 諸菩法而 | 4 | 90 | 安樂行品十四<br>從地踊出品十五 | 首二行碎損 |
| 寒 | 62 | 種種馬車 | 菩薩如來 | 3 | 85 | 安樂行品十四<br>從地踊出品十五 | 首行尾二行碎損 |
| 岡 | 95 | 世尊常行 | 禮右而以 | 3 | 66 | 安樂行品十四<br>從地踊出品十五 | |

| | | | | | | | |
|---|---|---|---|---|---|---|---|
| 夜 | 28 | 我得 譬如 | 發道 界虛 | 5 | 140 | 安樂行品十四 從地踊出品十五 | |
| 淡 | 41 | 苦惱 欲求 | 世界 所說 | 5 | 141 | 安樂行品十四 從地踊出品十五 | 首十一行碎損 |
| 宙 | 40 | 演說 是經 | 所來 志念 | 4 | 84 | 安樂行品十四 從地踊出品十五 | 首二行尾十九行碎損 |
| 河 | 70 | 諸比 數如 | 阿耨 餘年 | 6 | 140 | 安樂行品十四 從地踊出品十五 | 首二行尾二十七行碎損 |
| 爲 | 43 | 國土 又見 | 退地 七部 | 6 | 169 | 安樂行品十四 從地踊出品十五 | |
| 帝 | 9 | 修習 深入 | 而以 諸菩 | 2 | 36 | 安樂行品十四 從地踊出品十五 | 首二行尾行碎損 |
| 金 | 99 | 說无 若後 | 勸菩 我等 | 2 | 56 | 安樂行品十四 從地踊出品十五 | |
| 餘 | 54 | 妙法 爾時 | 燈滅 功德 | 7 | 195 | 安樂行品十四 | |
| 陽 | 66 | 妙法 爾時 | 說法 親厚 | 1 | 27 | 安樂行品十四 | |
| 霜 | 1 | 妙法 爾時 | 說法 不親 | 1 | 27 | 安樂行品十四 | 尾行碎損 |

| | | | | | | | |
|---|---|---|---|---|---|---|---|
| 巨 | 41 | 妙法爾時 | 不見所有 | 2 | 54 | 安樂行品十四 | 首八行碎損 |
| 芥 | 32 | 妙法爾時 | 人說親厚 | 1 | 27 | 安樂行品十四 | |
| 羽 | 8 | 妙法爾時 | 說法親厚 | 1 | 27 | 安樂行品十四 | |
| 官 | 77 | 妙法爾時 | 所有近處 | 2 | 55 | 安樂行品十四 | 卷多碎損 |
| 文 | 91 | 妙法爾時 | 不近家若 | 1 | 25 | 安樂行品十四 | |
| 位 | 30 | 妙法爾時 | 堂中師利 | 1 | 22 | 安樂行品十四 | |
| 文 | 94 | 行品師利 | 近處非實 | 2 | 56 | 安樂行品十四 | 首三行尾行碎損 |
| 收 | 28 | 妙法爾時 | 不親彌小 | 1 | 28 | 安樂行品十四 | 尾行碎不全 |
| 劍 | 64 | 品第法王 | 守護爾時 | 5 | 157 | 安樂行品十四 | 首六行碎損 |
| 柰 | 70 | 菩薩菩薩 | 薩摩不退 | 1 | 30 | 安樂行品十四 | 首六行碎損 |

| | | | | | | |
|---|---|---|---|---|---|---|
| 李 67 | 若菩四法 | 能誦卷恭 | 4 | 101 | 安樂行品十四 | 首四行尾六行碎損 |
| 冬 21 | 薩行而不 | 億劫燈滅 | 7 | 186 | 安樂行品十四 | 首二行碎不全 |
| 珍 100 | 亦不如實 | 人說親厚 | 1 | 18 | 安樂行品十四 | 首二行碎損 |
| 月 38 | 諸法薩行 | 所有近處 | 2 | 45 | 安樂行品十四 | 首行碎不全 |
| 官 44 | 諸法薩行 | 想於父想 | 4 | 89 | 安樂行品十四 | 首八行尾行碎損 |
| 辰 85 | 誦是能說 | 之心比丘 | 3 | 92 | 安樂行品十四 | 首二十二行尾八行碎不全字清朗 |
| 崑 18 | 所悕人身 | 得一偈言 | 2 | 56 | 安樂行品十四 | |
| 珠 70 | 又菩而爲 | 念佛樂說 | 1 | 29 | 安樂行品十四 | |
| 呂 12 | 書及有兒 | 而答發心 | 3 | 65 | 安樂行品十四 | 首二十五行碎損 |
| 寒 83 | 他家五種 | 或與珀象 | 4 | 112 | 安樂行品十四 | |

| | | | | | | | |
|---|---|---|---|---|---|---|---|
| 騰 | 90 | 應於人身 | 親近戲咲 | 2 | 28 | 安樂行品十四 | 首三行尾二行碎損 |
| 雨 | 82 | 況復樂與 | 所有近處 | 1 | 28 | 安樂行品十四 | |
| 服 | 68 | 悕望塞優 | 不見行處 | 2 | 36 | 安樂行品十四 | 首十行碎損 |
| 推 | 48 | 惡律所悕 | 法有男是 | 2 | 36 | 安樂行品十四 | 首十六行尾三行碎損 |
| 麗 | 73 | 況復樂與 | 所有近處 | 1 | 28 | 安樂行品十四 | 首三行碎損背有蕃字十行及紙 |
| | | | | | | | 常宗德題名 |
| 官 | 80 | 所有有從 | 得佛怠心 | 3 | 79 | 安樂行品十四 | 首三行碎損 |
| 鱗 | 33 | 觀一空无 | 之具瑚虎 | 4 | 105 | 安樂行品十四 | 首四行尾行碎損 |
| 宙 | 88 | 一切虛空 | 得佛怠心 | 3 | 80 | 安樂行品十四 | |
| 夜 | 45 | 好戲婆夷 | 至深爲多 | 2 | 61 | 安樂行品十四 | 首四行尾行碎損 |

| | | | | | | | |
|---|---|---|---|---|---|---|---|
| 號 | 29 | 是法賜之 | 二親寶藏 | 5 | 133 | 安樂行品十四 | 首十四行碎損 |
| 生 | 69 | 破戒國王 | 深著門等 | 1 | 23 | 安樂行品十四 | 首八行尾行碎損 |
| 生 | 23 | 无所歡喜 | 起无悕望 | 2 | 52 | 安樂行品十四 | 首十八行碎損 |
| 字 | 27 | 男皆晝夜 | 屠見因緣 | 2 | 38 | 安樂行品十四 | 全卷碎損 |
| 冬 | 42 | 觀一於十 | 如虛切衆 | 3 | 70 | 安樂行品十四 | 首二十二行碎不全 |
| 珠 | 66 | 又復義而 | 亦不偈言 | 2 | 58 | 安樂行品十四 | |
| 文 | 36 | 嬉戲分別 | 爲汝佛道 | 2 | 35 | 安樂行品十四 | 首二十二行碎損 |
| 月 | 32 | 顛倒歡喜 | 在於歸望 | 1 | 28 | 安樂行品十四 | |
| 果 | 21 | 非生樂行 | 不動好動 | 1 | 49 | 安樂行品十四 | 首二行尾行碎損 |
| 露 | 70 | 常住意心 | 若有大師 | 2 | 53 | 安樂行品十四 | 首十三行碎損 |

| | | | | | | | |
|---|---|---|---|---|---|---|---|
| 黃 | 92 | 又復 亦不 | 得佛 怠心 | 2 | 59 | 安樂行品十四 | 首三十一行碎不全 |
| 收 | 91 | 是實 安住 | 怠心 大師 | 2 | 56 | 安樂行品十四 | 首十五行碎不全 |
| 盈 | 17 | 但一 是則 | 大師 障礙 | 1 | 28 | 安樂行品十四 | |
| 荒 | 40 | 念說 是則 | 宅藜 或與 | 2 | 52 | 安樂行品十四 | 尾八行碎不全 |
| 人 | 99 | 畋獵 敗肉 | 直行 得佛 | 3 | 65 | 安樂行品十四 | 全卷碎損 |
| 翔 | 27 | 離諸 以諸 | 其有 其心 | 3 | 62 | 安樂行品十四 | 首六行尾二行碎損 |
| 洪 | 44 | 等去 汝是 | 臣人 虛空 | 3 | 30 | 安樂行品十四 | |
| 日 | 82 | 第三 又文 | 功德 十五 | 3 | 84 | 安樂行品十四 | |
| 乃 | 87 | 大乘 誦己 | 不以 以與 | 2 | 34 | 安樂行品十四 | 首十一行碎損 |
| 羽 | 60 | 智者 又文 | 界而 共戰 | 1 | 28 | 安樂行品十四 | 首二行碎損 |

| | | | | | | | |
|---|---|---|---|---|---|---|---|
| 龍 | 56 | 慧力寶藏 | 魔王法化 | 1 | 29 | 安樂行品十四 | 首二行尾行碎損 |
| 盈 | 67 | 爾時坐臥 | 沙數第五 | 15 | 424 | 從地踊出品十五　分別功德品十七 | |
| 露 | 73 | 善男坐臥 | 婆世第五 | 16 | 422 | 從地踊出品十五　分別功德品十七 | 首六行碎損 |
| 往 | 86 | 讀誦坐臥 | 國土第五 | 16 | 417 | 從地踊出品十五　分別功德品十七 | 首十五行碎損　尾有木軸 |
| 盈 | 8 | 身皆坐臥 | 婆世第五 | 16 | 414 | 從地踊出品十五　分別功德品十七 | 尾有木軸 |
| 盈 | 84 | 河沙坐臥 | 萬億第五 | 15 | 406 | 從地踊出品十五　分別功德品十七 | 首三行碎損 |
| 收 | 42 | 讚歎數衆 | 薩摩世尊 | 11 | 291 | 從地踊出品十五　分別功德品十七 | 尾二行碎損　背面雜寫周興嗣千文　兩面皆有蕃字 |
| 鹹 | 96 | 讚於坐臥 | 牟尼第五 | 16 | 397 | 從地踊出品十五　分別功德品十七 | 尾有木軸 |
| 劍 | 68 | 少病坐臥 | 今世第五 | 15 | 390 | 從地踊出品十五　分別功德品十七 | 首十四行碎損 |

| | | | | | | |
|---|---|---|---|---|---|---|
| 稱 | 47 | 從昔坐臥 / 衆從第五 | 14 | 372 | 從地踊出品第十五 / 分別功德品第十七 | 首二行碎損 |
| 宿 | 68 | 疑懼坐臥 / 所得第五 | 13 | 332 | 從地踊出品第十五 / 分別功德品第十七 | 首行碎損 |
| 潛 | 12 | 佛之三蘱 / 宣此阿耨 | 7 | 188 | 從地踊出品第十五 / 分別功德品第十七 | |
| 鱗 | 91 | 從久坐臥 / 爾時第五 | 12 | 313 | 從地踊出品第十五 / 分別功德品第十七 | 首十行碎損 |
| 李 | 77 | 未久坐臥 / 我等第五 | 11 | 287 | 從地踊出品第十五 / 分別功德品第十七 | 首行碎損 |
| 寒 | 33 | 善學坐臥 / 皆起第五 | 11 | 281 | 從地踊出品第十五 / 分別功德品第十七 | 首十二行碎損 |
| 闕 | 82 | 到己好良 / 師子敎己 | 8 | 215 | 從地踊出品第十五 / 如來壽量品第十六 | 首三行碎損 |
| 結 | 29 | 十小衆生 / 曰爾佛身 | 9 | 246 | 從地踊出品第十五 / 如來壽量品第十六 | 首六行尾行碎損 / 背有蕃文 |
| 劍 | 94 | 各白勸爲 / 薩大信受 | 3 | 83 | 從地踊出品第十五 / 如來壽量品第十六 | 尾行碎損 |
| 鱗 | 95 | 如是當信 / 在娑而告 | 2 | 56 | 從地踊出品第十五 / 如來壽量品第十六 | |

| | | | | | | | |
|---|---|---|---|---|---|---|---|
| 皇 | 87 | 梵行人色 | 渴仰祇劫 | 6 | 132 | 從地踊出品十五 如來壽量品十六 | 首五行碎損 |
| 盈 | 32 | 是等世尊 | 多羅无量 | 2 | 20 | 從地踊出品十五 如來壽量品十六 | 首行碎損 |
| 寒 | 41 | 此无從地 | 重宣偈言 | 3 | 84 | 從地踊出品十五 | |
| 地 | 28 | 讚歎薩摩 | 彌勒念我 | 1 | 27 | 從地踊出品十五 | 尾九行上端碎去中間剪去一段約二寸見方 |
| 雨 | 52 | 世己種諸 | 退地第五 | 5 | 116 | 從地踊出品十五 | 首六行碎損 |
| 珠 | 72 | 善哉能聞 | 正憶有所 | 2 | 56 | 從地踊出品十五 | |
| 菜 | 24 | 從昔從地 | 偈言智慧 | 2 | 56 | 從地踊出品十五 | |
| 調 | 37 | 將五一千 | 不信怯弱 | 3 | 89 | 從地踊出品十五 | 尾二行碎損 |
| 霜 | 3 | 半及億諸 | 解說退地 | 4 | 94 | 從地踊出品十五 | 首三行碎損 |

| | | | | | | | |
|---|---|---|---|---|---|---|---|
| 始 | 77 | 空中 念阿 | 此之 十五 | 1 | 28 | 從地踊出品十五 | 首五行碎損 |
| 劍 | 93 | 得道 於无 | 開辭 解說 | 1 | 26 | 從地踊出品十五 | 尾行碎損 |
| 官 | 55 | 佛滅 因緣 | 解說 退地 | 1 | 18 | 從地踊出品十五 | |
| 調 | 13 | 是等 世尊 | 直者 无量 | 4 | 116 | 從地踊出品十五 | 首二行碎損 |
| 闕 | 65 | 妙法 爾時 | 經故 第六 | 19 | 511 | 如來壽量品十六 法師功德品十九 | |
| 闕 | 86 | 爾時 之言 | 下法 至歲 | 18 | 476 | 如來壽量品十六 法師功德品十九 | 首四行碎損 |
| 霜 | 33 | 成佛 由他 | 經故 第六 | 18 | 490 | 如來壽量品十六 法師功德品十九 | 首二行碎損 |
| 黃 | 17 | 又以 喜心 | 經故 第六 | 18 | 483 | 如來壽量品十六 法師功德品十九 | 首四行碎損 |
| 閏 | 36 | 諸善 說已 | 經故 第六 | 18 | 478 | 如來壽量品十六 法師功德品十九 | 首四行碎損 尾有木軸 |
| 月 | 29 | 盡復 滅度 | 菩薩 向其 | 16 | 417 | 如來壽量品十六 法師功德品十九 | 首三行 尾三十二行碎損 |

| 千字文號 | 號 | 起 | 止 | 紙數 | 行數 | 品目 | 附記 |
|---|---|---|---|---|---|---|---|
| 黃 | 24 | 父見香美 | 經故第六 | 17 | 436 | 如來壽量品十六 法師功德品十九 | 首行碎損 |
| 秋 | 46 | 美味惱无 | 聲馬鐘聲 | 12 | 294 | 如來壽量品十六 法師功德品十九 | 首三行碎損 |
| 宙 | 67 | 來雖不肯 | 經故第六 | 17 | 458 | 如來壽量品十六 法師功德品十九 | 首行碎損 尾有木軸 |
| 鱗 | 83 | 世尊千万 | 及象主如 | 9 | 200 | 如來壽量品十六 隨喜功德品十八 | 首行碎損 |
| 律 | 66 | 十六切大 | 法輪佛道 | 4 | 150 | 如來壽量品十六 分別功德品十七 | 首八行碎損 |
| 宇 | 72 | 首合受佛 | 瞻蔔功德 | 9 | 292 | 如來壽量品十六 分別功德品十七 | |
| 宿 | 92 | 信受佛語 | 如此信受 | 7 | 189 | 如來壽量品十六 分別功德品十七 | 首二行碎損 |
| 淡 | 12 | 无邊那由 | 坐臥第五 | 10 | 254 | 如來壽量品十六 分別功德品十七 | |
| 呂 | 15 | 今當不著 | 梵天如來 | 6 | 142 | 如來壽量品十六 分別功德品十七 | 首八行碎損 |
| 鳥 | 37 | 其入有衆 | 有衆信解 | 5 | 140 | 如來壽量品十六 分別功德品十七 | 尾二行碎損 |

| | | | | | | | |
|---|---|---|---|---|---|---|---|
| 騰 | 10 | 由他世界 | 坐臥第五 | 10 | 243 | 如來壽量品十六 分別功德品十七 | 首六行碎損 |
| 劍 | 5 | 然我衆生 | 坐臥第五 | 9 | 232 | 如來壽量品十六 分別功德品十七 | |
| 調 | 57 | 演經或示 | 坐臥第五 | 9 | 230 | 如來壽量品十六 分別功德品十七 | |
| 人 | 70 | 我實生令 | 无量告彌 | 3 | 84 | 如來壽量品十六 分別功德品十七 | 首三十六行碎損 |
| 服 | 49 | 云何也世 | 善女立僧 | 6 | 131 | 如來壽量品十六 分別功德品十七 | 首四行碎損 |
| 帝 | 27 | 爲度我常 | 讚歎肩合 | 2 | 56 | 如來壽量品十六 分別功德品十七 | |
| 羽 | 85 | 住處此土 | 三藐阿耨 | 2 | 35 | 如來壽量品十六 分別功德品十七 | 首三行碎損 |
| 雲 | 85 | 久乃壽命 | 祖右偈言 | 2 | 41 | 如來壽量品十六 分別功德品十七 | |
| 岡 | 47 | 得入妙法 | 莊嚴妙音 | 5 | 134 | 如來壽量品十六 分別功德品十七 | |
| 宇 | 97 | 妙法告諸 | 衆生佛身 | 5 | 116 | 如來壽量品十六 | 首三行碎損 |

| | | | | | | |
|---|---|---|---|---|---|---|
| 秋91 | 妙法爾時 | 行道衆生 | 3 | 115 | 如來壽量品十六 | |
| 始100 | 妙法爾時 | 便起方便 | 2 | 40 | 如來壽量品十六 | |
| 麗70 | 是人然我 | 當知難可 | 1 | 21 | 如來壽量品十六 | 首尾行碎損 |
| 成87 | 何諸刦或 | 良藥除愈 | 1 | 18 | 如來壽量品十六 | 首尾碎損各二行 |
| 字72 | 之想渴仰 | 藥色味香 | 2 | 27 | 如來壽量品十六 | 首尾行碎損 |
| 衣62 | 力言當滅 | 无量生疑 | 1 | 24 | 如來壽量品十六 | 首四行碎損 |
| 皇2 | 悲感之毒 | 佛身十七 | 2 | 35 | 如來壽量品十六 | 首七行尾三行碎損 |
| 夜99 | 久乃壽命 | 會一至于 | 2 | 38 | 如來壽量品十六 | 首二行碎損 |
| 昃21 | 妙法爾時 | 菩薩向其 | 13 | 346 | 分別功德品十七 法師功德品十九 | 背有蕃文 |
| 秋45 | 復有世尊 | 分別重宣 | 8 | 223 | 分別功德品十七 法師功德品十九 | |

| | | | | | | | |
|---|---|---|---|---|---|---|---|
| 光 | 46 | 上心多其 | 經故第六 | 9 | 337 | 分別功德品第十七 法師功德品第十九 | 首三行碎損 |
| 陽 | 57 | 行忍諸有 | 經故第六 | 13 | 337 | 分別功德品第十七 法師功德品第十九 | 首七行碎損 |
| 來 | 31 | 僧坊善女 | 殊沙中下 | 10 | 221 | 分別功德品第十七 法師功德品第十九 | 尾四行碎損 |
| 歲 | 86 | 高廣行禪 | 經故第六 | 12 | 289 | 分別功德品第十七 法師功德品第十九 | |
| 陽 | 17 | 智若敎人 | 能知能知 | 8 | 206 | 分別功德品第十七 法師功德品第十九 | 首尾破 |
| 秋 | 62 | 攝諸滅後 | 經故第六 | 11 | 278 | 分別功德品第十七 法師功德品第十九 | 首行碎損 |
| 崑 | 68 | 又於然香 | 能知鼻相 | 7 | 196 | 分別功德品第十七 法師功德品第十九 | |
| 荒 | 4 | 上饌徑行 | 象聲聲鐘 | 4 | 110 | 分別功德品第十七 法師功德品第十九 | 首十行碎損 |
| 黃 | 83 | 須曼養者 | 末若別又 | 6 | 143 | 分別功德品第十七 法師功德品第十九 | 首二行尾三行碎損 |
| 芥 | 22 | 有一得阿 | 欲好提金 | 6 | 152 | 分別功德品第十七 隨喜功德品第十八 | 首八行碎損 |

| | | | | | | | |
|---|---|---|---|---|---|---|---|
| 潛 | 40 | 佛名爾時 | 多甚之時 | 4 | 112 | 分別功德品十七 隨喜功德品十八 | |
| 黃 | 62 | 无邊勤菩 | 諸纓遍於 | 1 | 26 | 分別功德品十七 | |
| 黃 | 62 | 若人於是 | 經典僧坊 | 2 | 43 | 分別功德品十七 | |
| 洪 | 16 | 勤菩遠時 | 坐臥第五 | 6 | 148 | 分別功德品十七 | |
| 皇 | 70 | 數菩菩提 | 攝心不亂 | 3 | 55 | 分別功德品十七 | |
| 鱗 | 85 | 多羅得大 | 坐臥第五 | 5 | 131 | 分別功德品十七 | |
| 珍 | 44 | 梵天佛爾 | 分不數譬 | 1 | 30 | 分別功德品十七 | 尾行碎損 |
| 帝 | 30 | 歎讚合掌 | 受用坐臥 | 5 | 119 | 分別功德品十七 | 尾六行碎損 |
| 騰 | 89 | 佛說無數 | 羅樹池經 | 3 | 75 | 分別功德品十七 | |
| 夜 | 24 | 肩合佛說 | 誦書香末 | 4 | 107 | 分別功德品十七 | 首尾碎損各二行 |

| | | | | | | | |
|---|---|---|---|---|---|---|---|
| 宇 | 83 | 菩薩 坐臥 | 如是 第五 | 5 | 113 | 分別功德品十七 | 首三行碎損 |
| 推 | 86 | 雨旃 懈怠 | 天鼓 若經 | 2 | 27 | 分別功德品十七 | 尾行碎損 裂爲兩段 卷內 |
| 李 | 44 | 及其 若自 | 有如 縉蓋 | 1 | 27 | 分別功德品十七 | 首行碎損 |
| 官 | 92 | 是人 逸多 | 有善 及作 | 1 | 24 | 分別功德品十七 | |
| 字 | 33 | 能生 充滿 | 持此 如是 | 2 | 37 | 分別功德品十七 | 首十七行尾二行 碎損 |
| 光 | 75 | 香油 比丘 | 生一 解說 | 2 | 57 | 分別功德品十七 | |
| 鳥 | 77 | 列諸 坐臥 | 解相 第五 | 1 | 34 | 分別功德品十七 | |
| 列 | 79 | 十八 衆生 | 爾時 第六 | 25 | 479 | 隨喜功德品十八 藥王菩薩本事品廿三 | 首行碎損 |
| 露 | 53 | 妙法 衆生 | 爾時 第六 | 22 | 598 | 隨喜功德品十八 藥王菩薩本事品廿三 | |
| 河 | 57 | 世尊 亡考 | 爾時 一部 | 22 | 597 | 隨喜功德品十八 藥王菩薩本事品廿三 | 尾題清信弟子氾 玄策奉亡考敬寫 |

法華經一部

| | | | | | | |
|---|---|---|---|---|---|---|
| 宇58 | 德品 勸菩 | 衆生 第六 | 33 | 925 | 隨喜功德品十八 藥王菩薩本事品廿三 | 首二行碎損 |
| 月47 | 是法 而說 | 衆生 第六 | 22 | 595 | 隨喜功德品十八 藥王菩薩本事品廿三 | 首十一行碎損 尾有木軸 |
| 結55 | 華經 而說 | 衆生 第六 | 22 | 599 | 隨喜功德品十八 藥王菩薩本事品廿三 | 首二行碎損 |
| 巨36 | 妙法 爾時 | 衆生 第六 | 22 | 598 | 隨喜功德品十八 藥王菩薩本事品廿三 | 首三行碎損 |
| 金23 | 世尊 爾時 | 衆生 第六 | 23 | 603 | 隨喜功德品十八 藥王菩薩本事品廿三 | 首二行碎損 |
| 洪71 | 爾時 後若 | 衆生 第六 | 22 | 607 | 隨喜功德品十八 藥王菩薩本事品廿三 | 首八行碎損 |
| 日44 | 想无 如是 | 衆生 第六 | 22 | 584 | 隨喜功德品十八 藥王菩薩本事品廿三 | 首二行碎損 |
| 昃57 | 處若 里如 | 衆生 第六 | 22 | 590 | 隨喜功德品十八 藥王菩薩本事品廿三 | 首十三行碎損 |
| 暑82 | 銀瑠 馬車 | 衆生 第六 | 22 | 584 | 隨喜功德品十八 藥王菩薩本事品廿三 | 首五行碎損 |

宙 50 脫於不彌 衆生第六 21 573 隨喜功德品十八 藥王菩薩本事品廿三

稱 7 不彌邊若 衆生第六 21 571 隨喜功德品十八 藥王菩薩本事品廿三

重 60 語汝世界 衆生第六 22 571 隨喜功德品十八 藥王菩薩本事品廿三 首六行碎損

宙 59 道斯漢道 衆生第六 21 579 隨喜功德品十八 藥王菩薩本事品廿三 首十二行碎損 尾有木軸

玉 77 譬喻聞法 文曰緊字 21 568 隨喜功德品十八 藥王菩薩本事品廿三 首四行碎損 尾題有第一千七百八十四部凡一萬三百七十四言等

語附有音義 尾有木軸

秋 29 多如經隨 衆生第六 20 548 隨喜功德品十八 藥王菩薩本事品廿三 首五行碎損

收 30 阿逸共往 持此多宿 16 482 隨喜功德品十八 藥王菩薩本事品廿三 首行尾七行碎損

夜 63 身得百千 衆生第六 21 554 隨喜功德品十八 藥王菩薩本事品廿三 首行碎損

| | | | | | | |
|---|---|---|---|---|---|---|
| 洪 | 66 | 爲父說是 | 衆生第六 | 22 587 | 隨喜功德品十八 藥王菩薩本事品廿三 | 首四十八行碎損 |
| 出 | 53 | 何況汝是 | 衆生第六 | 21 271 | 隨喜功德品十八 藥王菩薩本事品廿三 | 首二十三行碎損 |
| 黃 | 22 | 身所及乘 | 衆生第六 | 21 561 | 隨喜功德品十八 藥王菩薩本事品廿三 | 首二行碎損 尾有木軸 |
| 閏 | 30 | 德不至算 | 衆生第六 | 11 329 | 隨喜功德品十八 藥王菩薩本事品廿三 | 首十二行碎損 |
| 餘 | 99 | 輪轉餘人 | 衆生第六 | 22 559 | 隨喜功德品十八 藥王菩薩本事品廿三 | 首十一行碎損 |
| 歲 | 24 | 黑亦不可 | 一切第六 | 19 548 | 隨喜功德品十八 藥王菩薩本事品廿三 | 首四行碎損 |
| 夜 | 25 | 念其果即 | 衆生第六 | 20 542 | 隨喜功德品十八 藥王菩薩本事品廿三 | 首二行碎損 尾有木軸 |
| 閏 | 23 | 諸人最後 | 衆生第六 | 20 545 | 隨喜功德品十八 藥王菩薩本事品廿三 | |
| 果 | 95 | 諸人最後 | 衆生第六 | 20 532 | 隨喜功德品十八 藥王菩薩本事品廿三 | 首十行碎損 |
| 海 | 82 | 妙法爾時 | 衆生第六 | 22 599 | 隨喜功德品十八 藥王菩薩本事品廿三 | 首十六行碎損 |

| | | | | | | | |
|---|---|---|---|---|---|---|---|
| 鹹 | 12 | 妙法 爾時 | 名娑 摩訶 | 12 | 363 | 隨喜功德品十八 如來神力品廿一 | 首九行碎損 |
| 調 | 41 | 妙法 爾時 | 今住 二千 | 11 | 302 | 隨喜功德品十八 常不輕菩薩品二十 | |
| 李 | 75 | 如是 如有 | 疑惑 信成 | 9 | 268 | 隨喜功德品十八 常不輕菩薩品二十 | 首五行尾六行碎 損 |
| 金 | 53 | 蓮花 爾時 | 淨是 於三 | 3 | 83 | 隨喜功德品十八 法師功德品十九 | 首行碎損 |
| 果 | 40 | 妙法 爾時 | 陁羅 檀沉 | 5 | 139 | 隨喜功德品十八 法師功德品十九 | |
| 芥 | 30 | 妙法 爾時 | 業因 悉見 | 3 | 86 | 隨喜功德品十八 法師功德品十九 | 首十行尾行碎損 |
| 雲 | 72 | 功德 薩摩 | 論皆 淨如 | 9 | 232 | 隨喜功德品十八 法師功德品十九 | 首九行碎損字 秀麗 |
| 淡 | 22 | 白佛 經隨 | 所在 能知 | 6 | 165 | 隨喜功德品十八 法師功德品十九 | 首十行碎損 |
| 雨 | 42 | 轉敎 第五 | 第六 受持 | 11 | 239 | 隨喜功德品十八 法師功德品十九 | 首五行碎損末題 比丘尼莊嚴受持 |
| 人 | 6 | 故當 衆生 | 切衆 尊欲 | 3 | 73 | 隨喜功德品十八 法師功德品十九 | 卷多碎損 |

| | | | | | | | |
|---|---|---|---|---|---|---|---|
| 黃 | 43 | 閣等作是 | 能知鼻相 | 8 | 160 | 隨喜功德品十八 法師功德品十九 | 首三行碎損 |
| 地 | 3 | 馬車是布 | 千二淨是 | 3 | 63 | 隨喜功德品十八 法師功德品十九 | 首四行碎損 |
| 位 | 32 | 一時羅漢 | 淨是於三 | 2 | 60 | 隨喜功德品十八 法師功德品十九 | 首二十八行碎損 |
| 呂 | 46 | 皆得道盡 | 若解是請 | 4 | 104 | 隨喜功德品十八 法師功德品十九 | 卷多碎損 |
| 鱗 | 67 | 脫於不彌 | 民盡薩諸 | 6 | 186 | 隨喜功德品十八 法師功德品十九 | |
| 呂 | 44 | 於汝彌勒 | 能知所在 | 5 | 135 | 隨喜功德品十八 法師功德品十九 | |
| 光 | 70 | 八解多不 | 音聲種種 | 3 | 86 | 隨喜功德品十八 法師功德品十九 | 尾二行碎損 |
| 芥 | 6 | 彌勒邊若 | 游戲皆悉 | 3 | 107 | 隨喜功德品十八 法師功德品十九 | 首行尾十三行碎損 |
| 列 | 64 | 不彌邊若 | 凡夫乂聲 | 3 | 76 | 隨喜功德品十八 法師功德品十九 | 卷多碎損 |
| 餘 | 91 | 其福逸多 | 菩薩向其 | 6 | 159 | 隨喜功德品十八 法師功德品十九 | 首尾各四行碎不全 |

| | | | | | | | |
|---|---|---|---|---|---|---|---|
| 黃 | 7 | 若復勸令 | 說法不忘 | 8 | 201 | 隨喜功德品十八 法師功德品十九 | 首十行尾三行碎不全 |
| 麗 | 12 | 功德一乃 | 千二淨是 | 2 | 50 | 隨喜功德品十八 法師功德品十九 | 首十三行碎損 |
| 冬 | 63 | 高直平正 | 愛敬經故 | 7 | 194 | 隨喜功德品十八 法師功德品十九 | 首二行尾行碎損 |
| 昃 | 31 | 譽及勸令 | 爲他時世 | 5 | 109 | 隨喜功德品十八 法師功德品十九 | 卷多碎損 |
| 果 | 13 | 最後如是 | 功德清淨 | 1 | 23 | 隨喜功德品十八 法師功德品十九 | 首行尾二行碎損 |
| 宿 | 73 | 今當後生 | 所在能知 | 4 | 89 | 隨喜功德品十八 法師功德品十九 | 首尾行碎損 |
| 位 | 13 | 若有即受 | 尊欲偈言 | 2 | 40 | 隨喜功德品十八 法師功德品十九 | 首十五行碎損 |
| 暑 | 85 | 妙法爾時 | 之處華可 | 2 | 44 | 隨喜功德品十八 | |
| 露 | 23 | 妙法爾時 | 供養如是 | 8 | 63 | 隨喜功德品十八 | |
| 爲 | 74 | 妙法爾時 | 八解爲多 | 1 | 27 | 隨喜功德品十八 | |

| | | | | | | |
|---|---|---|---|---|---|---|
| 衣 | 59 | 妙法八解 爾時爲多 | 1 | 27 | 隨喜功德品十八 | |
| 潛 | 90 | 後若實法 若長離心 | 2 | 58 | 隨喜功德品十八 | |
| 官 | 69 | 空閑喜一 里如阿羅 | 1 | 17 | 隨喜功德品十八 | 首三行碎損 |
| 昃 | 37 | 是展輪座 善女可限 | 3 | 64 | 隨喜功德品十八 | 首九行碎字體健勁背面有字 |
| 師 | 66 | 喜功信受 阿僧聽法 | 2 | 43 | 隨喜功德品十八 | 首三行碎損 |
| 珍 | 49 | 是布華可 娛樂德轉 | 1 | 25 | 隨喜功德品十八 | 首行碎損 |
| 柰 | 77 | 過人名法 訓導聞是 | 1 | 23 | 隨喜功德品十八 | 首行尾三行碎損 |
| 乃 | 19 | 二足不差 生數胗亦 | 2 | 34 | 隨喜功德品十八 | 首十二行碎損 |
| 師 | 71 | 不彌惡相 邊若鼻高 | 2 | 40 | 隨喜功德品十八 | 尾二行碎損 |
| 位 | 40 | 聽甚之香 施主歡喜 | 2 | 45 | 隨喜功德品十八 | 首尾碎損各二行 |

| | | | | | | | |
|---|---|---|---|---|---|---|---|
| 號 | 75 | 輪座 不可 | 衆生 第六 | 20 | 523 | 法師功德品十九 藥王菩薩本事品廿三 | 首行碎損 |
| 夜 | 41 | 功德 功德 | 衆生 第六 | 19 | 527 | 法師功德品十九 藥王菩薩本事品廿三 | 首四十二行碎損 |
| 果 | 81 | 義而 若於 | 衆生 第六 | 19 | 513 | 法師功德品十九 藥王菩薩本事品廿三 | 首三行碎損 |
| 宙 | 47 | 義而 若於 | 衆生 第六 | 19 | 516 | 法師功德品十九 藥王菩薩本事品廿三 | 首十八行碎損 |
| 列 | 62 | 聲鐘 聲童 | 衆生 第六 | 20 | 504 | 法師功德品十九 藥王菩薩本事品廿三 | 首四行碎損 |
| 往 | 36 | 聲馬 鼓聲 | 等得 是經 | 18 | 490 | 法師功德品十九 藥王菩薩本事品廿三 | 首八行尾四行碎損 |
| 爲 | 13 | 琴瑟 无數 | 衆生 第六 | 19 | 491 | 法師功德品十九 藥王菩薩本事品廿三 | 首十一行碎損 |
| 寒 | 29 | 沉水 女人 | 衆生 第六 | 17 | 448 | 法師功德品十九 藥王菩薩本事品廿三 | 首七行碎損 |
| 宿 | 18 | 若有 以聞 | 衆生 第六 | 17 | 438 | 法師功德品十九 藥王菩薩本事品廿三 | 首行碎損 尾有木軸 |
| 地 | 64 | 復次 讀若 | 衆生 第六 | 21 | 417 | 法師功德品十九 藥王菩薩本事品廿三 | |

| | | | | | | | |
|---|---|---|---|---|---|---|---|
| 露 | 92 | 變成佛有 大乘大聲 | 10 | 260 | 法師功德品十九 | 藥王菩薩本事品廿三 | |
| 巨 | 75 | 若誦衆生 好若第六 | 18 | 431 | 法師功德品十九 | 藥王菩薩本事品廿三 | 首十二行碎損 |
| 爲 | 90 | 唯獨雲而 天人娑婆 | 9 | 239 | 法師功德品十九 | 藥王菩薩本事品廿三 | 尾六行碎損 |
| 往 | 46 | 清淨衆生 是佛第六 | 14 | 366 | 法師功德品十九 | 藥王菩薩本事品廿三 | 首五行碎損 |
| 號 | 98 | 是人衆生 能以第六 | 12 | 355 | 法師功德品十九 | 藥王菩薩本事品廿三 | |
| 冬 | 50 | 千大衆生 地獄第六 | 19 | 519 | 法師功德品十九 | 藥王菩薩本事品廿三 | |
| 地 | 88 | 讀若作是 功德祗刧 | 12 | 330 | 法師功德品十九 | 囑累品廿二 | |
| 荒 | 76 | 香多累是 丸若是人 | 11 | 260 | 法師功德品十九 | 如來神力品廿一 | 首五十行尾十一行碎損 |
| 水 | 23 | 沉水名婆 出之摩訶 | 8 | 224 | 法師功德品十九 | 如來神力品廿一 | |
| 羽 | 38 | 善女德利 說若有疑 | 7 | 179 | 法師功德品十九 | 如來神力品廿一 | 首八行碎損 |

| | | | | | | |
|---|---|---|---|---|---|---|
| 霜 | 66 | 世界地獄 | 比丘百億 | 9 223 | 法師功德品十九 常不輕菩薩品二十 | 首三行尾六十三行碎損 |
| 號 | 30 | 聽之妙之 | 佛道第八 | 9 214 | 法師功德品十九 常不輕菩薩品二十 | 首十四行碎損 |
| 人 | 52 | 華果諸山 | 世尊威音 | 4 110 | 法師功德品十九 常不輕菩薩品二十 | 首尾碎損各二行 |
| 宿 | 10 | 以聞地中 | 坐臥第七 | 22 604 | 法師功德品十九 常不輕菩薩品二十 | 首二行碎損此卷品次顛倒 |
| | | | | | 從地踊出品十五 分別功德品十七 | |
| 果 | 99 | 天上天上 | 得作多年 | 4 112 | 法師功德品十九 常不輕菩薩品二十 | |
| 閏 | 14 | 音爾是人 | 言如石而 | 3 84 | 法師功德品十九 常不輕菩薩品二十 | 尾六行碎不全 |
| 岡 | 32 | 復次讀若 | 歷多作佛 | 3 73 | 法師功德品十九 常不輕菩薩品二十 | |
| 稱 | 64 | 復次持是 | 其所得大 | 1 28 | 法師功德品十九 常不輕菩薩品二十 | 背有蕃文 |
| 珍 | 95 | 雖我復次 | 華經前所 | 1 28 | 法師功德品十九 常不輕菩薩品二十 | |

| | | | | | | |
|---|---|---|---|---|---|---|
| 宙60 | 如是愛敬 | 如有經故 | 7 | 187 | 法師功德品十九 | 首四十行碎損 |
| 歲76 | 世間水聲 | 諸人丘尼 | 2 | 39 | 法師功德品十九 | 首十三行碎損 |
| 宙73 | 善男句一 | 大千隨其 | 6 | 149 | 法師功德品十九 | 字體清健 |
| 暑86 | 千大世尊 | 地獄偈言 | 1 | 23 | 法師功德品十九 | 字跡近八分尾端尚有空白 |
| 閏25 | 千大其處 | 地獄如法 | 4 | 112 | 法師功德品十九 | 首三行碎正與閏十四號經文本卷緊接或係一卷裂為兩卷 |
| 位27 | 千大解了 | 地獄女聲 | 1 | 28 | 法師功德品十九 | |
| 制36 | 千大解了 | 地獄女聲 | 1 | 28 | 法師功德品十九 | 全卷碎損 |
| 收16 | 鐘聲經故 | 聲非第六 | 6 | 150 | 法師功德品十九 | |
| 秋75 | 此義經故 | 父母第六 | 6 | 148 | 法師功德品十九 | |

| | | | | | | |
|---|---|---|---|---|---|---|
| 秋 | 41 | 又聞福子 山川善者 | 2 | 56 | 法師功德品十九 | |
| 果 | 59 | 又聞多羅 山川陀羅 | 1 | 28 | 法師功德品十九 | |
| 位 | 28 | 山川所在 地獄能知 | 2 | 56 | 法師功德品十九 | |
| 稱 | 49 | 有頂曼陀 聞之檀沉 | 1 | 23 | 法師功德品十九 | 首五行碎損 |
| 露 | 13 | 復次經故 讀若第六 | 5 | 122 | 法師功德品十九 | |
| 光 | 73 | 以是中現 種種皆現 | 3 | 95 | 法師功德品十九 | 首四行碎損 |
| 夜 | 11 | 女香薩諸 遠所其處 | 3 | 61 | 法師功德品十九 | |
| 夜 | 31 | 山川妙身 地獄中現 | 4 | 112 | 法師功德品十九 | 首三十四行碎損 |
| 羽 | 67 | 出之其處 在勝妙音 | 2 | 56 | 法師功德品十九 | |
| 出 | 54 | 香及所在 及至能知 | 1 | 24 | 法師功德品十九 | 首四行碎損 |

| | | | | | | | |
|---|---|---|---|---|---|---|---|
| 岡 | 100 | 阿修法音 | 曠野現身 | 1 | 47 | 法師功德品十九 | 首二行碎損 |
| 號 | 41 | 天上經故 | 天上第六 | 4 | 81 | 法師功德品十九 | |
| 稱 | 27 | 天上妙身 | 天園中現 | 2 | 56 | 法師功德品十九 | |
| 人 | 49 | 常樂中現 | 法悉皆現 | 1 | 28 | 法師功德品十九 | |
| 盈 | 4 | 諸佛華經 | 處說第六 | 3 | 54 | 法師功德品十九 | 首行尾二十三行碎損 |
| 皇 | 34 | 爾時於中 | 是人常精 | 1 | 28 | 法師功德品十九 | 首行尾六行碎損 |
| 秋 | 24 | 第有三昧 | 王如第七 | 17 | 459 | 常不輕菩薩品二十<br>妙音菩薩品廿四 | 首二行碎損尾有木軸 |
| 雲 | 22 | 尊如三昧 | 音王第七 | 21 | 457 | 常不輕菩薩品二十<br>妙音菩薩品廿四 | 首二行碎損 |
| 洪 | 37 | 數如三昧 | 數如第七 | 18 | 441 | 常不輕菩薩品二十<br>妙音菩薩品廿四 | 首十二行碎損 |
| 闕 | 42 | 典但三昧 | 讚歎第七 | 17 | 456 | 常不輕菩薩品二十<br>妙音菩薩品廿四 | |

| | | | | | | | |
|---|---|---|---|---|---|---|---|
| 黃 | 73 | 行足 人師 | 生法 三昧 | 17 | 458 | 常不輕菩薩品二十 妙音菩薩品廿四 | 首十四行碎損 |
| 宙 | 77 | 見四 敢輕 | 佛言 德有 | 15 | 397 | 常不輕菩薩品二十 妙音菩薩品廿四 | |
| 收 | 31 | 心不 來自 | 三昧 第七 | 16 | 447 | 常不輕菩薩品二十 妙音菩薩品廿四 | 首十行碎損 尾有木軸 |
| 雨 | 12 | 爾時 於宿 | 三昧 第七 | 15 | 422 | 常不輕菩薩品二十 妙音菩薩品廿四 | |
| 霜 | 70 | 妙法 爾時 | 衆生 第六 | 14 | 353 | 常不輕菩薩品二十 藥王菩薩本事品廿三 | |
| 收 | 61 | 惡知 此是 | 衆生 第六 | 8 | 360 | 常不輕菩薩品二十 藥王菩薩本事品廿三 | 首三十四行碎損 |
| 金 | 61 | 中爲 諦法 | 號曰 逝世 | 7 | 186 | 常不輕菩薩品二十 藥王菩薩本事品廿三 | 首十一行碎損 |
| 地 | 74 | 音王 上慢 | 衆生 第六 | 13 | 332 | 常不輕菩薩品二十 藥王菩薩本事品廿三 | 首三行碎損 |
| 玉 | 22 | 是比 四衆 | 衆生 第六 | 14 | 326 | 常不輕菩薩品二十 藥王菩薩本事品廿三 | |
| 歲 | 26 | 心不 來自 | 衆生 第六 | 13 | 348 | 常不輕菩薩品二十 藥王菩薩本事品廿三 | |

| | | | | | | | | |
|---|---|---|---|---|---|---|---|---|
| 柰 | 95 | 淨耳衆生 | 於四第六 | 12 | 304 | 常不輕菩薩品二十 | 藥王菩薩本事品廿三 | 首十四行碎損 |
| 秋 | 68 | 二百衆生 | 鼻地第六 | 11 | 291 | 常不輕菩薩品二十 | 藥王菩薩本事品廿三 | |
| 寒 | 36 | 以瞋懸衆 | 聞法念言 | 8 | 199 | 常不輕菩薩品二十 | 藥王菩薩本事品廿三 | 首十一行碎損 |
| 水 | 100 | 百優衆生 | 耨多第六 | 11 | 288 | 常不輕菩薩品二十 | 藥王菩薩本事品廿三 | 首二行碎損 |
| 珠 | 34 | 轉者衆生 | 知是第六 | 15 | 287 | 常不輕菩薩品二十 | 藥王菩薩本事品廿三 | 首二行碎損 |
| 結 | 100 | 復爲衆生 | 敎化第六 | 11 | 274 | 常不輕菩薩品二十 | 藥王菩薩本事品廿三 | |
| 劒 | 74 | 音王衆生 | 刦正第六 | 15 | 341 | 常不輕菩薩品二十 | 藥王菩薩本事品廿三 | 首行碎損 尾有木軸 |
| 地 | 51 | 得功令其 | 勢乃如來 | 4 | 112 | 常不輕菩薩品二十 | 囑累品廿二 | 首十四行碎損 |
| 岡 | 9 | 妙法所說 | 爾時歡喜 | 7 | 186 | 常不輕菩薩品二十 | 囑累品廿二 | 首十行碎損 |
| 柰 | 17 | 世刦億阿 | 後滅菩提 | 6 | 151 | 常不輕菩薩品二十 | 囑累品廿二 | |

| | | | | | | | |
|---|---|---|---|---|---|---|---|
| 重 | 25 | 所見悉禮 | 所說歡喜 | 7 | 163 | 常不輕菩薩品二十 囑累品廿二 | 首行碎損 |
| 秋 | 63 | 劫有逝世 | 能盡邊際 | 5 | 140 | 常不輕菩薩品二十 如來神力品廿一 | 背面有畫馬 |
| 帝 | 29 | 如是音王 | 解說於園 | 5 | 115 | 常不輕菩薩品二十 如來神力品廿一 | 首八行碎損 |
| 罔 | 68 | 說是走遠 | 衆恭喜得 | 3 | 81 | 常不輕菩薩品二十 如來神力品廿一 | |
| 陽 | 13 | 億佛以是 | 偈言衆生 | 4 | 95 | 常不輕菩薩品二十 如來神力品廿一 | 尾行碎損 |
| 珍 | 24 | 諸佛聞如 | 種動神力 | 2 | 56 | 常不輕菩薩品二十 如來神力品廿一 | |
| 成 | 84 | 妙法爾時 | 佛而遠見 | 1 | 27 | 常不輕菩薩品二十 | |
| 露 | 74 | 妙法爾時 | 夷皆敢輕 | 1 | 25 | 常不輕菩薩品二十 | |
| 帝 | 92 | 爾時比丘 | 此經佛道 | 4 | 90 | 常不輕菩薩品二十 | |
| 巨 | 63 | 勢乃劫有 | 華經是經 | 3 | 84 | 常不輕菩薩品二十 | 背面錄有施食儀軌 |

| | | | | | | | |
|---|---|---|---|---|---|---|---|
| 薑 | 74 | 逝世如是 | 終時增益 | 2 | 61 | 常不輕菩薩品二十 | 首二行尾三行碎損 |
| 薑 | 34 | 慢所是比 | 壽命菩薩 | 2 | 54 | 常不輕菩薩品二十 | |
| 藏 | 25 | 是比四衆 | 中說意云 | 1 | 28 | 常不輕菩薩品二十 | 卷分兩段此爲前段 |
| 雨 | 8 | 比丘衆亦 | 說是云何 | 1 | 28 | 常不輕菩薩品二十 | 首四行碎損 |
| 芥 | 26 | 何所作佛 | 諸八涅槃 | 2 | 56 | 常不輕菩薩品二十 | |
| 崑 | 87 | 二百阿鼻 | 菩薩數佛 | 1 | 20 | 常不輕菩薩品二十 | |
| 珠 | 85 | 阿鼻菩薩 | 可議行者 | 1 | 28 | 常不輕菩薩品二十 | 尾二行碎損 |
| 露 | 54 | 等亦書寫 | 三昧第九 | 16 | 381 | 如來神力品廿一　妙音菩薩品廿四 | 首四行碎損尾有木軸 |
| 羽 | 31 | 摩訶龍夜 | 獲福无量 | 14 | 315 | 如來神力品廿一　妙音菩薩品廿四 | 首三行碎損末題大足一年三月十五日慧昌寫 |

| | | | | | | | | | | |
|---|---|---|---|---|---|---|---|---|---|---|
| 雨 | 38 | 而供 | 百千 | 三昧 | 第九 | 18 | 382 | 如來神力品廿一 | 妙音菩薩品廿四 | 首九行碎損 體佳字 |
| 鹹 | 54 | 共彈 | 六種 | 无生 | 三昧 | 15 | 372 | 如來神力品廿一 | 妙音菩薩品廿四 | 首二行碎損 |
| 劍 | 100 | 量无 | 敬圍 | 度者 | 佛形 | 15 | 342 | 如來神力品廿一 | 妙音菩薩品廿四 | 首四行尾六行碎損 |
| 生 | 43 | 經大 | 耨多 | 衆生 | 第六 | 12 | 284 | 如來神力品廿一 | 藥王菩薩本事品廿三 | 首三十九行碎損 |
| 結 | 53 | 萬億 | 佛共 | 衆生 | 第六 | 10 | 242 | 如來神力品廿一 | 藥王菩薩本事品廿三 | 首八行碎損 |
| 雲 | 71 | 婆是 | 薩說 | 衆生 | 第六 | 9 | 237 | 如來神力品廿一 | 藥王菩薩本事品廿三 | 首行碎損 |
| 河 | 24 | 薩說 | 念汝 | 衆生 | 第六 | 9 | 236 | 如來神力品廿一 | 藥王菩薩本事品廿三 | |
| 珠 | 52 | 中若 | 若在 | 寶之 | 佛所 | 5 | 103 | 如來神力品廿一 | 藥王菩薩本事品廿三 | 首行尾五行碎損 |
| 昃 | 72 | 是人 | 能持 | 所以 | 人有 | 7 | 196 | 如來神力品廿一 | 藥王菩薩本事品廿三 | |
| 生 | 31 | 亦見 | 菩薩 | 衆生 | 第六 | 8 | 173 | 如來神力品廿一 | 藥王菩薩本事品廿三 | 首十行碎損 |

| | | | | | | | |
|---|---|---|---|---|---|---|---|
| 位 | 16 | 力時共彌 | 於无耨多 | 3 | 55 | 如來神力品廿一 囑累品廿二 | 尾二行碎損 |
| 出 | 6 | 未曾无量 | 爲已摩訶 | 2 | 60 | 如來神力品廿一 囑累品廿二 | 尾行碎損 |
| 金 | 54 | 今爲薩說 | 佛所歡喜 | 3 | 71 | 如來神力品廿一 囑累品廿二 | 首十行碎損 |
| 秋 | 58 | 妙法爾時 | 衆生第六 | 8 | 196 | 囑累品廿二 藥王菩薩本事品廿三 | 尾有木軸 |
| 藏 | 25 | 妙法爾時 | 帳覆爲臺 | 2 | 44 | 囑累品廿二 藥王菩薩本事品廿三 | 卷分兩段此爲後段 |
| 珠 | 40 | 迦牟薩摩 | 衆生第六 | 7 | 156 | 囑累品廿二 藥王菩薩本事品廿三 | 首二行碎損 |
| 師 | 46 | 一心摩訶 | 樓羅睺羅 | 2 | 30 | 囑累品廿二 藥王菩薩本事品廿三 | 首尾碎損 |
| 制 | 82 | 餘深報諸 | 帳覆寶爲 | 1 | 28 | 囑累品廿二 藥王菩薩本事品廿三 | |
| 罔 | 94 | 已皆合掌 | 薩作明德 | 2 | 54 | 囑累品廿二 藥王菩薩本事品廿三 | 首尾行碎損 |
| 羽 | 41 | 說已頭合 | 如此衆生 | 7 | 176 | 囑累品廿二 藥王菩薩本事品廿三 | 首行碎損 |

裳 58 羅三一心親近白佛 3 81 囑累品廿二
李 9 尼復供養而去第七 10 342 藥王菩薩本事品廿三 普賢菩薩勸發品廿八
冬 39 言世告一一三昧第七 9 235 藥王菩薩本事品廿三 妙音菩薩品廿四
李 2 而供界供三昧第七 8 205 藥王菩薩本事品廿三 妙音菩薩品廿四
水 31 人現牛頭三昧第七 5 143 藥王菩薩本事品廿三 妙音菩薩品廿四
霜 97 妙法爾時垂諸薩復 3 70 藥王菩薩本事品廿三
劍 58 妙法爾時牟尼衆生 7 167 藥王菩薩本事品廿三
李 93 沙刼明行界諸滅度 2 56 藥王菩薩本事品廿三
玉 47 月淨間解若有者是 5 141 藥王菩薩本事品廿三
海 65 一樹有菩寶瓶垂諸 2 55 藥王菩薩本事品廿三

首五行碎損

| | | | | | | | |
|---|---|---|---|---|---|---|---|
| 稱 | 40 | 日月 之事 | 世間 衆生 | 6 | 159 | 藥王菩薩本事品廿三 | 首八行碎損 |
| 陽 | 3 | 其中 衆生 | 眞精 第六 | 5 | 134 | 藥王菩薩本事品廿三 | 首二行碎損 |
| 玉 | 70 | 恆河 一此 | 哉善 於千 | 3 | 68 | 藥王菩薩本事品廿三 | 首九行尾行碎損 |
| 洪 | 51 | 路燒 衆生 | 之香 第六 | 6 | 132 | 藥王菩薩本事品廿三 | 首四行碎損 |
| 岡 | 75 | 如是 中最 | 佛國 一此 | 2 | 58 | 藥王菩薩本事品廿三 | 首行碎損 |
| 皇 | 63 | 燒之 所說 | 起八 累於 | 3 | 84 | 藥王菩薩本事品廿三 | |
| 麗 | 89 | 自念 諸佛 | 供養 迦牟 | 3 | 69 | 藥王菩薩本事品廿三 | |
| 劍 | 10 | 前百 衆生 | 无數 第六 | 4 | 92 | 藥王菩薩本事品廿三 | 首行碎損 |
| 裳 | 16 | 大弟 須彌 | 念我 中最 | 1 | 28 | 藥王菩薩本事品廿三 | 首四行碎損 |
| 岡 | 40 | 法華 衆生 | 爲照 第六 | 3 | 67 | 藥王菩薩本事品廿三 | |

| | | | | | | | |
|---|---|---|---|---|---|---|---|
| 麗 | 53 | 法華為照 | 衆生第六 | 3 | 67 | 藥王菩薩本事品廿三 | 首行碎損 |
| 珍 | 73 | 有人邊功 | 衆生第六 | 2 | 39 | 藥王菩薩本事品廿三 | |
| 帝 | 68 | 是時於釋 | 護是良藥 | 1 | 17 | 藥王菩薩本事品廿三 | 首行碎損 |
| 鳥 | 81 | 若人王華 | 衆生第六 | 1 | 12 | 藥王菩薩本事品廿三 | |
| 鹹 | 21 | 薩品放大 | 而去第七 | 20 | 536 | 妙音菩薩品廿四普賢菩薩勸發品廿八 | 首十行碎損 |
| 光 | 18 | 妙法爾時 | 而去第七 | 19 | 529 | 妙音菩薩品廿四普賢菩薩勸發品廿八 | 首十三行碎損 |
| 調 | 73 | 師佛敬圍 | 而去第七 | 14 | 384 | 妙音菩薩品廿四普賢菩薩勸發品廿八 | 首六行碎損內有武周新字 |
| 露 | 57 | 禮拜王子 | 而去第七 | 18 | 509 | 妙音菩薩品廿四普賢菩薩勸發品廿八 | 首行碎損尾有木軸 |
| 稱 | 41 | 照其名曰 | 而去第七 | 19 | 514 | 妙音菩薩品廿四普賢菩薩勸發品廿八 | 首十八行碎損 |
| 雨 | 5 | 妙法爾時 | 而去第七 | 19 | 532 | 妙音菩薩品廿四普賢菩薩勸發品廿八 | 首二十九行碎損 |

| | | | | | | | |
|---|---|---|---|---|---|---|---|
| 宙 19 | 釋迦華宿 | 而去第七 | 14 | 377 | 妙音菩薩品廿四 | 普賢菩薩勸發品廿八 | 首五行碎損 |
| 河 34 | 菩薩藥上 | 而去第七 | 11 | 297 | 妙音菩薩品廿四 | 普賢菩薩勸發品廿八 | 首十五行碎損 |
| 號 93 | 言世皆是 | 而去第七 | 18 | 504 | 妙音菩薩品廿四 | 普賢菩薩勸發品廿八 | 首行碎損尾有木軸 |
| 陽 79 | 檀金迦寶 | 而去第七 | 19 | 484 | 妙音菩薩品廿四 | 普賢菩薩勸發品廿八 | 首二行碎損尾有木軸 |
| 收 77 | 衆恭到已 | 而去第七 | 16 | 450 | 妙音菩薩品廿四 | 普賢菩薩勸發品廿八 | |
| 成 5 | 無量曜諸 | 等一而去 | 20 | 479 | 妙音菩薩品廿四 | 普賢菩薩勸發品廿八 | 首十八行碎損 |
| 荒 3 | 過於熾盛 | 而去第七 | 19 | 484 | 妙音菩薩品廿四 | 普賢菩薩勸發品廿八 | 首三十四行碎損 |
| 辰 12 | 言世少病 | 切大而去 | 16 | 446 | 妙音菩薩品廿四 | 普賢菩薩勸發品廿八 | 首六行碎損尾有木軸 |
| 岡 87 | 河沙菩薩 | 切大而去 | 16 | 452 | 妙音菩薩品廿四 | 普賢菩薩勸發品廿八 | 首十六行碎損 |
| 張 25 | 形而佛形 | 一心供養 | 20 | 385 | 妙音菩薩品廿四 | 普賢菩薩勸發品廿八 | 首三行碎損末題弟子房鶴子爲 |

| 字 | 卷 | 上下文 | | 行 | 頁 | 品名 | 備注 |
|---|---|---|---|---|---|---|---|
| | | | | | | | 己身一心供養 |
| 列 | 36 | 音菩身三 | 而去第七 | 16 | 431 | 妙音菩薩品廿四 普賢菩薩勸發品廿八 | 首八行碎損 |
| 珍 | 41 | 亦得菩薩 | 而去第七 | 18 | 421 | 妙音菩薩品廿四 普賢菩薩勸發品廿八 | 首十一行碎損 |
| 鱗 | 63 | 起子搖而 | 薩所提波 | 11 | 305 | 妙音菩薩品廿四 妙莊嚴王本事品廿七 | 首行碎損 |
| 黄 | 33 | 品第放大 | 便即咒曰 | 11 | 274 | 妙音菩薩品廿四 陀羅尼品廿六 | 首三行碎損 |
| 生 | 77 | 釋迦其國 | 乃至修行 | 9 | 243 | 妙音菩薩品廿四 陀羅尼品廿六 | 首五行尾三行碎損 |
| 雲 | 82 | 菩薩菩薩 | 菩薩咒以 | 5 | 131 | 妙音菩薩品廿四 陀羅尼品廿六 | 首行碎損 |
| 生 | 8 | 妙法爾時 | 觀音音力 | 8 | 221 | 妙音菩薩品廿四 觀世音菩薩普門品廿五 | 尾十行碎損 |
| 果 | 87 | 近供菩薩 | 方所淨願 | 7 | 204 | 妙音菩薩品廿四 觀世音菩薩普門品廿五 | 首八行碎損 |
| 帝 | 8 | 慧莊搖而 | 菩薩是因 | 4 | 107 | 妙音菩薩品廿四 觀世音菩薩普門品廿五 | 首六行碎損 |

| | | | | | | | |
|---|---|---|---|---|---|---|---|
| 淡 | 8 | 爾時世尊 | 得是單娜 | 9 | 246 | 妙音菩薩品廿四 觀世音菩薩普門品廿五 | 卷多碎損 |
| 寒 | 65 | 身三及陁 | 解脫惱人 | 1 | 28 | 妙音菩薩品廿四 觀世音菩薩普門品廿五 | |
| 冬 | 54 | 益衆供養 | 得幾養八 | 5 | 129 | 妙音菩薩品廿四 觀世音菩薩普門品廿五 | 尾十四行碎損 |
| 巨 | 72 | 種伎淨華 | 法應得度 | 4 | 75 | 妙音菩薩品廿四 觀世音菩薩普門品廿五 | 尾行碎損 |
| 往 | 71 | 妙法爾時 | 万由故汝 | 1 | 26 | 妙音菩薩品廿四 | 尾行碎損 |
| 藏 | 72 | 妙法爾時 | 忍華三昧 | 5 | 123 | 妙音菩薩品廿四 | |
| 霜 | 64 | 妙法爾時 | 處爲釋身 | 3 | 83 | 妙音菩薩品廿四 | |
| 生 | 36 | 妙法爾時 | 菩薩衆生 | 3 | 89 | 妙音菩薩品廿四 | |
| 崑 | 20 | 妙法爾時 | 三昧第七 | 5 | 127 | 妙音菩薩品廿四 | |
| 劍 | 88 | 妙法爾時 | 是饒音菩 | 4 | 111 | 妙音菩薩品廿四 | |

| | | | | | | |
|---|---|---|---|---|---|---|
| 鱗 | 29 | 爾妙<br>時法<br>之德<br>身熾 | 2 | 54 | 妙音菩薩品廿四 | 首六行碎損 |
| 乃 | 89 | 爾妙<br>時法<br>善來<br>男當 | 2 | 47 | 妙音菩薩品廿四 | |
| 推 | 46 | 爾妙<br>時法<br>想汝<br>妙往 | 1 | 27 | 妙音菩薩品廿四 | 首三行碎損 |
| 地 | 13 | 恆眉<br>河間<br>忍音<br>華菩 | 5 | 120 | 妙音菩薩品廿四 | 首行碎損 |
| 芥 | 79 | 爾妙<br>時法<br>處妙<br>爲音 | 3 | 82 | 妙音菩薩品廿四 | 首三行碎損 |
| 制 | 85 | 恆眉<br>河間<br>應爲<br>以說 | 4 | 101 | 妙音菩薩品廿四 | 首四行碎損 |
| 黄 | 4 | 敬夫<br>圜天<br>現形<br>形而 | 4 | 97 | 妙音菩薩品廿四 | 首四行碎損紙面三處有字一爲壬 |
| | | | | | | 子年三字一爲延口二字 |
| | | | | | | 子年上一月二日陳口兒續口十三 |
| 鱗 | 60 | 有佛<br>佛世<br>品昧<br>時中 | 4 | 107 | 妙音菩薩品廿四 | 首四行碎損 |

| | | | | | | |
|---|---|---|---|---|---|---|
| 位 | 72 | 蓮華爾時　如是下劣 | 1 | 27 | 妙音菩薩品廿四 | 首八行碎損 |
| 寒 | 22 | 妙法爾時　華德三昧 | 5 | 123 | 妙音菩薩品廿四 | 首十三行碎不全 |
| 爲 | 7 | 恆河光莊　令是是妙 | 5 | 118 | 妙音菩薩品廿四 | 首七行碎損 |
| 重 | 11 | 名曰千万　忍華三昧 | 3 | 114 | 妙音菩薩品廿四 | |
| 翔 | 13 | 恆河光莊　時妙共發 | 2 | 46 | 妙音菩薩品廿四 | 首六行碎損 |
| 崑 | 4 | 繞而照其　三昧能如 | 4 | 102 | 妙音菩薩品廿四 | 首四行碎損 |
| 鱗 | 100 | 三昧等諸　音菩忍華 | 5 | 107 | 妙音菩薩品廿四 | 首行碎損 |
| 衣 | 36 | 妙是下劣　如廣貌端 | 1 | 26 | 妙音菩薩品廿四 | |
| 服 | 55 | 往莫菩薩　諸菩崛山 | 1 | 27 | 妙音菩薩品廿四 | |
| 夜 | 1 | 妙音皆是　與妙切色 | 3 | 84 | 妙音菩薩品廿四 | |

| | | | | | | | |
|---|---|---|---|---|---|---|---|
| 帝 | 54 | 妙音皆是 | 妙音生法 | 4 | 95 | 妙音菩薩品廿四 | 首二行尾行碎損 |
| 推 | 47 | 莫輕菩薩 | 菩薩華德 | 4 | 95 | 妙音菩薩品廿四 | |
| 帝 | 72 | 汝往妙音 | 或現尼優 | 2 | 61 | 妙音菩薩品廿四 | 首四行尾行碎損 |
| 帝 | 99 | 汝往妙音 | 薩善時妙 | 1 | 22 | 妙音菩薩品廿四 | 首四行尾行碎損 |
| 珍 | 26 | 尊是佛檀 | 攝五度多 | 1 | 29 | 妙音菩薩品廿四 | |
| 服 | 65 | 迦寶蓮華 | 妙音處爲 | 2 | 50 | 妙音菩薩品廿四 | 首十行碎損 |
| 珠 | 50 | 當爲男子 | 供養菩薩 | 3 | 73 | 妙音菩薩品廿四 | |
| 麗 | 28 | 來所華百 | 忍華三昧 | 3 | 77 | 妙音菩薩品廿四 | |
| 推 | 40 | 身入薩衆 | 但見身處 | 1 | 28 | 妙音菩薩品廿四 | |
| 衣 | 6 | 薩衆山到 | 鉢以生淨 | 1 | 21 | 妙音菩薩品廿四 | 尾行碎損 |

| | | | | | | |
|---|---|---|---|---|---|---|
| 芥 | 13 | 恭敬到己 | 與妙切色 | 2 56 | 妙音菩薩品廿四 | |
| 潛 | 93 | 薩衆山到 | 一切是三 | 2 57 | 妙音菩薩品廿四 | 尾行碎損 |
| 陽 | 22 | 寶如見多 | 見樂亦令 | 2 56 | 妙音菩薩品廿四 | |
| 珍 | 10 | 忍久尊示 | 子其如是 | 2 43 | 妙音菩薩品廿四 | 首行碎損 |
| 服 | 90 | 尼佛寶佛 | 昧中品時 | 2 45 | 妙音菩薩品廿四 | 首十行碎損 |
| 地 | 26 | 處爲身或 | 生法三昧 | 2 41 | 妙音菩薩品廿四 | |
| 稱 | 20 | 或現身或 | 與妙切色 | 1 28 | 妙音菩薩品廿四 | |
| 推 | 82 | 或現將軍 | 忍華三昧 | 2 40 | 妙音菩薩品廿四 | 首五行碎損 |
| 出 | 38 | 身或現諸 | 切身三昧 | 1 28 | 妙音菩薩品廿四 | |
| 霜 | 25 | 切衆如是 | 忍華三昧 | 2 26 | 妙音菩薩品廿四 | |

| | | | | | | |
|---|---|---|---|---|---|---|
| 列 8 | 二十 放大 | 万由 故汝 | 1 | 26 | 妙音菩薩品廿四 | 此卷品次顛倒 |
| | 法蓮 如是 | 在天 婆娑 | 2 | 27 | 序品一 | |
| | 弁餘 我即 | 作佛 第一 | 3 | 31 | 方便品二 | |
| 餘 29 | 妙法 爾時 | 而去 第七 | 15 | 408 | 觀世音菩薩普門品廿五 普賢菩薩勸發品廿八 | |
| 陽 77 | 薩一 得解 | 十一 僧祇 | 7 | 347 | 觀世音菩薩普門品廿五 普賢菩薩勸發品廿八 | 首十一行碎損 |
| 月 73 | 世音 音菩 | 而去 第七 | 13 | 356 | 觀世音菩薩普門品廿五 普賢菩薩勸發品廿八 | |
| 辰 84 | 大便 德本 | 而去 卷十 | 16 | 349 | 觀世音菩薩普門品廿五 普賢菩薩勸發品廿八 | 首二行碎損 尾有木軸 |
| 調 51 | 无量 无盡 | 而去 卷八 | 13 | 362 | 觀世音菩薩普門品廿五 普賢菩薩勸發品廿八 | 首六行碎損 |
| 出 73 | 於淫 觀世 | 百千 願世 | 11 | 297 | 觀世音菩薩普門品廿五 普賢菩薩勸發品廿八 | 卷首雜寫 尾二行碎損 |
| 呂 89 | 身而 現辟 | 而去 第八 | 14 | 357 | 觀世音菩薩普門品廿五 普賢菩薩勸發品廿八 | 首十四行碎損 |

暑 81 生是觀世 切大而去 11 308 觀世音菩薩普門品廿五 普賢菩薩勸發品廿八

藏 88 中能無畏 而去卷八 13 340 觀世音菩薩普門品廿五 普賢菩薩勸發品廿八

盈 40 觀世時佛 而去第七 12 334 觀世音菩薩普門品廿五 普賢菩薩勸發品廿八 首二行碎損

騰 12 世尊具足 而去第七 13 321 觀世音菩薩普門品廿五 普賢菩薩勸發品廿八

爲 23 而以時觀 而去第七 12 331 觀世音菩薩普門品廿五 普賢菩薩勸發品廿八 首十二行碎損

珍 81 欲壽囚禁 而去第七 7 319 觀世音菩薩普門品廿五 普賢菩薩勸發品廿八 首二十一行碎損

往 9 中怨險路 王豈佛前 10 276 觀世音菩薩普門品廿五 妙莊嚴王本事品廿七

列 46 險路怖汝 頭面爲王 9 236 觀世音菩薩普門品廿五 妙莊嚴王本事品廿七 首五十九行碎損

出 37 婆羅門身 二菩拜佛 9 241 觀世音菩薩普門品廿五 妙莊嚴王本事品廿七 首九行碎損

號 68 妙法爾時 一四德甚 5 129 觀世音菩薩普門品廿五 陀羅尼品廿六 尾七行碎損

| | | | | | | | |
|---|---|---|---|---|---|---|---|
| 寒 | 52 | 聞其以惡 | 偈讚菩薩 | 4 | 112 | 觀世音菩薩普門品廿五 陀羅尼品廿六 | 尾二行碎損 |
| 荼 | 66 | 商入其中 | 幾所百万 | 3 | 103 | 觀世音菩薩普門品廿五 陀羅尼品廿六 | 首六行碎損背面粘補之紙似係經疏尾有乾德六年九月等字 |
| 雨 | 16 | 者即者即 | 我亦羅尼 | 4 | 111 | 觀世音菩薩普門品廿五 陀羅尼品廿六 | 首八行碎損 |
| 人 | 51 | 宰官以比 | 茶若佛前 | 3 | 63 | 觀世音菩薩普門品廿五 陀羅尼品廿六 | 首行尾十二行碎損 |
| 呂 | 71 | 得度門身 | 底九有侵 | 4 | 112 | 觀世音菩薩普門品廿五 陀羅尼品廿六 | 首十一行碎損 |
| 位 | 4 | 門婦以童 | 法忍十七 | 6 | 118 | 觀世音菩薩普門品廿五 陀羅尼品廿六 | 首六行碎損正光三年翟安德寫 |
| 往 | 55 | 白觀爾時 | 法忍華經 | 5 | 129 | 觀世音菩薩普門品廿五 陀羅尼品廿六 | 尾行碎損 |
| 鳥 | 7 | 人非觀世 | 鎗輪阿羅 | 2 | 51 | 觀世音菩薩普門品廿五 陀羅尼品廿六 | 首行尾二行碎損 |
| 洪 | 85 | 有緣說因 | 入息相應 | 2 | 47 | 觀世音菩薩普門品廿五 陀羅尼品廿六 | 此卷內分二段一爲稻芉經紙質前 |

| | | | | | | | |
|---|---|---|---|---|---|---|---|
| | | 蚖蛇 雲雷 | 茫履 十五多 | 3 | 81 | | 後不同尾五行碎損 附有音義 |
| 辰 | 37 | 妙法 爾時 | 提心 十六 | 5 | 121 | 觀世音菩薩普門品廿五 | 全卷碎不全 |
| 昃 | 19 | 妙法 爾時 | 奉行 一卷 | 4 | 106 | 觀世音菩薩普門品廿五 | 末附佛說地藏菩薩經 |
| 露 | 11 | 妙法 爾時 | 此法 无盡 | 3 | 80 | 觀世音菩薩普門品廿五 | 全卷碎損 |
| 結 | 74 | 妙法 爾時 | 辟支 度者 | 2 | 50 | 觀世音菩薩普門品廿五 | |
| 出 | 7 | 妙法 爾時 | 斷壞 一商 | 1 | 20 | 觀世音菩薩普門品廿五 | |
| 劍 | 90 | 妙時 白佛 | 福德 之利 | 2 | 47 | 觀世音菩薩普門品廿五 | 首三行碎損 |
| 芥 | 28 | 妙法 爾時 | 慈心 壽終 | 3 | 82 | 觀世音菩薩普門品廿五 | |
| 薑 | 85 | 妙法 爾時 | 尼優 說法 | 3 | 56 | 觀世音菩薩普門品廿五 | |
| 薑 | 43 | 妙法 爾時 | 羅門 而爲 | 3 | 61 | 觀世音菩薩普門品廿五 | |

| | | | | | | | |
|---|---|---|---|---|---|---|---|
| 海 | 57 | 妙法 爾時 | 時佛 四衆 | 4 | 84 | 觀世音菩薩普門品 廿五 | |
| 翔 | 70 | 妙法 爾時 | 當得 觀世 | 2 | 29 | 觀世音菩薩普門品 廿五 | |
| 師 | 32 | 法蓮 爾時 | 提心 一卷 | 6 | 125 | 觀世音菩薩普門品 廿五 | 首八行碎損背面粘補之紙有字 |
| 始 | 60 | 妙法 爾時 | 无觀 觀世 | 1 | 26 | 觀世音菩薩普門品 廿五 | |
| 文 | 34 | 妙法 爾時 | 名者 商主 | 1 | 17 | 觀世音菩薩普門品 廿五 | 尾三行碎損 |
| 乃 | 14 | 妙法 妙法 | 者即 得以 | 2 | 53 | 觀世音菩薩普門品 廿五 | |
| 衣 | 27 | 妙法 爾時 | 常應 觀世 | 2 | 34 | 觀世音菩薩普門品 廿五 | |
| 衣 | 72 | 妙法 爾時 | 險路 唱言 | 1 | 19 | 觀世音菩薩普門品 廿五 | 背面雜寫有我捨却人間寶觀相當來學世眞等語 |
| 衣 | 96 | 妙法 爾時 | 者即 无盡 | 3 | 71 | 觀世音菩薩普門品 廿五 | |

| | | | | | | |
|---|---|---|---|---|---|---|
| 裳 45 | 奉請 化身 | 國土 世音 | 2 | 38 | 觀世音菩薩普門品廿五 | |
| 餘 92 | 妙法 爾時 | 等等 提心 | 6 | 118 | 觀世音菩薩普門品廿五 | 卷首有般若心經一卷无常經一卷 |
| | | | | | | 另提出 |
| 制 88 | 普門 薩即 | 宿殖 如是 | 2 | 35 | 觀世音菩薩普門品廿五 | 首五行碎損 |
| 水 91 | 妙法 爾時 | 空住 力不 | 4 | 96 | 觀世音菩薩普門品廿五 | 首七行尾行碎損 |
| 歲 49 | 名觀 量百 | 敢害 疾走 | 3 | 98 | 觀世音菩薩普門品廿五 | 首九行尾二十五行碎損 |
| 雲 35 | 百千 一心 | 皆發 提心 | 2 | 108 | 觀世音菩薩普門品廿五 | 尾二行碎損字體八分 |
| 海 55 | 法蓮 爾時 | 等阿 提心 | 5 | 118 | 觀世音菩薩普門品廿五 | 首七行碎損 |
| 制 37 | 菩薩 薩威 | 等等 菩心 | 8 | 129 | 觀世音菩薩普門品廿五 | 首廿一行尾二行碎損 |
| 李 24 | 薩普 即從 | 者即 說法 | 4 | 70 | 觀世音菩薩普門品廿五 | 首十三行碎損 |

| | | | | | | | |
|---|---|---|---|---|---|---|---|
| 龍 | 81 | 利鬼 名者 | 世音 急難 | 1 | 63 | 觀世音菩薩普門品 廿五 | 首十行尾五行碎損 |
| 呂 | 18 | 薩得 華經 | 等等 提心 | 5 | 119 | 觀世音菩薩普門品 廿五 | 首十四行碎損 |
| 師 | 55 | 經觀 盡意 | 等等 提心 | 5 | 118 | 觀世音菩薩普門品 廿五 | 首三十五行碎損 |
| 菜 | 19 | 妙法 爾時 | 提心 十二 | 4 | 81 | 觀世音菩薩普門品 廿五 | 首十一行碎損 背面題己巳年三月十六日懸泉學士郎武保會判官武保瑞自手書 |
| 往 | 88 | 者彼 若三 | 身而 者身 | 3 | 52 | 觀世音菩薩普門品 廿五 | 尾行碎不全 |
| 爲 | 49 | 聞其 能以 | 者即 度者 | 2 | 34 | 觀世音菩薩普門品 廿五 | 首二行尾行碎損 |
| 日 | 94 | 械枷 悉斷 | 世間 惱焰 | 4 | 91 | 觀世音菩薩普門品 廿五 | 尾九行碎不全 |
| 皇 | 45 | 世音 若復 | 憶恆 臥具 | 1 | 28 | 觀世音菩薩普門品 廿五 | 首七行碎不全 |

| | | | | | | | |
|---|---|---|---|---|---|---|---|
| 結 | 89 | 有人觀世 | 能施畏者 | 2 | 56 | 觀世音菩薩普門品 廿五 | 首六行碎損 |
| 帝 | 20 | 復有菩薩 | 提心音經 | 5 | 106 | 觀世音菩薩普門品 廿五 | 首八行碎損 |
| 潛 | 44 | 唱言世音 | 等等提心 | 4 | 97 | 觀世音菩薩普門品 廿五 | 首二行碎損 |
| 淡 | 25 | 一心无畏 | 提心第八 | 5 | 98 | 觀世音菩薩普門品 廿五 | 首三行碎損 |
| 服 | 10 | 世音汝等 | 薩即者即 | 1 | 28 | 觀世音菩薩普門品 廿五 | 卷多碎損 |
| 往 | 44 | 脫衆音菩 | 宰官爲說 | 2 | 44 | 觀世音菩薩普門品 廿五 | 首數行碎不全 |
| 寒 | 92 | 故即神之 | 珍寶意復 | 2 | 56 | 觀世音菩薩普門品 廿五 | |
| 人 | 15 | 无盡若有 | 此无修羅 | 2 | 56 | 觀世音菩薩普門品 廿五 | 尾七行碎損 |
| 薹 | 56 | 即得一商 | 羅摩音菩 | 2 | 64 | 觀世音菩薩普門品 廿五 | |
| 官 | 76 | 菩薩巍如 | 纓絡菩薩 | 1 | 57 | 觀世音菩薩普門品 廿五 | 首五行碎損 |

| | | | | | | |
|---|---|---|---|---|---|---|
| 官 | 1 | 菩薩即現 菩薩即現 | 1 | 29 | 觀世音菩薩普門品廿五 | |
| 羽 | 14 | 常念等等 常念提心 | 4 | 91 | 觀世音菩薩普門品廿五 | 首三行碎損 |
| 乃 | 4 | 觀世令滅 有衆即慈 | 4 | 79 | 觀世音菩薩普門品廿五 | 卷多碎損 |
| 始 | 22 | 觀世提心 菩薩成章 | 3 | 83 | 觀世音菩薩普門品廿五 | 首四行碎損尾有辛亥年二月卅日比丘談遠成章十三字唯亥章兩字原文不明 |
| 文 | 27 | 若有修羅 得離時觀 | 2 | 52 | 觀世音菩薩普門品廿五 | 首三十行尾三行碎損 |
| 推 | 73 | 欲求在天 衆人應以 | 1 | 22 | 觀世音菩薩普門品廿五 | 首三行碎損 |
| 服 | 86 | 生恭我等 菩薩此瓔 | 2 | 46 | 觀世音菩薩普門品廿五 | 首二行尾行碎損 |
| 帝 | 25 | 盡意提心 字復音經 | 4 | 82 | 觀世音菩薩普門品廿五 | |

| | | | | | |
|---|---|---|---|---|---|
| 來 62 | 養觀以與 / 欲求時觀 | 2 | 46 | 觀世音菩薩普門品廿五 | 此卷甚碎 |
| 生 96 | 世音空住 / 福正一毛 | 2 | 56 | 觀世音菩薩普門品廿五 | 首十三行碎損 |
| 字 7 | 供養提心 / 善女一卷 | 4 | 74 | 觀世音菩薩普門品廿五 | 全卷多碎尾後 / 及背面粘補之紙 / 有字 |
| 翔 29 | 拜供提心 / 百千一卷 | 2 | 80 | 觀世音菩薩普門品廿五 | 首二行碎損 |
| 河 93 | 復加尊若 / 設復普門 | 5 | 101 | 觀世音菩薩普門品廿五 | 首二十八行碎損 |
| 龍 49 | 得解提心 / 之力廿六 | 3 | 96 | 觀世音菩薩普門品廿五 | 首三十八行碎損 |
| 夜 32 | 是善提心 / 多世一卷 | 4 | 79 | 觀世音菩薩普門品廿五 | 首六行碎損 |
| 師 38 | 无盡能沒 / 游此空住 | 2 | 50 | 觀世音菩薩普門品廿五 | |
| 呂 53 | 欲若發无 / 瞋若藐三 | 4 | 90 | 觀世音菩薩普門品廿五 | 首二十三行尾行 / 碎損 |

| | | | | | | |
|---|---|---|---|---|---|---|
| 龍89 | 无羅 名者 | 等等 提心 | 5 | 100 | 觀世音菩薩普門品 廿五 | 首二十六行碎損 |
| 暑50 | 力其 國土 | 間若 現身 | 3 | 59 | 觀世音菩薩普門品 廿五 | 首四行尾行碎損 |
| 帝53 | 辟支 即現 | 等等 提心 | 3 | 69 | 觀世音菩薩普門品 廿五 | 首行碎損 |
| 成73 | 即現 即現 | 現身 令滅 | 3 | 56 | 觀世音菩薩普門品 廿五 | |
| 服33 | 間身 梵王 | 等等 提心 | 4 | 69 | 觀世音菩薩普門品 廿五 | 首三十行碎損 尾有木軸 |
| 荒30 | 音菩 无盡 | 等等 提心 | 2 | 75 | 觀世音菩薩普門品 廿五 | 卷多碎損 |
| 珍63 | 便得 便得 | 間苦 現身 | 3 | 78 | 觀世音菩薩普門品 廿五 | 首四十行碎損 |
| 龍74 | 身得 天大 | 羅摩 世音 | 1 | 29 | 觀世音菩薩普門品 廿五 | 首四行尾四行碎損 |
| 制96 | 惡服 有人 | 四千 提心 | 4 | 97 | 觀世音菩薩普門品 廿五 | 首三十七行碎損 |
| 龍9 | 无盡 多所 | 阿耨 提心 | 4 | 86 | 觀世音菩薩普門品 廿五 | 全卷碎損背面 有官五月五日天 |

中七字又有□福拾肆年九月二十六日靈圖寺僧戒昌如法等字

| | | | | | | | |
|---|---|---|---|---|---|---|---|
| 昃 | 22 | 而爲提心 | 而爲十六 | 3 | 62 | 觀世音菩薩普門品廿五 | |
| 珍 | 65 | 說法无等 | 而爲提心 | 2 | 63 | 觀世音菩薩普門品廿五 | 首行碎損 |
| 衣 | 73 | 而爲復白 | 應以絡爾 | 1 | 23 | 觀世音菩薩普門品廿五 | |
| 皇 | 93 | 受持時悉 | 菩薩力疾 | 3 | 58 | 觀世音菩薩普門品廿五 | 首十六行尾七行碎損 |
| 翔 | 43 | 而爲提心 | 而爲音經 | 2 | 60 | 觀世音菩薩普門品廿五 | |
| 服 | 45 | 无盡提心 | 敬禮一卷 | 3 | 85 | 觀世音菩薩普門品廿五 | 首三十二行碎損 |
| 柰 | 61 | 而爲提心 | 度者十六 | 2 | 66 | 觀世音菩薩普門品廿五 | 首十八行碎損 |
| 荒 | 17 | 官婆等阿 | 門婦提心 | 3 | 55 | 觀世音菩薩普門品廿五 | 首二行碎不全 |

文 33 而爲門身 是普等阿 3 56 觀世音菩薩普門品廿五 首十五行尾五行碎損

鹹 100 神得法无 方所歷刼 2 22 觀世音菩薩普門品廿五 首二行尾行碎損

始 4 種種是觀 慈心段壞 1 21 觀世音菩薩普門品廿五

師 41 生是觀世 迴去消散 2 32 觀世音菩薩普門品廿五

人 76 音菩即解 現神品時 2 41 觀世音菩薩普門品廿五 首十三行碎損

盈 16 觀世時佛 現身令滅 1 28 觀世音菩薩普門品廿五 此卷分二段其一爲金光明經

推 89 音菩爾時 現身以漸 1 28 觀世音菩薩普門品廿五

海 52 旨受等故 阿耨提心 1 41 觀世音菩薩普門品廿五 首七行碎損

爲 31 時觀音菩 等等提心 2 41 觀世音菩薩普門品廿五 首九行碎損尾有木軸

洪 2 爾時佛而 而去第七 12 288 陀羅尼品廿六普賢菩薩勸發品廿八

| 號 | 號數 | 起 | 止 | 紙數 | 行數 | 品 | 附記 |
|---|---|---|---|---|---|---|---|
| 月 | 19 | 妙法　爾時 | 而去　第七 | 11 | 294 | 陀羅尼品廿六　普賢菩薩勸發品廿八 | |
| 月 | 75 | 爾時　佛而 | 而去　第七 | 11 | 279 | 陀羅尼品廿六　普賢菩薩勸發品廿八 | 首行碎損　尾粘之紙有字 |
| 雨 | 48 | 爾時　佛而 | 而去　第七 | 13 | 286 | 陀羅尼品廿六　普賢菩薩勸發品廿八 | |
| 爲 | 9 | 爾時　佛而 | 而去　第七 | 11 | 286 | 陀羅尼品廿六　普賢菩薩勸發品廿八 | |
| 崑 | 70 | 法應　意菩 | 而去　第七 | 9 | 252 | 陀羅尼品廿六　普賢菩薩勸發品廿八 | |
| 號 | 82 | 爾時　佛而 | 而去　第七 | 11 | 292 | 陀羅尼品廿六　普賢菩薩勸發品廿八 | |
| 鱗 | 4 | 妙法　爾時 | 而去　第七 | 11 | 289 | 陀羅尼品廿六　普賢菩薩勸發品廿八 | |
| 調 | 36 | 即從　世尊 | 而去　第八 | 12 | 292 | 陀羅尼品廿六　普賢菩薩勸發品廿八 | 首二行碎損 |
| 昃 | 11 | 普門　阿耨 | 而去　第七 | 11 | 296 | 陀羅尼品廿六　普賢菩薩勸發品廿八 | 首三行碎損 |
| 餘 | 89 | 女人　持法 | 而去　第七 | 11 | 287 | 陀羅尼品廿六　普賢菩薩勸發品廿八 | 首行碎損 |

| | | | | | | | |
|---|---|---|---|---|---|---|---|
| 陽 | 84 | 子善 解義 | 切大 而去 | 10 | 282 | 陀羅尼品廿六 普賢菩薩勸發品廿八 | 首行碎損 |
| 爲 | 42 | 子善 解義 | 而去 第七 | 12 | 283 | 陀羅尼品廿六 普賢菩薩勸發品廿八 | 尾有木軸 |
| 劍 | 95 | 說修 尊我 | 而去 第七 | 10 | 277 | 陀羅尼品廿六 普賢菩薩勸發品廿八 | |
| 闕 | 12 | 白佛 守護 | 切大 而去 | 10 | 280 | 陀羅尼品廿六 普賢菩薩勸發品廿八 | |
| 致 | 95 | 持法 所福 | 而去 第七 | 11 | 287 | 陀羅尼品廿六 普賢菩薩勸發品廿八 | 首七行碎損 |
| 稱 | 55 | 說咒 安爾 | 而去 第七 | 10 | 279 | 陀羅尼品廿六 普賢菩薩勸發品廿八 | 首行碎損 |
| 秋 | 56 | 爾時 說法 | 受持 而去 | 11 | 287 | 陀羅尼品廿六 普賢菩薩勸發品廿八 | 首四行尾九行碎損 |
| 稱 | 68 | 我今 說咒 | 發救 就四 | 7 | 194 | 陀羅尼品廿六 普賢菩薩勸發品廿八 | 首十五行碎損 |
| 巨 | 20 | 安爾 犁弟 | 而去 第七 | 11 | 280 | 陀羅尼品廿六 普賢菩薩勸發品廿八 | 首六行碎損背有蕃文 |
| 寒 | 88 | 璋八 目帝 | 而去 第七 | 20 | 277 | 陀羅尼品廿六 普賢菩薩勸發品廿八 | 首二行碎損 |

| | | | | | | | |
|---|---|---|---|---|---|---|---|
| 黃 | 26 | 甚多說法 | 切大而去 | 10 | 280 | 陀羅尼品廿六普賢菩薩勸發品廿八 | 首七行碎損 |
| 地 | 97 | 摩摩履田反 | 而去第七 | 10 | 277 | 陀羅尼品廿六普賢菩薩勸發品廿八 | 首九行碎損 |
| 洪 | 10 | 解義佛言 | 而去第七 | 8 | 284 | 陀羅尼品廿六普賢菩薩勸發品廿八 | 首八行碎損 |
| 辰 | 86 | 毗乂廿四阿 | 而去第七 | 10 | 277 | 陀羅尼品廿六普賢菩薩勸發品廿八 | |
| 巨 | 47 | 羅尼剃二 | 而去第七 | 10 | 275 | 陀羅尼品廿六普賢菩薩勸發品廿八 | 首二十四行碎損 |
| 昃 | 74 | 賖哔十目 | 而去第七 | 11 | 283 | 陀羅尼品廿六普賢菩薩勸發品廿八 | 首十一行碎損 |
| 往 | 30 | 六阿賖履 | 而去第七 | 10 | 275 | 陀羅尼品廿六普賢菩薩勸發品廿八 | 首十七行碎損 |
| 重 | 29 | 薩白華經 | 而去第七 | 10 | 272 | 陀羅尼品廿六普賢菩薩勸發品廿八 | 首二行碎損 |
| 宿 | 12 | 其短座誓反 | 而去第七 | 10 | 256 | 陀羅尼品廿六普賢菩薩勸發品廿八 | |
| 荒 | 11 | 掘十二世尊 | 切大而去 | 9 | 252 | 陀羅尼品廿六普賢菩薩勸發品廿八 | |

| | | | | | | | |
|---|---|---|---|---|---|---|---|
| 金 | 80 | 即說 / 阿梨 | 切大 / 而去 | 9 | 249 | 陀羅尼品廿六 / 普賢菩薩勸發品廿八 | 首二行碎損 |
| 辰 | 77 | 喜若 / 爾時 | 而去 / 第七 | 7 | 251 | 陀羅尼品廿六 / 普賢菩薩勸發品廿八 | 首七行碎損 |
| 淡 | 90 | 神咒 / 持是 | 而去 / 第七 | 9 | 246 | 陀羅尼品廿六 / 普賢菩薩勸發品廿八 | 首六行碎損 |
| 生 | 98 | 阿羅 / 猪履 | 而去 / 第七 | 11 | 254 | 陀羅尼品廿六 / 普賢菩薩勸發品廿八 | 首十一行碎損 |
| 海 | 24 | 衆生 / 眷屬 | 而去 / 第七 | 11 | 231 | 陀羅尼品廿六 / 普賢菩薩勸發品廿八 | 首二行碎損 |
| 寒 | 27 | 若不 / 如煞 | 而去 / 第七 | 8 | 218 | 陀羅尼品廿六 / 普賢菩薩勸發品廿八 | |
| 荒 | 62 | 犯此 / 諸羅 | 而去 / 第七 | 8 | 215 | 陀羅尼品廿六 / 普賢菩薩勸發品廿八 | |
| 夜 | 23 | 犯此 / 諸羅 | 而去 / 第七 | 8 | 215 | 陀羅尼品廿六 / 普賢菩薩勸發品廿八 | |
| 爲 | 47 | 破作 / 稱欺 | 而去 / 第七 | 8 | 217 | 陀羅尼品廿六 / 普賢菩薩勸發品廿八 | 首七行碎損 |
| 調 | 48 | 妙法 / 爾時 | 智佛 / 者何 | 4 | 99 | 陀羅尼品廿六 / 妙莊嚴王本事品廿七 | |

| | | | | | | |
|---|---|---|---|---|---|---|
| 鱗 71 | 妙法爾時 | 眼淨十八 | 7 | 188 | 陀羅尼品廿六 妙莊嚴王本事品廿七 | |
| 鱗 98 | 妙法爾時 | 塵離眼淨 | 7 | 187 | 陀羅尼品廿六 妙莊嚴王本事品廿七 | |
| 餘 52 | 尼品即從 | 知是人爲 | 10 | 262 | 陀羅尼品廿六 妙莊嚴王本事品廿七 | 首四行碎不全 |
| 宿 80 | 以守安爾 | 羼提羅密 | 3 | 84 | 陀羅尼品廿六 妙莊嚴王本事品廿七 | |
| 柰 60 | 以守安爾 | 道法宿三 | 3 | 84 | 陀羅尼品廿六 妙莊嚴王本事品廿七 | |
| 帝 73 | 利第九目 | 明莊名妙 | 4 | 77 | 陀羅尼品廿六 妙莊嚴王本事品廿七 | 首十行尾行碎損 |
| 宇 52 | 舍輪邱樓 | 身下復現 | 3 | 87 | 陀羅尼品廿六 妙莊嚴王本事品廿七 | 首九行碎損此卷內分二段第一段係黃紙 |
| | 者示王荷 | 千世復如 | 2 | 39 | | 此係第二段白紙何經俟考首二行尾行碎損 |

| | | | | | | | |
|---|---|---|---|---|---|---|---|
| 鳥 | 95 | 世尊所說 | 三昧嚴三 | 3 | 74 | 陀羅尼品廿六 妙莊嚴王本事品廿七 | 尾行碎損 |
| 玉 | 51 | 尼神阿伽 | 聽受法汝 | 2 | 55 | 陀羅尼品廿六 妙莊嚴王本事品廿七 | 首行尾十四行碎損 |
| 出 | 60 | 餓鬼焉摩 | 王今心我 | 2 | 56 | 陀羅尼品廿六 妙莊嚴王本事品廿七 | |
| 藏 | 51 | 妙法爾時 | 諸佛諸佛 | 1 | 25 | 陀羅尼品廿六 | 首四行不全 |
| 生 | 6 | 其所子善 | 佛言說陁 | 1 | 15 | 陀羅尼品廿六 | |
| 皇 | 62 | 子善誦解 | 咒曰履五 | 2 | 37 | 陀羅尼品廿六 | |
| 裳 | 59 | 偈讀爾時 | 說咒曰伊 | 2 | 54 | 陀羅尼品廿六 | |
| 水 | 49 | 誦解白佛 | 衰患由他 | 2 | 41 | 陀羅尼品廿六 | 首二行碎損 |
| 岡 | 73 | 尼二毗剃 | 十九剎若 | 2 | 50 | 陀羅尼品廿六 | 首三行碎損 |
| 芥 | 5 | 僧伽曼哆 | 而說偈言 | 2 | 53 | 陀羅尼品廿六 | |

| | | | | | | | |
|---|---|---|---|---|---|---|---|
| 霜 | 8 | 爾時思議 | 而去第七 | 8 | 204 | 妙莊嚴王本事品廿七　普賢菩薩勸發品廿八 | 中多碎損 |
| 昃 | 25 | 眼是而去 | 行之第七 | 7 | 200 | 妙莊嚴王本事品廿七　普賢菩薩勸發品廿八 | |
| 荒 | 47 | 是二而去 | 高七第七 | 7 | 183 | 妙莊嚴王本事品廿七　普賢菩薩勸發品廿八 | 首三行碎損 |
| 宇 | 20 | 小小令多 | 履水功德 | 5 | 145 | 妙莊嚴王本事品廿七　普賢菩薩勸發品廿八 | |
| 地 | 92 | 虛空一切 | 不出教利 | 5 | 114 | 妙莊嚴王本事品廿七　普賢菩薩勸發品廿八 | 首十五行尾五行碎損 |
| 張 | 22 | 子二而去 | 在七第七 | 8 | 175 | 妙莊嚴王本事品廿七　普賢菩薩勸發品廿八 | |
| 號 | 72 | 等爲僧祇 | 修道遮反 | 4 | 112 | 妙莊嚴王本事品廿七　普賢菩薩勸發品廿八 | |
| 崑 | 67 | 任發受持 | 作佛而去 | 6 | 171 | 妙莊嚴王本事品廿七　普賢菩薩勸發品廿八 | 首二十七行碎損　尾有木軸 |
| 李 | 48 | 如憂而去 | 母即第八 | 6 | 169 | 妙莊嚴王本事品廿七　普賢菩薩勸發品廿八 | |
| 結 | 17 | 優曇母即 | 而去第七 | 6 | 167 | 妙莊嚴王本事品廿七　普賢菩薩勸發品廿八 | 首六行碎損 |

| | | | | | |
|---|---|---|---|---|---|
| 寒 | 38 | 上有時妙而去第七 | 6 144 | 妙莊嚴王本事品廿七 普賢菩薩勸發品廿八 | 首三行碎損 |
| 爲 | 38 | 就第四衆而去第八 | 6 145 | 妙莊嚴王本事品廿七 普賢菩薩勸發品廿八 | 首行碎損 尾有木軸 |
| 洪 | 88 | 法當大高而去第七 | 5 141 | 妙莊嚴王本事品廿七 普賢菩薩勸發品廿八 | |
| 帝 | 18 | 有他以神德敎若有 | 3 84 | 妙莊嚴王本事品廿七 普賢菩薩勸發品廿八 | 尾行碎損 |
| 帝 | 15 | 異人受持光照隱使 | 1 28 | 妙莊嚴王本事品廿七 普賢菩薩勸發品廿八 | |
| 金 | 81 | 大衆德菩切大而去 | 4 112 | 妙莊嚴王本事品廿七 普賢菩薩勸發品廿八 | 首十二行碎損 |
| 來 | 60 | 光照屬故修習七日 | 2 43 | 妙莊嚴王本事品廿七 普賢菩薩勸發品廿八 | 尾二行碎損 |
| 芥 | 53 | 行不禮佛切大而去 | 4 113 | 妙莊嚴王本事品廿七 普賢菩薩勸發品廿八 | 首五行碎損 |
| 薹 | 98 | 故來智佛而去第七 | 15 132 | 妙莊嚴王本事品廿七 普賢菩薩勸發品廿八 | 首五十七行碎損 |
| 往 | 57 | 王本離垢佛告眼淨 | 5 102 | 妙莊嚴王本事品廿七 | 首二行碎不全 |

| | | | | | | | |
|---|---|---|---|---|---|---|---|
| 歲 | 81 | 說是中得 | 十指眼淨 | 4 | 88 | 妙莊嚴王本事品廿七 | |
| 師 | 23 | 婆羅於佛 | 與共知識 | 3 | 56 | 妙莊嚴王本事品廿七 | 首二行尾十八行碎損 |
| 翔 | 61 | 眼是皆悉 | 行之三昧 | 2 | 42 | 妙莊嚴王本事品廿七 | 首十四行碎損 |
| 地 | 19 | 變於佛告 | 身下掌立 | 2 | 40 | 妙莊嚴王本事品廿七 | 紙背有蕃文 |
| 龍 | 91 | 己信德教 | 等爲心行 | 2 | 56 | 妙莊嚴王本事品廿七 | |
| 官 | 31 | 等爲見家 | 修道妙莊 | 1 | 25 | 妙莊嚴王本事品廿七 | 末二行背兩行皆係雜寫但中有押衙索紹員書寫記八字 |
| 律 | 50 | 久己莊嚴 | 通達若善 | 1 | 28 | 妙莊嚴王本事品廿七 | 尾行碎損 |
| 龍 | 25 | 成就功德 | 佛告未曾 | 1 | 28 | 妙莊嚴王本事品廿七 | 首三行碎損 |
| 暑 | 43 | 妙法而去 | 爾時第八 | 4 | 103 | 普賢菩薩勸發品廿八 | |

| | | | | | | |
|---|---|---|---|---|---|---|
| 芥 | 2 | 妙法……而去／爾時……第八 | 4 | 103 | 普賢菩薩勸發品廿八 | |
| 河 | 81 | 妙法……而去／爾時……第七 | 4 | 103 | 普賢菩薩勸發品廿八 | |
| 閏 | 80 | 崛山……而去／言世……第七 | 4 | 86 | 普賢菩薩勸發品廿八 | 首二行碎損 |
| 呂 | 61 | 言世……薩舍／是經……大會 | 3 | 84 | 普賢菩薩勸發品廿八 | |
| 出 | 83 | 是經……羅婆／無伺……婆多 | 1 | 25 | 普賢菩薩勸發品廿八 | |
| 藁 | 51 | 无伺……僧祇／魔民……羅帝 | 1 | 28 | 普賢菩薩勸發品廿八 | |
| 柰 | 69 | 无伺……而去／魔民……第七 | 3 | 85 | 普賢菩薩勸發品廿八 | |
| 師 | 30 | 无伺……十一／民若……僧祇 | 1 | 28 | 普賢菩薩勸發品廿八 | |
| 位 | 66 | 爾時……諸如／喜轉……忉利 | 1 | 28 | 普賢菩薩勸發品廿八 | |
| 往 | 56 | 婆夷……牟尼／是法……經令 | 2 | 35 | 普賢菩薩勸發品廿八 | 首二行碎不全 |

| | | | | | | | |
|---|---|---|---|---|---|---|---|
| 騰 | 54 | 婆底尼九 | 而去第七 | 2 | 60 | 普賢菩薩勸發品廿八 | |
| 劍 | 55 | 婆羅婆達 | 而去第七 | 2 | 55 | 普賢菩薩勸發品廿八 | 尾行碎損 |
| 往 | 43 | 多所德深 | 而去第七 | 2 | 35 | 普賢菩薩勸發品廿八 | 首行碎損 |
| 潛 | 88 | 有受當知 | 而去第七 | 1 | 31 | 普賢菩薩勸發品廿八 | 尾二行碎損 |
| 始 | 27 | 佛讚頭當 | 而去第七 | 1 | 28 | 普賢菩薩勸發品廿八 | |
| 來 | 53 | 諸餘不稱 | 樂行誦是 | 2 | 38 | | 以下各卷破爛不堪品次起止無從標題僅列其首尾起止紙數而已 |
| 調 | 32 | 量百薩一 | 虛空不能 | 4 | 94 | | 首二十二行尾行碎損 |
| 陽 | 22 | 是故應當 | 滅度訊多 | 12 | 329 | | 首百十四行碎損此係陽十二號之前段 |

| 編號 | 起 | 止 | 紙數 | 行數 | 附記 |
| --- | --- | --- | --- | --- | --- |
| 致67 | 地中種種 | 心皆聞是 | 1 | 21 | 全卷碎損 |
| 雨7 | 即爲如來 | 曜昔共議 | 11 | 297 | 全卷碎 |
| 雨99 | 金銀高至 | 故白樂說 | 1 | 28 | 碎損極多 |
| 露87 | 十阿第五 | 人展祇何 | 1 | 25 | 首尾及下端均碎損 |
| 水48 | 於最多諸 | 像法法度 | 1 | 31 | 全卷碎損 |
| 玉42 | 我等我等 | 具種廟寶 | 1 | 28 | 全卷下截碎損 |
| 玉90 | 妙法爾時 | 之男本衆 | 2 | 38 | 全卷下端碎損 |
| 出2 | 夜乂摩睺 | 億諸妙光 | 1 | 28 | 全卷碎損 |
| 號45 | 二千六千 | 求佛近智 | 4 | 101 | 全卷碎損 |
| 闕1 | 開是音菩 | 即現度者 | 2 | 58 | 全卷碎損 |

| | | | | | | |
|---|---|---|---|---|---|---|
| 重 | 45 | 敬圍照其 | 是故劣想 | 1 | 20 | 首十三行碎損 |
| 蓋 | 63 | 瞻仰世尊 | 三昧第七 | 3 | 56 | |
| 鹹 | 7 | 於諸第三 | 菩薩罪業 | 7 | 226 | 全卷碎損 |
| 龍 | 58 | 爾時歡喜 | 薩等立勝 | 3 | 77 | 全卷下截碎損 |
| 師 | 78 | 世尊爲繩 | 此坐三蕤 | 3 | 69 | 全卷碎損 |
| 官 | 98 | 僧坊施持 | 諸比爲解 | 2 | 31 | 全卷碎損 |
| 人 | 68 | 觀四龍鬼 | 佛道智者 | 2 | 43 | 全卷碎損 |
| 制 | 65 | 其諸法師 | 戲時展轉 | 2 | 28 | 全卷碎損 |
| 制 | 77 | 是經提入 | 多寶欲見 | 3 | 78 | 全卷碎損 |
| 文 | 84 | 長者女身 | 一卷薩經 | 2 | 53 | 全卷碎損 |

| | | | | | | |
|---|---|---|---|---|---|---|
| 字 | 14 | 法師 復有 | 常精 樹下 | 3 | 58 | 全卷碎損 |
| 字 | 23 | 狹長 齒悉 | 解說 功德 | 2 | 29 | 全卷碎損 |
| 乃 | 5 | 雨大 善男 | 近百 勇猛 | 3 | 80 | 卷多碎損 |
| 乃 | 6 | 受其 奉多 | 衆生 提心 | 2 | 34 | 卷多碎損 |
| 乃 | 10 | 放逸 隨所 | 各各 數菩 | 2 | 41 | 卷多碎損 |
| 乃 | 18 | 大衆 比丘 | 正法 衆生 | 2 | 36 | 全卷碎損 |
| 推 | 25 | 有多 明達 | 佛慧 第三 | 3 | 76 | 全卷碎損 |
| 皇 | 22 | 林樹 和雅 | 有衆 經典 | 1 | 24 | 首碎損 |
| 裳 | 49 | 量諸 佛前 | 長二 命八 | 3 | 61 | 首六行殘缺 |
| 列 | 11 | 事不 官一 | 萬里 第八 | 5 | 134 | 此卷尾題妙法蓮華經卷第八 |

# 妙法蓮華經度量天地品

| 原號 | 起 | 止 | 紙 | 行 | 品次 | 附記 |
|---|---|---|---|---|---|---|
| 生 17 | 妙法爾時 | 疑惑第九 | 12 | 80 | 度量天地品廿九 | 今秦譯法華經二十八品而此諸卷題曰妙法蓮華經度量天地品二十九故附法華經後 |
| 李 71 | 者皆著體 | 女身其中 | 7 | 162 | 度量天地品廿九 | 卷內分兩段尾有跋語云天寶三載九月十七日玉門行人在此襟經二十日有餘於獄寫了有人受持讀誦楚客除罪萬萬劫記之同襟人馬希晏其人是河東郡桑泉縣上柱國樊 |

| 原號 | 起 | 止 | 紙 | 行 | 品次 | 附記 |
|---|---|---|---|---|---|---|
| | | | | | | 客記等語卷多碎損 |
| 麗 25 | 一切疑惑 | 閻浮地品 | 2 | 59 | 度量天地品廿九 | |
| 閏 18 | 其天疑惑 | 何以卷九 | 11 | 255 | 度量天地品廿九 | 首十五行碎損 |

## 正法華經

西晉竺法護譯 十卷

| 原號 | 起 | 止 | 紙 | 行 | 品次 | 附記 |
|---|---|---|---|---|---|---|
| 崑 66 | 利亦正眞 | 度一佛名 | 6 | 154 | 授五百弟子決品八 | 首六十九行尾行碎損 |
| 地 65 | 五百獨處 | 我等殊特 | 5 | 140 | 授五百弟子決品八 藥王如來品十 | |
| 金 20 | 心尙相諸 | 大雄千丈 | 3 | 84 | 授五百弟子決品八 藥王如來品十 | |

# 法華經疏

| 原號 | | 起 | 止 | 紙 | 行 | 附記 |
|---|---|---|---|---|---|---|
| 暑 | 70 | 似起九善 | 爲囑此辦 | 4 | 98 | 背面前有妙法蓮華經五字似是法華經疏 |
| 玉 | 26 | 生不三乘 | 創鮮傷明 | 15 | 337 | 首尾有殘缺處 |
| 栄 | 11 | 不不受教 | 無罪着其 | 35 | 790 | 此卷草書共四張前九行裂斷 |
| 淡 | 32 | 是汝一法 | 第五云第 | 16 | 348 | 首四行殘缺 |
| 始 | 53 | 爲利攝示 | 明大聞同 | 18 | 383 | 首尾殘缺由第三紙起有硃筆句讀 |
| 號 | 66 | 皆有有一 | 嚴而准此 | 4 | 119 | |

# 法華經解

| 原號 | 起 | 止 | 紙 | 行 | 附記 |
| --- | --- | --- | --- | --- | --- |
| 致 15 | 惟定驚佈 | 故現因成 | 10 | 228 | 首碎損 |
| 結 43 | 第三有三 | 明漏十故 | 12 | 220 | 全卷霉爛 |
| 制 49 | 辰省切十 | 天成地平 | 3 | 48 | 首十四行殘缺 |

# 法華經玄讚

原號　起　止　紙　行　附記

昃　68　第八　第世　56　1164　卷末題曰法華經玄讚第二
　　　　　　　第二

黃　12　地宿　可解　33　712　卷末題曰法華經玄讚第四
　　　　經舍　第四

河　39　敎理　時高　11　217
　　　　贊日　不

# 觀世音經

| 原號 | 起 | 止 | 紙 | 行 | 附記 |
| --- | --- | --- | --- | --- | --- |
| 重58 | 妙法爾時 | 提心一卷 | 5 | 124 | 首末完具 |
| 洪8 | 妙法爾時 | 提心一卷 | 5 | 125 | 首末完具 |
| 列1 | 妙法爾時 | 提心一卷 | 5 | 117 | 卷多碎損但首末完 |
| 秋30 | 妙法爾時 | 此經書畢 | 5 | 127 | 卷多碎損但首末完 |
| 盈52 | 佛說爾時 | 提心一卷 | 5 | 112 | 首十四行尾三行碎損 |
| 龍70 | 法中悉妄 | 三菩一卷 | 5 | 124 | 首十六行碎損 |
| 菜21 | 佛國妙音 | 提心一卷 | 10 | 337 | 首六行碎損內分兩段首段阿彌陀經次段觀世音經 |
| 生57 | 是言佛若 | 提心音經 | 5 | 117 | 首十行碎損附心經一卷 |

| | | | | | |
|---|---|---|---|---|---|
| 珠 29 | 若有觀世 | 提心音經 | 6 | 109 | 首五十八行碎損 |
| 昃 78 | 薩名音聲 | 提心音經 | 6 | 135 | 首二十三行碎損 |
| 鳥 75 | 肩合菩薩 | 提心一卷 | 5 | 124 | 首十六行碎損 |
| 霜 39 | 羅刹有乃 | 提心音經 | 5 | 102 | 首十五行碎損　尾有木軸 |
| 黃 16 | 菩薩若三 | 提心一卷 | 4 | 105 | 首五行碎損 |
| 水 78 | 者是難以 | 提心一卷 | 5 | 114 | 首十三行碎損 |
| 雨 81 | 倘不有人 | 提心音經 | 5 | 102 | 首二行碎損 |
| 稱 4 | 言諸世音 | 諸國世音 | 2 | 52 | |
| 芥 34 | 薩名汝等 | 提心音經 | 4 | 99 | 首二行碎損 |
| 金 88 | 稱其生爲 | 提心一卷 | 6 | 111 | 全卷碎損 |

| | | | | | | |
|---|---|---|---|---|---|---|
| 衣 | 39 | 若三／聞其 | 提心／音經 | 5 | 104 | 首九行碎損 |
| 歲 | 48 | 脫无／巍巍 | 提心／一卷 | 4 | 97 | 全卷碎損 |
| 巨 | 88 | 主將／作是 | 提心／音經 | 4 | 101 | 首二十五行碎損 |
| 收 | 21 | 離欲／離瞋 | 提心／音經 | 4 | 92 | |
| 水 | 90 | 觀世／菩薩 | 提心／一卷 | 5 | 119 | 首三十八行碎損 |
| 薑 | 15 | 若有／便得 | 提心／一卷 | 4 | 96 | 首七行碎損 |
| 結 | 37 | 世音／菩薩 | 提心／卅五 | 3 | 94 | 全卷碎損 |
| 文 | 10 | 於嬌／若多 | 提心／一卷 | 4 | 91 | 首十行尾二行碎損 背面粘補之紙頗類敵文惜不完全 |
| 成 | 18 | 畏施／得解 | 提心／一卷 | 4 | 97 | 首十五行碎損 |
| 鹹 | 25 | 德本／是力 | 提心／音經 | 4 | 86 | |

| | | | | | | |
|---|---|---|---|---|---|---|
| 歲 | 57 | 若復 所執 | 提心 一卷 | 5 | 108 | 首二十四行碎損 |
| 字 | 50 | 離欲 離瞋 | 提心 音經 | 4 | 90 | 此卷分二段皆係觀世音經但後段殘爛 |
| | | 无畏 著之 | 不思 汝略 | 1 | 19 | 此其後段　全碎 |
| 柰 | 100 | 況復 設復 | 提心 一卷 | 4 | 105 | 首二十三行碎損 |
| 地 | 27 | 汝等 聞俱 | 提心 音經 | 4 | 99 | 首十五行碎損 |
| 騰 | 40 | 薩有 生常 | 提心 音經 | 4 | 95 | 首十一行碎損 |
| 始 | 18 | 有衆 是故 | 提心 一卷 | 4 | 86 | 首七行碎損 |
| 號 | 57 | 云何 无盡 | 提心 音經 | 4 | 83 | 首十八行碎損 |
| 稱 | 88 | 夜叉 菩薩 | 提心 一卷 | 5 | 101 | 首三十三行碎損 |
| 龍 | 41 | 无盡 游此 | 提心 音經 | 3 | 76 | 首五行碎損 |

| | | | | | |
|---|---|---|---|---|---|
| 鳥 56 | 現辟 即現 | 阿耨 提心 | 3 | 70 | 首二行碎損末繪有觀世音圖像 |
| 始 16 | 捐是 无盡 | 提心 音經 | 4 | 83 | 首十五行碎損 |
| 地 8 | 稱觀 因緣 | 提心 音經 | 2 | 83 | 首三十行碎損 |
| 羽 70 | 養是 窮盡 | 提心 音經 | 3 | 78 | 首十一行碎損 |
| 師 17 | 男子 菩薩 | 三菩 音經 | 3 | 74 | 全卷碎損 背面粘補之紙有乙丑年四月三日黑頭羔子壹口死者似係日記 |
| 裳 47 | 辟支 應以 | 提心 音經 | 3 | 72 | 首六行碎損 尾有木軸 |
| 制 22 | 无盡 此娑 | 提心 一卷 | 3 | 73 | 全卷多碎 |
| 帝 4 | 菩薩 菩薩 | 提心 音經 | 4 | 85 | 首廿七行尾十三行碎損 |
| 乃 90 | 善男 尊佛 | 提心 一卷 | 3 | 81 | 首十八行碎損 |
| 海 61 | 軍身 應以 | 供養 寫記 | 3 | 73 | 首二行碎損 尾跋云壬申年三月二十七日行者傾心慈悲敬寫大聖觀音經一卷一 |

爲先王父母二爲合家永聖吉昌願亡靈神生淨土法界蒼生同霑此福淸信子張海晟

一心供養信事僧蓮臺沙彌靈進書寫記

張 48 說法即現 婆婆心經 3 86 附心經一卷 首八行尾三十行碎損

往 8 而爲身而 提心一卷 3 62

罔 84 天大說法 音經功記 3 66 首五行碎損學生童子唐文 末題辛丑年七月二十八日英爲妹久患寫畢功記等語

功字不明

宿 5 身得天大 提心一卷 3 66

騰 88 說法而爲 提心音經 3 65 首十三行碎損

鳥 99 塞優優婆 提心一卷 4 57 首行碎損

龍 64 婆夷婆夷 提心音經 2 56 首行碎損

| | | | | | | |
|---|---|---|---|---|---|---|
| 帝 | 7 | 得度者即 | 提心一卷 | 3 | 57 | 首五行碎損 |
| 來 | 87 | 法應女身 | 提心音經 | 3 | 54 | 首行碎損 |
| 生 | 32 | 菩薩敬觀 | 提心音經 | 3 | 66 | 首二十九行碎損 |
| 推 | 49 | 度者辟支 | 提心一卷 | 3 | 72 | 首二十三行碎損 |
| 玉 | 95 | 度脫世音 | 提心音經 | 2 | 49 | 首三行碎損 |
| 乃 | 56 | 等身金剛 | 提心一卷 | 3 | 52 | 首七行碎損 |
| 位 | 57 | 而爲而爲 | 提心音經 | 3 | 62 | 首三十行碎損 |
| 列 | 7 | 身而身得 | 提心音經 | 3 | 60 | 首二紙碎損 |
| 珠 | 10 | 世音佛告 | 提心音經 | 2 | 41 | 全卷碎損 |
| 潛 | 83 | 天大說法 | 提心一卷 | 3 | 65 | 首二十六行碎損 |

| | | | | | | |
|---|---|---|---|---|---|---|
| 服 8 | 世尊 | 偈答 | 提心 一卷 | 1 | 26 | 此卷兩面有字俱係觀世音經 其起止依正面標題 |
| 裳 68 | 觀世 | 娑世 | 提心 一卷 | 2 | 34 | 首三行碎損 |
| 律 27 | 觀世 | 善音 | 提心 一卷 | 2 | 32 | 首三行碎損 |
| 皇 5 | 而爲 | 樓羅 | 提心 音經 | 3 | 54 | 首二十四行碎損 |
| 果 49 | 虺蚰 | 雲雷 | 提心 音經 | 1 | 18 | |
| 龍 37 | 弘誓 | 我爲 | 提心 音經 | 2 | 30 | 首十五行碎損 |
| 收 96 | 一分 | 意觀 | 提心 音經 | 2 | 36 | 全卷碎損 |

## 觀音經註釋

原號　起　止　紙　行　附記

雨　51　皆是清清　提心註釋　4　92　尾署觀音經一卷金藏剛菩薩註釋即妙法蓮華經普門品之註釋卷首已碎去紙背有韵學八行

## 大薩遮尼乾子所說經　元魏菩提留支譯　十卷

原號　起　止　紙　行　品次　附記

洪　57　別撰法覺　議解己以　18　405　三　如來無過功德品第八之首二行尾五行碎損

# 金剛三昧經 失譯人名附北涼錄 二卷

原號　起　止　紙　行　附記

荒93　理淨奉行　出一卷行　6　179　首四行碎損

玉81　佛佛奉行　法空昧經　9　255　首四行碎損卷中間有朱筆校勘

# 敦煌劫餘錄

新會 陳垣 校錄

## 第八帙

### 大般涅槃經

北涼曇無讖譯 四十卷

| 原號 | 起 | 止 | 紙 | 行 | 品次 | 附記 |
|---|---|---|---|---|---|---|
| 珠97 | 大般如是 | 默然月令 | 13 | 347 | 壽命品一 | 首行碎損 |
| 盈45 | 佛在羅雙 | 貪欲身不 | 5 | 143 | 壽命品一 | 首七行尾行碎損 |
| 昃82 | 依屋世尊 | 灑地卷一 | 19 | 520 | 壽命品一 | 首二行碎損 |
| 海98 | 遍體亦欲 | 洒地第一 | 19 | 276 | 壽命品一 | 首二行碎損 |
| 珍96 | 觀察无我 | 微妙法數 | 18 | 402 | 壽命品一 | 首十二行碎損 |

| | | | | | | |
|---|---|---|---|---|---|---|
| 荒 | 44 | 葦伊猶如　四天吹諸 | 5 | 145 | 壽命品一 | |
| 日 | 86 | 樹木沙樹　灑地第一 | 8 | 229 | 壽命品一 | 尾有木軸 |
| 位 | 15 | 天衆及非　奉獻並可 | 1 | 24 | 壽命品一 | |
| 餘 | 50 | 大般爾時　是法第二 | 21 | 568 | 壽命品一之二 | |
| 餘 | 22 | 好調天雨　是法第二 | 20 | 557 | 壽命品一之二 | 首行碎損 |
| 收 | 82 | 義不盡未　師利大海 | 8 | 208 | 壽命品一之二 | 首十行碎損 |
| 收 | 97 | 快哉快哉　是法第二 | 18 | 484 | 壽命品一之二 | 首六行碎損 |
| 歲 | 95 | 以是不應　示導時世 | 6 | 150 | 壽命品一之二 | 首五行碎損 |
| 成 | 29 | 復生足一　合衆得差 | 8 | 204 | 壽命品一之二 | 首三行尾四行碎損 |
| 列 | 15 | 年還人復　所覆第三 | 20 | 507 | 壽命品一之三　金剛身品二 | |

| | | | | | | | |
|---|---|---|---|---|---|---|---|
| 出 | 55 | 是痴還責 | 剛之色像 | 17 | 459 | 壽命品一之三 金剛身品二 | 首三行碎損尾有木軸 |
| 皇 | 54 | 是捨有身 | 等身汝今 | 2 | 42 | 壽命品一之三 金剛身品二 | 首行碎損 |
| 皇 | 59 | 我之等宜 | 菩薩子想 | 4 | 77 | 壽命品一之三 | 首十一行尾四行碎損 |
| 餘 | 70 | 生亦佛是 | 說夫者名 | 2 | 55 | 壽命品一之三 | 首九行尾行碎損 |
| 人 | 16 | 白佛功德 | 是護王於 | 3 | 51 | 金剛身品二 | 首行尾九行碎損 |
| 呂 | 26 | 比丘有破 | 說大米種 | 2 | 50 | 金剛身品二 | 首九行尾六行碎損 |
| 夜 | 61 | 是修聞是 | 那含第四 | 17 | 439 | 名字功德品三 如來性品四之一 | 首八十一行碎損尾有木軸 |
| 收 | 46 | 槃善有希 | 那含卷四 | 18 | 441 | 名字功德品三 如來性品四之一 | 首四行碎損內有硃筆校勘 |
| 官 | 62 | 一切妙法 | 未學所覆 | 1 | 23 | 名字功德品三 | |
| 淡 | 88 | 死以善男 | 墮落第四 | 20 | 462 | 如來性品四之一 如來性品四之二 | 首三行碎損 |

| | | | | | | |
|---|---|---|---|---|---|---|
| 文 | 49 | 已畢大更 人舌墮落 | 9 | 282 | 如來性品四之一<br>如來性品四之二 | 全卷碎損　尾有木軸 |
| 露 | 90 | 尊先此法 來畢女像 | 12 | 332 | 如來性品四之一 | 首三行碎損　內有武后新字 |
| 律 | 76 | 法是功德 多人等不 | 4 | 112 | 如來性品四之一 | 首二行碎損 |
| 制 | 94 | 聲聞迦葉 花經十卷 | 2 | 23 | 如來性品四之一 | 首二行碎損　兩面有字經文銜接餘係雜錄涅槃經文及他種經名卷數並有畫像 |
| 宙 | 3 | 及一一切 生已首羅 | 8 | 159 | 如來性品四之一 | 首五行尾九行碎損 |
| 來 | 19 | 久知生入 那含第四 | 11 | 289 | 如來性品四之一 | 首十行尾五行碎損 |
| 結 | 79 | 大般爾時 菩薩第六 | 20 | 513 | 如來性品四之二<br>如來性品四之四 | 首二行碎損　字體疏豁可愛但標題爲四依品之二而經文則同北本 |

故仍歸北本類

| | | | | | | | |
|---|---|---|---|---|---|---|---|
| 宿 | 31 | 上法子心 | 惡道第五 | 26 | 623 | 如來性品四之二 如來性品四之三 | 首二紙霉爛 |
| 露 | 5 | 更无脫亦 | 德道慶輝 | 18 | 411 | 如來性品四之二 如來性品四之三 | 首十行尾九行碎損末題比丘尼慶輝當是寫經者之名 |
| 辰 | 38 | 動轉來如 | 惡道第五 | 11 | 286 | 如來性品四之二 如來性品四之三 | 首十五行碎損 |
| 柰 | 33 | 故我我當 | 於未惡道 | 8 | 173 | 如來性品四之二 如來性品四之三 | 首六行尾二行碎損 |
| 致 | 69 | 色非想如 | 亦无爲之 | 2 | 23 | 如來性品四之二 | 首尾碎損各一行 |
| 呂 | 60 | 脫者眞寶 | 正法第五 | 13 | 344 | 如來性品四之二 | 首六行碎損 |
| 乃 | 75 | 離一脫者 | 不得不可 | 5 | 121 | 如來性品四之二 | 首五行尾六行碎損 |
| 寒 | 70 | 譬如應驅 | 菩薩第六 | 21 | 566 | 如來性品四之三 如來性品四之四 | 首四行尾二行碎損 |

| | | | | | | |
|---|---|---|---|---|---|---|
| 騰 | 73 | 大般／善男 | 經典／第六 | 18 | 496 | 如來性品四之三 | 首三行碎損 |
| 生 | 75 | 大般／善男 | 經典／第六 | 18 | 496 | 如來性品四之三 | |
| 張 | 58 | 是菩／供養 | 脫當／說眞 | 19 | 530 | 如來性品四之四 如來性品四之五 | 首九行尾五行碎損 書法甚工 |
| 露 | 30 | 思惟／是之 | 說已／第七 | 18 | 475 | 如來性品四之四 如來性品四之五 | 首三十六行碎損 |
| 人 | 19 | 大般／復次 | 菩提／說若 | 2 | 48 | 如來性品四之四 | 首六行碎損 |
| 字 | 41 | 當知／者是 | 往昔／量惡 | 3 | 68 | 如來性品四之四 | 全卷碎損 |
| 收 | 83 | 生元／性如 | 涅槃／第八 | 18 | 484 | 如來性品四之五 如來性品四之六 | 首八行碎損 |
| 海 | 7 | 乳最／於涅 | 天何／譬如 | 14 | 309 | 如來性品四之五 | 首四十五行碎損 |
| 薑 | 13 | 男子／依男 | 諸菩／經典 | 1 | 29 | 如來性品四之五 | |
| 爲 | 53 | 戰時／切兵 | 等鳥／第八 | 18 | 490 | 如來性品四之五 | 首五行碎損 |

| | | | | | | | |
|---|---|---|---|---|---|---|---|
| 列 | 9 | 凡夫當分 | 說已第七 | 1 | 18 | 如來性品四之五 | 首三行碎損 |
| 藏 | 36 | 大般迦葉 | 不久第九 | 16 | 422 | 如來性品四之六 | 首九行碎損尾有木軸 |
| 雲 | 46 | 五无是則 | 浮提分能 | 10 | 239 | 如來性品四之六 | 首二行尾五行碎損背面寫有毗婆娑論第一卷等字 |
| 呂 | 36 | 五无提心 | 久第九 | 15 | 369 | 如來性品四之六 | 首二行碎損 |
| 潛 | 9 | 典亦子譬 | 丘等不堅 | 4 | 48 | 如來性品四之六 | 首三行尾十二行碎損 |
| 官 | 6 | 想欲苦僧 | 法未浮提 | 2 | 43 | 如來性品四之六 | 首尾碎損各一行 |
| 宙 | 30 | 爾時疑心 | 病人第十 | 17 | 456 | 如來性品四之七　一切大衆所問品五 | |
| 珍 | 5 | 是諸如彼 | 病人第十 | 16 | 427 | 如來性品四之七　一切大衆所問品五 | |
| 律 | 86 | 所以類二 | 人第十 | 13 | 359 | 如來性品四之七　一切大衆所問品五 | 首七行碎損 |

| | | | | | |
|---|---|---|---|---|---|
| 人 23 | 彼語報純 / 如來供養 | 7 151 | 一切大衆所問品五 | 首十一行尾六行 / 碎損 |
| 月 49 | 不如聖人 / 恨諍十一 | 16 448 | 現病品六 / 聖行品七之一 | 此卷內分二段 |
| 寒 24 | 弟子聖人 / 提修十一 | 17 444 | 現病品六 / 聖行品七之一 | 首二十五行碎損 |
| 珠 55 | 不般聖人 / 爾時十一 | 16 449 | 現病品六 | 尾有木軸 |
| 帝 87 | 豐心提之 / 語諸王以 | 3 80 | 現病品六 | 首二行尾行碎損 |
| 淡 70 | 受樂羅羅 / 辨是乃至 | 25 636 | 聖行品七之二 / 聖行品七之四 | 首十六行尾六行 / 碎損 |
| 成 95 | 尊若者則 / 有人生說 | 9 383 | 聖行品七之二 / 聖行品七之三 | 首四行碎損 |
| 金 51 | 大般迫相 / 復次生長 | 3 85 | 聖行品七之二 | 首二十行尾一行 / 碎損 |
| 生 87 | 若滅名字 / 是之問肺 | 2 47 | 聖行品七之二 | 首三行碎損 |
| 水 1 | 寂滅死二 / 次善所逼 | 3 88 | 聖行品七之二 | 首行碎損 |

| | | | | | | | |
|---|---|---|---|---|---|---|---|
| 雨 | 31 | 以汝葉娑 | 苦諦十二 | 11 | 293 | 聖行品七之二 | 首三行碎損 |
| 稱 | 18 | 愚人法復 | 受天吞噉 | 2 | 32 | 聖行品七之二 | 全卷碎損八行 |
| 海 | 23 | 迦葉見及 | 相應十二 | 8 | 250 | 聖行品七之二 | 首十行碎損 |
| 金 | 12 | 紺馬本處 | 相應十二 | 4 | 100 | 聖行品七之二 | 首行碎損　尾有木軸 |
| 乃 | 42 | 四兵見未 | 相應十二 | 3 | 74 | 聖行品七之二 | 首二十五行碎損 |
| 崑 | 26 | 道方善法 | 雖有知心 | 3 | 62 | 聖行品七之三<br>聖行品七之四 | 首尾碎損各一行 |
| 出 | 21 | 涅槃男子 | 受毒命終 | 2 | 46 | 聖行品七之三 | 首尾碎損各六行 |
| 光 | 86 | 愛无苦因 | 是處十三 | 17 | 455 | 聖行品七之三 | 首三行碎損　尾有木軸 |
| 珠 | 99 | 苦因服飲 | 是處十三 | 17 | 455 | 聖行品七之三 | 首六行碎損 |
| 崑 | 42 | 悲泣人生 | 勤心中唯 | 3 | 72 | 聖行品七之三 | 首五十行尾行碎損 |

第八帙

| | | | | | | | |
|---|---|---|---|---|---|---|---|
| 劍 | 62 | 茶毒一切 | 善根凡尖 | 2 | 32 | 聖行品七之三 | 首三行尾行碎損 |
| 出 | 36 | 療治除善 | 火善種分 | 4 | 112 | 聖行品七之三 | 首二行碎損 |
| 出 | 91 | 受種摩訶 | 菩提葉尖 | 2 | 35 | 聖行品七之三 | 尾行碎損 |
| 劍 | 76 | 爲道正定 | 多禁相隨 | 2 | 38 | 聖行品七之三 | 首尾碎損各一行 |
| 出 | 33 | 諸衆說受 | 了無應有 | 2 | 51 | 聖行品七之三 | 首三行尾二行碎損 |
| 崑 | 28 | 別復眼則 | 說若諦者 | 4 | 111 | 聖行品七之三 | |
| 岡 | 63 | 量諸五諦 | 陰亦知之 | 3 | 60 | 聖行品七之三 | 首行碎損 |
| 劍 | 43 | 名第復次 | 母和名弟 | 2 | 28 | 聖行品七之三 | 首行碎損 |
| 岡 | 27 | 一義文殊 | 非實衆生 | 2 | 47 | 聖行品七之三 | 首尾碎損各一行 |
| 律 | 85 | 是實爲无 | 是處十三 | 6 | 159 | 聖行品七之三 | 首行碎損 |

| | | | | | | | |
|---|---|---|---|---|---|---|---|
| 號 | 50 | 諦佛 斯誑 | 眞珠 香塗 | 3 | 70 | 聖行品七之三 | 首行尾二行碎損 |
| 玉 | 82 | 作是 有諸 | 是處 十三 | 3 | 81 | 聖行品七之三 | |
| 崑 | 39 | 壁玉 香燈 | 過諸 諸外 | 2 | 47 | 聖行品七之三 | 首行碎損 |
| 服 | 76 | 常樂 道等 | 外道 師是 | 2 | 28 | 聖行品七之三 | 首行碎損 |
| 宿 | 51 | 羅密 密般 | 至心 思義 | 19 | 426 | 聖行品七之四 梵行品八之一 | 首二十行碎損 卷多碎 |
| 崑 | 13 | 見已 二名 | 行 十四 | 18 | 460 | 聖行品七之四 | 首二行碎損 尾有木軸 |
| 巨 | 10 | 亦如 次善 | 行 十四 | 12 | 365 | 聖行品七之四 | 首三行碎損 |
| 宙 | 4 | 進於 今於 | 大歡 喜亦 | 7 | 196 | 聖行品七之四 | 首三行碎損 |
| 宇 | 58 | 涅槃 菩薩 | 令充 一身 | 2 | 42 | 聖行品七之四 | 首尾碎損各二行 |
| 潛 | 96 | 三昧 想非 | 已竊 知是 | 3 | 47 | 聖行品七之四 | 首三行尾五行碎損 |

| | | | | | | | |
|---|---|---|---|---|---|---|---|
| 致 | 27 | 得月 解鬱 | 聖行 十四 | 9 | 242 | 聖行品七之四 | 首三十八行碎損 |
| 露 | 2 | 是大 隨順 | 如是 半偈 | 5 | 140 | 聖行品七之四 | |
| 鱗 | 18 | 不見 則得 | 調伏 十五 | 17 | 485 | 梵行品八之一 梵行品八之二 | 首十八行碎損 |
| 歲 | 58 | 法如 來如 | 伏 十五 | 21 | 438 | 梵行品八之一 梵行品八之二 | 首十四行碎損 |
| 河 | 4 | 是義 汝所 | 調伏 十五 | 14 | 328 | 梵行品八之一 梵行品八之二 | 首六行碎損 尾有木軸 |
| 人 | 91 | 譬如 除毒 | 所受 光无 | 2 | 54 | 梵行品八之一 | 首行碎損 |
| 昃 | 54 | 羣黨 兵伺 | 菩薩 十六 | 12 | 383 | 梵行品八之二 梵行品八之三 | 首十行碎損 尾有木軸 |
| 結 | 81 | 是兄 有如 | 所著 十六 | 6 | 161 | 梵行品八之二 梵行品八之三 | |
| 李 | 57 | 彼諸 置虛 | 有疲 子我 | 2 | 50 | 梵行品八之二 | 首二行碎損 |
| 鹹 | 92 | 大般 復次 | 善逝 十七 | 17 | 462 | 梵行品八之三 梵行品八之四 | |

| | | | | | | | |
|---|---|---|---|---|---|---|---|
| 水 | 79 | 白佛者是 | 有所乘道 | 4 | 109 | 梵行品八之三 | 首八行碎損 |
| 巨 | 15 | 罪之菩薩 | 莫非莫是 | 14 | 370 | 梵行品八之三 | 首四行碎損 |
| 水 | 40 | 故得子无 | 便言見牛 | 5 | 140 | 梵行品八之三 | 尾行碎損 |
| 生 | 3 | 言見言見 | 有之弟子 | 5 | 140 | 梵行品八之三 | |
| 霜 | 61 | 除盲二諦 | 歸依十八 | 21 | 462 | 梵行品八之四 梵行品八之五 | |
| 巨 | 14 | 解善明知 | 菩提十八 | 17 | 454 | 梵行品八之四 | 首四行碎損 |
| 呂 | 73 | 墮三提得 | 樂是思義 | 7 | 126 | 梵行品八之四 | 卷多碎損 |
| 制 | 97 | 惡口所謂 | 不善慧滋 | 4 | 67 | 梵行品八之四 | 首五行尾四行碎損 |
| 洪 | 33 | 在過果現 | 思議十九 | 17 | 439 | 梵行品八之五 梵行品八之六 | 尾有木軸 |
| 麗 | 66 | 愁如渴乏 | 思議十九 | 12 | 340 | 梵行品八之五 梵行品八之六 | 首十八行碎損 |

| | | | | | | | |
|---|---|---|---|---|---|---|---|
| 露 | 97 | 大般爾時 | 思議十九 | 18 | 544 | 梵行品八之五 | 此卷自梵行品第八之上首末均全但標題爲梵行品之六而下綴十九品二字 |
| 薑 | 68 | 其性心熾 | 无損十九 | 19 | 517 | 梵行品八之五 | 首十二行碎損 |
| 宿 | 23 | 上業王屈 | 无損十九 | 18 | 491 | 梵行品八之五 | |
| 黃 | 60 | 若爲若言 | 蘈三足十 | 2 | 55 | 梵行品八之五 | 全卷碎損 |
| 雨 | 97 | 大般爾時 | 五行第廿 | 16 | 451 | 梵行品八之六嬰兒行品九 | 首三行碎損 |
| 來 | 75 | 見阿是王 | 五行第廿 | 18 | 443 | 梵行品八之六嬰兒行品九 | 首四行碎損 |
| 調 | 27 | 又復者名 | 行第廿 | 17 | 436 | 梵行品八之六嬰兒行品九 | 首七行碎損 |
| 雲 | 17 | 漸漸愛三 | 五行第廿 | 13 | 388 | 梵行品八之六嬰兒行品九 | 首五行碎損尾有木軸 |

文 93 二俱行 曰亦第廿 13 287 梵行品八之六嬰兒行品九之六 首八十六行碎損

芥 51 時會五行 如佛第廿 9 247 梵行品八之六嬰兒行品九之六 首行碎損

宇 46 大般定命 爾時世王 7 180 梵行品八之六 首九十行碎損

致 66 右云有漏 羅密廿二 17 456 光明遍照高貴德王菩薩品十之一至十之二 首六行碎損尾有木軸

珠 9 行如廣說 聲聞廿一 19 523 光明遍照高貴德王菩薩品十之一 首五行碎損

餘 93 摩訶槃因 槃經廿一 17 470 光明遍照高貴德王菩薩品十之一 首四十行碎損

金 43 名字不聞 說思訶薩 14 113 光明遍照高貴德王菩薩品十之一 首行碎損

金 55 言善不來 幻如來有 3 94 光明遍照高貴德王菩薩品十之一

麗 98 取行動國 如來動國 4 112 光明遍照高貴德王菩薩品十之一 尾行碎損

金 87 善守因 造像廿一 4 118 光明遍照高貴德王菩薩品十之一 首行碎損

| | | | | | | |
|---|---|---|---|---|---|---|
| 夜36 | 曾不三寶 | 有漏廿二 | 19 | 417 | 光明遍照高貴德王菩薩品十之二 | 首五行碎損尾有木軸 |
| 雨10 | 善根二者 | 有漏第廿 | 16 | 405 | 光明遍照高貴德王菩薩品十之二 | 首二行碎損 |
| 人90 | 知故如來 | 身復无有 | 2 | 28 | 光明遍照高貴德王菩薩品十之二 | 首行尾十行碎損 |
| 闕77 | 摩訶覺有 | 功德十三 | 17 | 463 | 光明遍照高貴德王菩薩品十之三 | 首二行碎損 |
| 結52 | 何受我自 | 功德十三 | 16 | 447 | 光明遍照高貴德王菩薩品十之三 | 全卷碎損 |
| 日39 | 涅槃諸法 | 功德十五 | 17 | 468 | 光明遍照高貴德王菩薩品十之四至十之六 | 首九行損碎尾有木軸書法佳 |
| 結27 | 善男供養 | 功德十五 | 16 | 439 | 光明遍照高貴德王菩薩品十之四至十之五 | 首六行碎損 |
| 巨97 | 大般復次 | 功德廿四 | 19 | 533 | 光明遍照高貴德王菩薩品十之四 | 首九行碎損 |
| 寒87 | 涅槃之昔 | 初不若言 | 3 | 44 | 光明遍照高貴德王菩薩品十之四 | 首五行碎損 |
| 暑73 | 因我不能 | 爾時若使 | 2 | 36 | 光明遍照高貴德王菩薩品十之四 | |

| | | | | | | |
|---|---|---|---|---|---|---|
| 秋 | 2 | 諸佛 之相 | 義不 果乃 | 2 27 | 光明遍照高貴德王菩薩品十之四 | 首行尾二行碎損 |
| 來 | 78 | 是惡 惡聲 | 耨多 不能 | 3 42 | 光明遍照高貴德王菩薩品十之四 | 尾行碎損 |
| 來 | 82 | 知菩 復次 | 菩提 逸不 | 3 44 | 光明遍照高貴德王菩薩品十之四 | |
| 制 | 26 | 餓鬼 生之 | 一事 生之 | 1 24 | 光明遍照高貴德王菩薩品十之四 | 全卷碎損十一行 |
| 暑 | 45 | 故逸 根故 | 觀諸 尊所 | 3 43 | 光明遍照高貴德王菩薩品十之四 | |
| 盈 | 79 | 根深 逸者 | 之相 菩提 | 13 326 | 光明遍照高貴德王菩薩品十之四 | 首七行尾六行碎損背面有字末有蕃文 |
| 寒 | 85 | 說施 清淨 | 故於 恚癡 | 2 38 | 光明遍照高貴德王菩薩品十之四 | 尾行碎損 |
| 秋 | 11 | 未來 心一 | 妙經 遠離 | 2 33 | 光明遍照高貴德王菩薩品十之四 | 首行碎損 |
| 往 | 58 | 惚害 所有 | 薩摩 何餘 | 2 33 | 光明遍照高貴德王菩薩品十之四 | 尾行碎損 |

| | | | | | | |
|---|---|---|---|---|---|---|
| 往 | 65 | 業謂中表有業受染 | 2 | 36 | 光明遍照高貴德王菩薩品十之四 | 尾行碎損 |
| 往 | 34 | 俱淨世界色阿於世 | 2 | 36 | 光明遍照高貴德王菩薩品十之四 | 首尾碎損各一行 |
| 來 | 65 | 化衆可見我身菩薩 | 2 | 35 | 光明遍照高貴德王菩薩品十之四 | 尾行碎損 |
| 字 | 45 | 大般火亦復次亦不 | 3 | 77 | 光明遍照高貴德王菩薩品十之四 | 全卷碎損二十七行 |
| 往 | 6 | 薩住譬如見一空處 | 3 | 37 | 光明遍照高貴德王菩薩品十之四 | 首尾碎損各一行 |
| 往 | 5 | 眼之是三人見音聲 | 2 | 27 | 光明遍照高貴德王菩薩品十之四 | 首行碎損 |
| 往 | 20 | 有所功德現一廿四 | 2 | 23 | 光明遍照高貴德王菩薩品十之四 | |
| 陽 | 62 | 有百公德百八念六 | 22 | 604 | 光明遍照高貴德王菩薩品十之五至十之六 | 首六行碎損背有字似係大般若經 |
| 往 | 37 | 大般功德爾時念六 | 18 | 535 | 光明遍照高貴德王菩薩品十之五至十之六 | |
| 崑 | 62 | 德王功德亦不廿六 | 21 | 520 | 光明遍照高貴德王菩薩品十之五至十之六 | 首九行碎損 |

北凉譯大般涅槃經

| 千字文字 | 號 | 起 | 止 | 紙數 | 行數 | 品名 | 附記 |
| --- | --- | --- | --- | --- | --- | --- | --- |
| 人 | 48 | 非過生恐 | 无白妙法 | 8 | 165 | 光明遍照高貴德王菩薩品十之五至十之六 | 首十七行尾行碎損 |
| 夜 | 40 | 人共功德 | 心共廿六 | 17 | 465 | 光明遍照高貴德王菩薩品十之五至十之六 | 首行碎損 |
| 辰 | 67 | 之人功德 | 心檢廿六 | 17 | 423 | 光明遍照高貴德王菩薩品十之五至十之六 | 首三行碎損尾有木軸 |
| 光 | 72 | 信而解脫 | 善知廿五 | 17 | 432 | 光明遍照高貴德王菩薩品十之五 | 首三行碎損 |
| 成 | 92 | 市是二目 | 遇嬥其心 | 2 | 30 | 光明遍照高貴德王菩薩品十之五 | 首五行碎損 |
| 始 | 73 | 雖於解脫 | 不思廿五 | 10 | 285 | 光明遍照高貴德王菩薩品十之五 | 首九行碎損 |
| 宿 | 88 | 作空年彼 | 以无却後 | 5 | 104 | 光明遍照高貴德王菩薩品十之五 | 首七行尾行碎損 |
| 收 | 11 | 我實解脫 | 句言廿五 | 6 | 136 | 光明遍照高貴德王菩薩品十之五 | 首四行碎損 |
| 人 | 50 | 者邊解脫 | 五事廿五 | 3 | 73 | 光明遍照高貴德王菩薩品十之五 | 首四行碎損 |
| 鳥 | 71 | 何菩空終 | 菩薩是種 | 1 | 22 | 光明遍照高貴德王菩薩品十之五 | 首行尾二行碎損 |

潛 15 菩薩一切以國成佛 3 157 光明遍照高貴德王菩薩品十之六

首二十三行碎損卷末跋云夫理深

難契非音敎不傳妙果常寂非積行

不階是以佛弟子清信女令狐兒自

惟穢業所招早羅孤苦思慕所天情

無已已遂即減割貧財仰爲亡夫敬

寫大湼槃經一部四十卷法華經一

部十卷大方廣經一部三卷藥師經

一部一卷冀因此福願亡夫神遊淨

鄉歷侍衆聖滄敎悟玄萬惑摧碎又

願亡身現家眷屬宅福人昌七珍滿

藏萬惡氷口衆善
普會一切含生等
同斯願一時成佛
尾有木軸

衣 77 間八貿易 說言說經 2 46 光明遍照高貴德王菩薩品十之六 全卷碎損

河 79 我不佛性 有--十七 18 484 師子吼菩薩品十一之一 師子吼菩薩品十一之二 首二行碎損

芥 99 於十佛性 神大廿八 18 508 師子吼菩薩品十一之一 師子吼菩薩品十一之二 首二行碎損

光 82 作无根却 問吾地獄 18 471 師子吼菩薩品十一之一 首三行碎損 有雜寫一行餘 末

金 5 不然一切 无一衆生 4 76 師子吼菩薩品十一之一 首二行尾行碎損

金 44 與十者誰 故无常宣 5 87 師子吼菩薩品十一之一 首行碎損

辰 80 槃是佛性 果名廿七 15 329 師子吼菩薩品十一之一 首十三行碎損

乃 7 辱牛切字 則无故云 2 28 師子吼菩薩品十一之一 首尾碎損各一行

| | | | | | | | |
|---|---|---|---|---|---|---|---|
| 金 | 14 | 業修切諸 | 蕤三佛性 | 5 | 83 | 師子吼菩薩品十一之一 | 首行碎損 |
| 雲 | 100 | 力歲往一 | 相瞻廿九 | 19 | 541 | 師子吼菩薩品十一之二<br>師子吼菩薩品十一之三 | 首三行碎損 |
| 鹹 | 49 | 壽方欲共 | 相瞻十九 | 21 | 528 | 師子吼菩薩品十一之二<br>師子吼菩薩品十一之三 | 首十七行碎損 |
| 雲 | 25 | 險德人者 | 者名等已 | 6 | 127 | 師子吼菩薩品十一之二<br>師子吼菩薩品十一之三 | 首十六行尾行碎損 |
| 崑 | 33 | 習如名菩 | 相瞻廿九 | 20 | 497 | 師子吼菩薩品十一之二<br>師子吼菩薩品十一之三 | 首十六行碎損<br>尾有木軸 |
| 玉 | 46 | 諸衆樂惠 | 生戒喜滿 | 4 | 114 | 師子吼菩薩品十一之二<br>師子吼菩薩品十一之三 | 首三行碎損 |
| 騰 | 44 | 阿羅者當 | 佛性廿八 | 18 | 428 | 師子吼菩薩品十一之二 | |
| 重 | 63 | 因以者了 | 佛性廿八 | 13 | 356 | 師子吼菩薩品十一之二 | 首五行碎損 |
| 菜 | 6 | 而是如是 | 佛性廿八 | 8 | 186 | 師子吼菩薩品十一之二 | 全卷碎損三十五<br>行 |
| 調 | 66 | 獲善有人 | 如是第卅 | 19 | 509 | 師子吼菩薩品十一之三<br>師子吼菩薩品十一之四 | 首九行碎損 |

北涼譯大般涅槃經

| | | | | | | |
|---|---|---|---|---|---|---|
| 官 23 | 流樹 時須 | 羅三 不疑 | 3 | 60 | 師子吼菩薩品十一之三 師子吼菩薩品十一之四 | 首三行尾行碎損 |
| 收 41 | 喜以 如印 | 請是 相瞻 | 15 | 420 | 師子吼菩薩品十一之三 | 首五行碎損 |
| 雲 27 | 斷煩 子結 | 相瞻 廿九 | 18 | 387 | 師子吼菩薩品十一之三 | 首四行碎損 有木軸 尾 |
| 麗 69 | 歡喜 故三 | 衆生 昧故 | 6 | 150 | 師子吼菩薩品十一之三 | |
| 玉 65 | 爲令 尼故 | 相瞻 廿九 | 8 | 228 | 師子吼菩薩品十一之三 | |
| 鳥 97 | 色中 我色 | 舍那 繁茂 | 4 | 104 | 師子吼菩薩品十一之三 | 首五行碎損 |
| 果 30 | 寶厠 槃銀 | 如是 第卅 | 18 | 512 | 師子吼菩薩品十一之三 | 首四行碎損 |
| 暑 48 | 大般 佛言 | 一切 切處 | 2 | 53 | 師子吼菩薩品十一之四 | 第二紙碎損 |
| 闕 25 | 大般 師子 | 菩提 卅二 | 16 | 445 | 師子吼菩薩品十一之五 師子吼菩薩品十一之六 | |
| 露 86 | 於惡 者不 | 菩提 卅二 | 16 | 395 | 師子吼菩薩品十一之五 師子吼菩薩品十一之六 | 首四行碎損 有木軸 尾 |

| | | | | | | |
|---|---|---|---|---|---|---|
| 昃 | 100 | 服飲多惡 內外智慧 | 2 | 100 | 師子吼菩薩品十一之五 師子吼菩薩品十一之六 | 全卷碎損 |
| 秋 | 27 | 爲衆根力 衆生卅二 | 17 | 464 | 師子吼菩薩品十一之六 迦葉菩薩品十二之一 | 首五行碎損 |
| 洪 | 55 | 次菩心故 等心大故 | 3 | 84 | 師子吼菩薩品十一之六 迦葉菩薩品十二之一 | |
| 藏 | 23 | 作故如是 一切卅三 | 10 | 277 | 師子吼菩薩品十一之六 迦葉菩薩品十二之一 | |
| 重 | 32 | 謂四便食 分聖腹痛 | 6 | 184 | 師子吼菩薩品十一之六 | 首五行碎損 |
| 鹹 | 33 | 名安執著 一行卅四 | 17 | 450 | 迦葉菩薩品十二之一 迦葉菩薩品十二之三 | 首二十四行碎損 |
| 黃 | 40 | 大槃羅漢 善男无所 | 6 | 166 | 迦葉菩薩品十二之一 迦葉菩薩品十二之二 | |
| 收 | 92 | 知是得 知是卅四 | 18 | 483 | 迦葉菩薩品十二之一 | 首三行碎損尾 有木軸 |
| 列 | 61 | 故或乃得 定者卅四 | 18 | 477 | 迦葉菩薩品十二之一 | 首二行碎損 |
| 辰 | 93 | 生於乃得 修集卅四 | 2 | 440 | 迦葉菩薩品十二之一 | 首二十四行碎損 |

第八帙

| | | | | | | | |
|---|---|---|---|---|---|---|---|
| 辰 | 19 | 大般意語 / 善男卅五 | 22 | 496 | 迦葉菩薩品十二之二 / 迦葉菩薩品十二之三 | 首九行碎損　尾 / 有木軸 |
| 珍 | 13 | 中說意語 / 斯陀十五 | 18 | 480 | 迦葉菩薩品十二之二 / 迦葉菩薩品十二之三 | |
| 薑 | 87 | 乃至意語 / 縶縛卅五 | 16 | 448 | 迦葉菩薩品十二之二 / 迦葉菩薩品十二之三 | 首二十行碎損 / 尾有木軸 |
| 日 | 77 | 諸力怨而 / 怖尋當去 | 4 | 103 | 迦葉菩薩品十二之二 | 首四行碎損 |
| 淡 | 35 | 有身卅五 / 人能校竟 | 16 | 364 | 迦葉菩薩品十二之三 | 首五行碎損 |
| 爲 | 85 | 三世佛陀 / 色受卅六 | 22 | 540 | 迦葉菩薩品十二之四 | 首三行碎損　尾 / 有木軸 |
| 李 | 50 | 故是佛陀 / 畏故卅六 | 18 | 498 | 迦葉菩薩品十二之四 | 首六行碎損　尾 / 有木軸 |
| 霜 | 43 | 是人卅六 / 男子校竟 | 15 | 486 | 迦葉菩薩品十二之四 | 首二十四行碎損 / 尾有木軸 |
| 淡 | 3 | 比丘佛陀 / 長老卅六 | 13 | 373 | 迦葉菩薩品十二之四 | |
| 推 | 84 | 何耶者水 / 比丘能觀 | 1 | 30 | 迦葉菩薩品十二之四 | 首尾碎損各五行 |

| | | | | | | | |
|---|---|---|---|---|---|---|---|
| 雲 | 14 | 遍若 若一 | 道法 卅七 | 17 | 436 | 迦葉菩薩品十二之五 迦葉菩薩品十二之六 | 首十三行碎損 尾有木軸 |
| 雲 | 54 | 有戒 足精 | 子譬 亦復 | 13 | 363 | 迦葉菩薩品十二之五 迦葉菩薩品十二之六 | 尾六行碎損 |
| 成 | 89 | 生顛 生於 | 道法 卅七 | 5 | 150 | 迦葉菩薩品十二之五 迦葉菩薩品十二之六 | |
| 岡 | 15 | 煩惱 作受 | 道法 卅七 | 6 | 134 | 迦葉菩薩品十二之五 迦葉菩薩品十二之六 | 首七行碎損 |
| 闕 | 85 | 地无 无常 | 道者 果報 | 5 | 144 | 迦葉菩薩品十二之五 | 首七十行碎損 |
| 人 | 45 | 男子 菩薩 | 外因 无我 | 2 | 28 | 迦葉菩薩品十二之五 | 首行尾二行碎損 |
| 餘 | 71 | 報是 一切 | 愛无 求財 | 1 | 24 | 迦葉菩薩品十二之五 | 首四行尾二行碎損 |
| 稱 | 35 | 薩品 離如 | 親修 從彼 | 13 | 366 | 迦葉菩薩品十二之六 憍陳如品十三之一 | 首四行尾四行碎損 |
| 菜 | 10 | 爲本 安爲 | 意達 卅八 | 16 | 447 | 迦葉菩薩品十二之六 憍陳如品十三之一 | 首五十行碎損 |
| 月 | 24 | 善男 得涅 | 菩薩 讚佛 | 3 | 113 | 迦葉菩薩品十二之六 | |

| | | | | | | | |
|---|---|---|---|---|---|---|---|
| 露 | 71 | 大般 爾時 | 供養 卅九 | 18 | 503 | 憍陳如品十三之一 憍陳如品十三之二 | 首八行碎損 |
| 柰 | 94 | 无我 有二 | 供養 卅九 | 16 | 447 | 憍陳如品十三之一 憍陳如品十三之二 | |
| 辰 | 49 | 善法 二種 | 供養 卅九 | 16 | 354 | 憍陳如品十三之一 憍陳如品十三之二 | 首六行碎損 |
| 律 | 79 | 善法 我若 | 供養 卅九 | 11 | 230 | 憍陳如品十三之一 憍陳如品十三之二 | 首八行碎損 |
| 稱 | 33 | 家修 合猶 | 意答 十八 | 3 | 62 | 憍陳如品十三之一 | 首十一行碎損 |
| 衣 | 88 | 世間 邊无 | 子如 如是 | 1 | 22 | 憍陳如品十三之一 | |
| 盈 | 73 | 經卷 納衣 | 見者 者相 | 16 | 446 | 憍陳如品十三之二 | 首五行碎損 |
| 河 | 35 | 可若 先後 | 漢果 第卅 | 16 | 461 | 憍陳如品十三之二 | 首四行碎損 尾有木軸 |
| 玉 | 75 | 有自 水性 | 跋陁 今云 | 15 | 409 | 憍陳如品十三之二 | 首八行碎損 |
| 成 | 83 | 性瞿 地獄 | 言如 能飲 | 2 | 40 | 憍陳如品十三之二 | 首行尾四行碎損 |

| | | | | | | |
|---|---|---|---|---|---|---|
| 騰 | 19 | 生已已自 | 漢果第卌 | 16 | 442 | 憍陳如品十三之二 | 首七行碎損 |
| 金 | 10 | 常若不是 | 漢果第卌 | 15 | 416 | 憍陳如品十三之二 | 首十六行碎損尾有木軸書法頗佳 |
| 冬 | 22 | 切无當知 | 漢果第卌 | 13 | 398 | 憍陳如品十三之二 | 首七行碎損尾有木軸 |
| 騰 | 46 | 不見非因 | 想非獲得 | 11 | 313 | 憍陳如品十三之二 | 首尾碎損各一行 |
| 爲 | 65 | 絲梵者從 | 漢果第卌 | 13 | 335 | 憍陳如品十三之二 | 首五行碎損 |
| 菜 | 96 | 我今言善 | 无量恆河 | 10 | 300 | 憍陳如品十三之二 | 首二十五行尾十八行碎損 |
| 皇 | 55 | 因思靜觀 | 羅蜜无量 | 2 | 30 | 憍陳如品十三之二 | 首二行尾行碎損 |
| 劍 | 49 | 涅槃如是 | 漢果四十 | 10 | 264 | 憍陳如品十三之二 | 首九行碎損 |

# 大般涅槃經 劉宋慧嚴等再治 三十六卷

| 原號 | 起 | 止 | 紙 | 行 | 品次 | 附記 |
|---|---|---|---|---|---|---|
| 餘36 | 今以丘尼 | 是人大般 | 12 | 345 | 長壽品四名字功德品六 | 首行尾十二行碎損 |
| 月64 | 云何如比 | 那含第四 | 15 | 418 | 四相品七之一 | 首十一行碎損尾有木軸 |
| 日63 | 之秘念憐 | 正法第五 | 19 | 508 | 四相品之餘 | 首二十一行碎損 |
| 官36 | 婢金如是 | 順佛言如 | 2 | 38 | 四依品八邪正品九 | 首尾碎損各三行 |
| 巨6 | 聖諦能作 | 當分幻化 | 12 | 288 | 四諦品十如來性品十二 | 此卷品名從南本文字從北本 |
| 地89 | 頂戴如我 | 涅槃第八 | 20 | 536 | 如來性品十二鳥喩品十四 | 首六行碎損分兩段 |
| 霜14 | 大般迦葉 | 不久第九 | 16 | 446 | 菩薩品十六 | 首三行碎損 |
| 鳥82 | 中亦衆生 | 者信提爾 | 1 | 27 | 一切大衆所問品十七 | |

| | | | | | | |
|---|---|---|---|---|---|---|
| 往 | 13 | 男子故名 其舌常觀 | 1 | 25 | 聖行品十九之一 | |
| 玉 | 43 | 喜外不虛 善男已是 | 3 | 87 | 聖行品十九之一 | |
| 水 | 75 | 有歡相應 外有十二 | 7 | 189 | 聖行品十九之一 | 首七行碎損尾有木軸 |
| 結 | 15 | 復如其後 消如純青 | 4 | 92 | 聖行品十九之一 | 首二行尾七行碎損內有硃筆圈點 |
| 重 | 89 | 異貪其義 異一後以 | 10 | 267 | 聖行品十九之一 | 首十五行碎損 |
| 出 | 39 | 德无悉得 尊如者我 | 3 | 58 | 聖行品之下 | |
| 海 | 66 | 我當於聖 是大十三 | 7 | 180 | 聖行品之下 | 首二行尾六行碎損 |
| 官 | 5 | 唱如偈我 衆生養大 | 2 | 40 | 聖行品之下 | 首行尾二行碎損 |
| 人 | 47 | 偈已十二 我設云何 | 5 | 93 | 聖行品之下 梵行品二十之一 | 首尾碎損各二行 |
| 盈 | 42 | 說十我時 十一調伏 | 16 | 377 | 梵行品二十之一 | 首六行碎損 |

| | | | | | | |
|---|---|---|---|---|---|---|
| 官 | 83 | 言世眞實<br>思惟心能 | 2 | 36 | 梵行品二十之一 | 首三行尾行碎損 |
| 暑 | 79 | 聞慈眠故<br>是聲故眠 | 1 | 24 | 梵行品二十之一 | |
| 藏 | 93 | 信故之藏<br>人之不出 | 1 | 28 | 梵行品之三 | 尾四行碎損 |
| 宇 | 85 | 生是功德<br>次菩廿三 | 13 | 335 | 光明遍照高貴德王菩薩品二十二之三 | 首八行碎損 |
| 爲 | 57 | 趣中嚴淨<br>趣非廿四 | 11 | 308 | 光明遍照高貴德王菩薩品之四 | 末有勘了口三字 |
| 麗 | 71 | 恨亦非婆<br>薩亦大般 | 1 | 27 | 光明遍照高貴德王菩薩品之六 | |
| 出 | 44 | 槃經佛性<br>爾時廿七 | 17 | 477 | 師子吼菩薩品二十三之一 | 首二行碎損尾有木軸 |
| 玉 | 69 | 大般佛性<br>爾時廿七 | 17 | 478 | 師子吼菩薩品二十三之一 | 尾有木軸 |
| 荒 | 18 | 以鈍者及<br>五情薩及 | 4 | 61 | 師子吼菩薩品之五 | 全卷碎損四十九行 |
| 光 | 93 | 戒因菩提<br>戒戒卌二 | 15 | 347 | 師子吼菩薩品之六 | 首九行碎損 |

月 63 家修方佛 城外卅四 9 255 迦葉菩薩品二十四之一 卷中碎損 尾有木軸

衣 76 自事所聞 悉能比丘 2 25 憍陳如品下 首行尾二行碎損

# 大般涅槃經 涼宋兩譯互同

| 原號 | | 起 | 止 | 紙 | 行 | 次品 | 附記 |
|---|---|---|---|---|---|---|---|
| 官 | 52 | 爾時洒地 | 自己第一 | 2 | 42 | 壽命品一 壽命品一之一 | |
| 往 | 85 | 菩薩无上 | 謂六於我 | 1 | 28 | 壽命品一之二 | 首尾碎損前段係涅槃注疏等文 |
| 重 | 19 | 或如故作 | 正定子如 | 1 | 28 | 聖行品七之三 | |
| 劍 | 4 | 一道葉衆 | 淨是道皆 | 3 | 84 | 聖行品七之三 | |
| 崑 | 44 | 各各不淨 | 於此十三 | 1 | 24 | 聖行品七之四 | 首行碎損 尾有木軸 |
| 制 | 90 | 復次繩因 | 色非乃至 | 4 | 91 | 聖行品七之四 | 卷中碎損六行 |
| 龍 | 69 | 受記佛敎 | 多伽脯時 | 1 | 19 | 梵行品八之一 | 首三行碎損 |
| 結 | 14 | 自說上樂 | 尼陀所與 | 6 | 153 | 梵行品八之一 | 首十五行碎損 |

| | | | | | | |
|---|---|---|---|---|---|---|
| 調 | 86 | 有經名爲<br>諸經不聽 | 1 | 25 | 梵行品八之一 | |
| 人 | 9 | 知如義二<br>修精不名 | 2 | 26 | 梵行品八之一 | 首三行尾行碎損 |
| 制 | 92 | 覺不難去<br>是義心難 | 1 | 26 | 梵行品八之一 | 尾行碎損 |
| 麗 | 36 | 求有善逝<br>有如十七 | 4 | 99 | 梵行品八之三<br>梵行品八之四 | |
| 宙 | 27 | 不汚歸依<br>染汚十八 | 19 | 508 | 梵行品八之四<br>梵行品八之五 | 首十一行碎損 |
| 爲 | 21 | 復爲歸依<br>生死十八 | 17 | 460 | 梵行品八之四<br>梵行品八之五 | 首四行碎損 |
| 夜 | 94 | 若常病我<br>貪婬常以 | 1 | 27 | 梵行品八之五 | |
| 位 | 77 | 因緣發大<br>常故及夫 | 1 | 28 | 梵行品八之六 | |
| 人 | 43 | 命耶諸善<br>有常守此 | 2 | 37 | 光明遍照高貴德王菩<br>薩品十之二 | 首二行尾三行碎<br>損 |
| 官 | 4 | 而了以是<br>人能諸衆 | 2 | 38 | 師子吼菩薩品十一之<br>一 | 卷多碎損 |

| | | | | | | | |
|---|---|---|---|---|---|---|---|
| 劍 | 20 | 觀者阿耨 | 者見家有 | 1 | 28 | 師子吼菩薩品十一之 | |
| 水 | 43 | 說一因非 | 是義得故 | 4 | 82 | 師子吼菩薩品十一之 | |
| 人 | 53 | 時諸我說 | 即是名爲 | 2 | 56 | 師子吼菩薩品十一之 | 首三行尾五行碎損 |
| 麗 | 60 | 云何欲令 | 空故諸不 | 4 | 71 | 師子吼菩薩品十一之 | 尾行碎損 |
| 制 | 91 | 非若財物 | 隱老果若 | 2 | 21 | 迦葉菩薩品十二之三 | 首二行尾行碎損 |
| 人 | 17 | 果當又如 | 是念鳥見 | 2 | 36 | 迦葉菩薩品十二之三 | 首尾行碎損 |
| 呂 | 23 | 動迦斯陀 | 陁洹如彼 | 1 | 21 | 迦葉菩薩品十二之四 | 首二行尾五行碎損 |
| 羽 | 88 | 辟支報恩 | 故於因二 | 1 | 23 | 迦葉菩薩品十二之四 | 首三行尾行碎損 |
| 結 | 75 | 諦聽衆生 | 分別經能 | 10 | 252 | 迦葉菩薩品十二之五<br>迦葉菩薩品十二之六 | 首六行尾二行碎損 |
| 重 | 18 | 明不者當 | 惱亦煩惱 | 1 | 28 | 迦葉菩薩品十二之五 | |

| 原號 | | 起 | 止 | 紙 | 行 | 品次 | 附記 |
|---|---|---|---|---|---|---|---|
| 鹹 | 39 | 是修善等 | 道者義迦 | 1 | 25 | 迦葉菩薩品十二之六 | |
| 帝 | 28 | 佛无中我 | 名一常身 | 3 | 84 | 憍陳如品十三之一 | 首八行尾三行碎損 |

## 大般涅槃經後分 唐若那跋陀羅譯 二卷

| 原號 | | 起 | 止 | 紙 | 行 | 品次 | 附記 |
|---|---|---|---|---|---|---|---|
| 柰 | 85 | 大般供養 | 爾時卷上 | 21 | 582 | 憍陳如品餘應盡還源品二 | 全卷碎損 |
| 結 | 91 | 悲喜供養 | 世尊卷上 | 21 | 582 | 憍陳如品餘應盡還源品二 | 首五行碎損 |
| 號 | 43 | 門不供養 | 衆起卌一 | 12 | 330 | 遺教品一應盡還源品二 | 首十九行碎損 |
| 珠 | 63 | 大般即禮 | 爾時而還 | 17 | 458 | 機感茶毗品三 | 首四行碎損 |

# 涅槃經節鈔

| 原號 | 起 | 止 | 紙 | 行 | 附記 |
|---|---|---|---|---|---|
| 洪 29 | 大般 善男 | 足者 定窟 | 25 | 533 | 首三行碎損 尾有木軸 |
| 鱗 11 | 者言 言象 | 墮落 无餘 | 24 | 539 | 中有硃筆圈點 尾有木軸 |
| 薑 73 | 者名 知有 | 不善 處住 | 14 | 219 | 首十行碎損 |
| 鹹 63 | 槃一 三者 | 疾右 病人 | 28 | 755 | 首二行碎損 中有硃筆圈點 |
| 地 20 | 心慧 淨之 | 爲佛 緣故 | 5 | 98 | 首三行碎損 |
| 洪 73 | 本合 法陀 | 佛所 我等 | 9 | 142 | 首六行碎損 |
| 調 38 | 事常 奇世 | 來甚 不變 | 8 | 167 | 首四行碎損 |
| 翔 99 | 草木 下末 | 處而 令所 | 3 | 73 | 首五行碎損 背面有字 |

菜 13 諸正 逝名 如來 耨多 7 161 首二行碎損 中有硃筆圈點

雨 86 知上 故現 猶如 病人 27 572 卷多碎損 中有硃筆圈點

水 56 病有 等諸 滅是 思議 5 137 此係涅槃經文內分兩段全卷碎損

露 63 大般 是言 尾身 漢果 4 70 此卷兩面有字係涅槃經目錄

# 涅槃經疏

| 原號 | 起 | 止 | 紙 | 行 | 附記 |
|---|---|---|---|---|---|
| 地93 | 眼不金剛 | 者不不名 | 12 | 311 | 此卷第二行四字爲金剛身品 |
| 宇60 | 故道第一 | 其生下之 | 16 | 369 | 背面題稻芋隨聽疏 |
| 閏24 | 男子種身 | 佛說知悉 | 32 | 831 | |
| 閏76 | 不成相似 | 男子界而 | 11 | 280 | |
| 閏91 | 應身殊妙 | 佛性非定 | 4 | 110 | |
| 餘46 | 子政蜜正 | 故訖餘无 | 8 | 209 | |
| 致70 | 色亦性懊 | 凡夫无明 | 3 | 73 | 首碎損 |
| 制89 | 中陰喻竟 | 下答敎明 | 3 | 45 | 內有硃點首尾殘缺 |

# 涅槃經義記

| 原號 | 起 | 止 | 紙 | 行 | 附記 |
|---|---|---|---|---|---|
| 雨90 | 万德明知 | 四日敬寫 | 64 | 1512 | 此卷尾題涅槃義記卷第一最後硃筆句讀十尾署大德沙門慧遠法師撰之大隋大業十一年敦煌郡沙門曇枚敬寫又有小字一行爲聖曆元年七月十四日 首十行碎損 |
| 夜10 | 若善性也 | 无善去未 | 3 | 74 | 首碎損卷中殘缺九行 有硃筆句讀 |

摩訶摩耶經 南齊曇景譯 二卷

原號 起 止 紙 行 附記

字65 1 24 首四行碎損
而乃奉行
業无一卷

# 大般涅槃經佛母品

| 原號 | 起 | 止 | 紙 | 行 | 附記 |
| --- | --- | --- | --- | --- | --- |
| 官97 | 衆諸汝與 | 大師母品 | 2 | 44 | 首七行碎損尾題大般涅槃經佛母品殆即摩訶摩耶經之異譯 |
| 霜82 | 道臨難去 | 大師母品 | 2 | 44 | 首七行碎損 |
| 羽15 | 嚴莊其夜 | 大師母經 | 2 | 36 | 首八行碎損 |
| 文99 | 毋見遺人 | 大師母經 | 2 | 31 | 首九行碎損 |
| 月43 | 耶夫嚴嚴 | 大師母品 | 2 | 49 | 此卷與官九十七號霜八十二號經文微有異同因附於後首五行碎損 |

## 大般涅槃經佛爲摩耶夫人說偈品經

原號 起 止 紙 行 附記

歲11 大般涅槃經 爾時恩愛 2 36 此卷首題大般涅槃經佛爲摩耶夫人說偈品經殆即摩訶摩耶經之異譯經文完具

鳥90 三般涅槃經 摧折偈品 2 27 此卷尾題大般涅槃經佛母品而經文即佛爲摩耶夫人說偈品經殆即摩訶摩耶經之異譯

## 中阿含經 東晉僧伽提婆譯 六十卷

| 原號 | 起 | 止 | 紙 | 行 | 附記 |
|---|---|---|---|---|---|
| 黃 88 | 中阿<br>尊與 | 丘尼<br>槃得 | 11 | 309 | 此卷係節錄中阿含經之第十二十三十八<br>諸卷或續或斷內有武周新字 |
| 翔 40 | 是無<br>不退 | 比丘<br>卅六 | 1 | 20 | 此卷係節錄中阿含經之第三十五三十六<br>諸卷或續或斷背面寫有心經一卷 |

## 長阿含經 後秦佛陀耶舍共竺佛念譯 二十二卷

| 原號 | 起 | 止 | 紙 | 行 | 附記 |
|---|---|---|---|---|---|
| 宿 35 | 流離<br>枝馬 | 向東<br>輪王 | 10 | 198 | 此卷係錄長阿含經第四分世記經之閻浮<br>提洲品第一至轉輪聖王品第三首尾不完 |

## 雜阿含經

劉宋求那跋陀羅譯　五十卷

| 原號 | 起 | 止 | 紙 | 行 | 附記 |
|---|---|---|---|---|---|
| 宙23 | 讚曰玉名 | 讚曰窮盡 | 4 | 77 | 此卷錄雜阿含經之第二十三卷首尾不完 |
| 宙42 | 字我定故 | 第一心不 | 9 | 133 | 此卷雜錄雜阿含經大毗婆沙論茲以類附　雜阿含經後內有武周新字 |

## 樓炭經略

| 原號 | 起 | 止 | 紙 | 行 | 附記 |
|---|---|---|---|---|---|
| 潛2 | 里其歲其 | 万里一卷 | 17 | 372 | 尾有木軸 |

## 佛說尸迦羅越六方禮經 後漢安世高譯 一卷

| 原號 | 起 | 止 | 紙 | 行 | 附記 |
| --- | --- | --- | --- | --- | --- |
| 宙 23 | 佛說佛在 | 外來第八 | 3 | 62 | 卷首題尸迦羅越六向拜經 |

## 佛本行集經 隋闍那崛多譯 六十卷

| 原號 | 起 | 止 | 紙 | 行 | 卷品次 | 附記 |
| --- | --- | --- | --- | --- | --- | --- |
| 皇 35 | 佛本佛本 | 死尸家去 | 1 | 26 | 17 捨家出宮品下 | 紙背雜寫十四行 |
| 餘 7 | 見汝爾時 | 病死廿一 | 14 | 376 | 21 王使往還品下 | |
| 乃 71 | 佛本爾時 | 耨多菩提 | 1 | 26 | 31 昔與魔競品三十四 | |

# 佛說太子瑞應本起經 吳支謙譯 二卷

原號 起 止 紙 行 附記

鱗 89 歔志豫憂 15 308 首七行碎損
玄行難乎

昃 35 深微歡喜 14 297 首三行碎損尾有木軸
一力經下

# 佛垂般涅槃略說教誡經

一卷　後秦　鳩摩羅什譯

| 原號 | 起 | 止 | 紙 | 行 | 附記 |
| --- | --- | --- | --- | --- | --- |
| 呂 1 | 佛垂 釋迦 | 不能 其不 | 2 | 54 | |
| 日 96 | 民奴 如避 | 口誨 一卷 | 6 | 143 | |
| 果 68 | 又如 若我 | 口誨 一卷 | 5 | 149 | 首九行碎損 |
| 潛 58 | 犯人 可制 | 竟汝 若在 | 4 | 92 | 首五行尾十二行碎損 |
| 菜 47 | 瞋猶 恕出 | 煩行 一卷 | 4 | 91 | 首三行碎損 |
| 裳 99 | 着懷 慢當 | 能得 者則 | 2 | 31 | 首四行碎損 |

# 佛臨涅槃記法住經

一卷　唐玄奘譯

原號起止紙行附記

騰 14 佛臨奉行 如是住經 4 113 首尾完具

# 正法念處經 七十卷 元魏般若流支譯

| 原號 | 起 | 止 | 紙 | 行 | 品次 | 附記 |
|---|---|---|---|---|---|---|
| 荒57 | 鐵壁身无 | 葉分身則 | 1 | 28 | 生死品之三 | 此是荒五十七號之一段 |
| 月14 | 閻魔汝爲 | 果報第七 | 1 | 26 | 地獄品之三 | 此是月十四號之一段 |
| 珍58 | 正法又彼 | 若生常有 | 1 | 27 | 地獄品之六 | |
| 荒57 | 於城離惡 | 間二世間 | 1 | 28 | 觀天品之四 | 此是荒五十七號之二段 |
| 月14 | 色一故名 | 釋見頌曰 | 1 | 24 | 觀天品之四 | 此是月十四號之二段 |
| 月14 | 天子網以 | 衆生毒害 | 1 | 23 | 觀天品之五 | 此是月十四號之三段 |
| 荒57 | 正法爾時 | 臨欲白天 | 1 | 26 | 觀天品之二十 | 此是荒五十七號之三段 |
| 黃49 | 正法爾時 | 心五山復 | 3 | 77 | 觀天品之二十一 | |

月 14 正法九者 又復重勝 1 26 觀天品之二十三 此是月十四號之四段

李 27 正法寶莊 復次嚴口 1 26 身念處品之六

# 業報差別經 一卷 隋法智譯

原號 起 止 紙行 附記

收 44 爲汝而退 思念別經 14 356 背面卷末題業報差別經一卷尾有木軸

天請問經　一卷　唐玄奘譯

原號　起　止　紙　行

芥　1　天請告曰　2
　　如是生天　28

天請問經疏

原號　起　止　紙　行　附記

黃　19　戒常宮也　12
　　答第一卷　221　前三問答及第四答之疏均缺第四答以下
　　　　　　　　完好

長爪梵志請問經 一卷 唐義淨譯

原號 起 止 紙 行 附記

雲 23 業業爲奉行 3
業業 問經 59 首九行碎損已裂斷

# 佛說无常經 唐義淨譯 一卷

| 原號 | 起 | 止 | 紙行 | 附記 |
|---|---|---|---|---|
| 張 67 | 佛說安樂 | 稽首一卷 | 2 53 | 首尾完具 |
| 餘 92 | 佛說安樂 | 稽首常經 | 2 43 | 首尾完具係從同卷波羅蜜經內分出 |
| 金 74 | 口我三啟 | 千二一卷 | 6 144 | 首四行碎損首尾完具卷首經佛說要行捨身經一卷卷內有硃筆校勘並分出一卷 |
| 始 79 | 佛說安樂 | 稽首一卷 | 3 65 | 卷多碎損首尾完具係從同卷中般若心經內分出 |
| 衣 24 | 佛說經意 | 稽首三啟 | 3 65 | 首八行碎損首尾完具尾題有前後勸乃是尊者馬鳴取經意而集造中是正經金口所說事有三開故云三啟等語 |
| 荒 35 | 定完成啟 | 之功是一 | 3 67 | 首末完具惜全卷碎損 |
| 辰 30 | 情生安樂 | 大捨啟經 | 3 63 | 首行碎損 |

爲 8 稽首爲濟 安樂常經 3 64 首九行碎損

結 54 諸佛之首 安樂一卷 4 65 首十三行碎損卷中又碎損二十三行

裳 77 佛說稽首 无縛受教 1 14 尾三行碎損

推 61 三者修行 安樂一卷 3 63 首十六行碎損卷中又碎損十四行

鳥 76 何苦目世 安樂一卷 3 45 首七行碎損

皇 9 佛說稽首 安樂敢經 3 64 首三十四行碎損

乃 55 給孤世間 莎訶一卷 3 80 首九行碎損尾綴六門陁羅尼經心經各一卷

龍 43 佛說稽首 衆生頌曰 3 36

五无反復經 一卷 劉宋沮渠京聲譯

原號 起 止 紙 行 附記

制 68 佛說而去 2 41 首末完具
聞如一卷

佛說除恐災患經 一卷 西秦聖堅譯

原號 起 止 紙 行

宙 8 力所精舍 15 398
爲務患經

# 雜寶藏經

元魏吉迦夜共曇曜譯 十卷

| 原號 | 起 | 止 | 紙 | 行 | 卷 | 附記 |
| --- | --- | --- | --- | --- | --- | --- |
| 生58 | 問佛法信 | 此天藏卷 | 8 | 177 | 5 | 首十一行尾三行碎損 |
| 藏83 | 不止動地 | 去世證有 | 1 | 28 | | |

新會 陳垣 校錄

## 第九帙

### 梵網經盧舍那佛說菩薩心地法門戒品 後秦鳩摩羅什譯 二卷

| 原號 | 起 | 止 | 紙 | 行 | 附記 |
|---|---|---|---|---|---|
| 宇 71 | 大德羅提 | 誦受一卷 | 6 | 300 | 首十三行碎損　卷首綴菩薩戒序全卷多硃筆校正處 |
| 收 72 | 菩薩諸大 | 切衆如佛 | 16 | 448 | 首四行尾三行碎損第四紙起字跡紙張與前三紙迥殊殆別一人所書後十三紙有硃墨校勘 |
| 黃 8 | 薩戒德優 | 脫說卷下 | 18 | 444 | 首二十一行碎損第四紙起爲別人續書末一紙字體紙質又不同尾綴菩薩安居解夏自恣法六行　此卷內分兩段 |

| | | | | | |
|---|---|---|---|---|---|
| 劍 61 | 失人中說 | 无常網經 | 20 | 403 | 此卷除序文損失數行外經文首尾無缺 |
| 秋 38 | 藏等被縛 | 當尊解脫 | 19 | 484 | 此卷序文上半均碎去尾綴菩薩安居解夏自恣法七行第四紙起紙質字體迥異前三紙經文亦重出十七行 |
| 閏 34 | 菩薩垢罪 | 諸大戒經 | 13 | 316 | 首七行碎損卷首綴序文及受戒時偈言等 |
| 稱 61 | 菩薩一棺 | 諸大而作 | 7 | 62 | 卷首綴序文 |
| 劍 14 | 菩薩歎慾 | 諸大慾業 | 2 | 53 | 卷首綴序文 |
| 皇 81 | 梵網一切 | 諸大署說 | 2 | 44 | 卷首綴序文 |
| 服 74 | 菩薩眠縱 | 諸大空過 | 1 | 17 | |
| 菜 70 | 經口鬼神 | 諸大已生 | 6 | 161 | 全卷碎損卷首綴序文此爲梵網經卷下我今盧舍那偈言前尚有經文爲他卷所無 |
| 淡 83 | 諸大罪若 | 歷當垢罪 | 5 | 118 | 全卷碎損卷首綴序文第四紙起字體紙質與前迥殊有硃筆句讀 |

| | | | | | | |
|---|---|---|---|---|---|---|
| 生 | 70 | 梵網 / 諸大 | 反更 / 夷罪 | 3 | 74 | 卷首綴序文卷中有硃筆校勘處 |
| 露 | 10 | 當知 / 諸大 | 諸因 / 見見 | 4 | 71 | 全卷碎損首綴序文 |
| 推 | 93 | 諸大 / 於像 | 戒嚴 / 成佛 | 1 | 46 | 首五行碎損卷首綴序文及受戒時偈言等 |
| 始 | 59 | 優婆 / 應當 | 說我 / 地法 | 2 | 38 | 尾四行碎損卷首綴序文 |
| 茱 | 61 | 爾時 / 可說 | 十无 / 清淨 | 2 | 44 | |
| 崑 | 73 | 赫赫 / 議光 | 吾今 / 切衆 | 2 | 35 | 尾行碎損卷中師子座作天子座 |
| 菜 | 23 | 品而 / 我上 | 當爲 / 戒本 | 2 | 37 | |
| 皇 | 74 | 生次 / 誦一 | 提菩 / 人說 | 1 | 29 | |
| 荒 | 26 | 受持 / 波羅 | 豆三 / 子繩 | 9 | 249 | 全卷碎損卷中有硃筆校勘處 |
| 宇 | 78 | 赫赫 / 法門 | 中說 / 戒品 | 20 | 395 | 首六行碎損 |

| | | | | | | |
|---|---|---|---|---|---|---|
| 宿 | 19 | 法門戒藏 | 次第成佛 | | 46 | 首二十三行碎損 |
| 官 | 21 | 心地□釋 | 二无提樹 | 1 | 23 | 尾二行碎損 |
| 呂 | 49 | 王座救護 | 說時度衆 | 8 | 207 | 首六行尾一行碎損 |
| 呂 | 29 | 我今受持 | 百憶一卷 | 25 | 438 | 全卷碎損 |
| 調 | 23 | 我是明三 | 心者戴菩 | 19 | 426 | 首二行尾六行碎損卷中有硃筆句讀 |
| 昃 | 8 | 佛告□軍 | 薩戒垢罪 | 6 | 118 | 全卷碎損 |
| 出 | 51 | 有便夷罪 | 主夷□他 | 2 | 27 | 全卷碎損卷後裱有僧惠通上都僧統牒六行書大順三年正月按大順爲唐昭宗年號祇有二年大順三年正月丙午朔改元景福邊鄙或尙未奉到勅書歟 |
| 推 | 100 | 我是奉持 | 即入切惡 | 5 | 132 | 首二十一行尾七行碎損全卷硃筆句讀 |
| 調 | 69 | 言不謗佛 | 衆生信心 | 2 | 33 | 全卷碎損 |

| | | | | | | |
|---|---|---|---|---|---|---|
| 露 | 8 | 衆生佛法 | 見那坐者 | 11 | 279 | 全卷碎損 |
| 辰 | 13 | 一切者闍 | 明達受持 | 12 | 305 | 首三行碎損 |
| 位 | 6 | 若佛菩薩 | 罪過夷罪 | 1 | 22 | |
| 淡 | 27 | 若佛田中 | 罪過子病 | 4 | 76 | 首十行碎損 |
| 閏 | 58 | 瞋不佛道 | 若佛一卷 | 16 | 360 | 卷末綴七佛偈卷後裱有疏文曰　乾元寺請　何僧正和尙　疏　汜判官　慶通　右仝月十五日就弊居奉爲故慈母娘子　百辰追念依時早赴　謹疏　建元年四月　十三日哀子弟子從都頭守壽昌縣令 |
| 潛 | 86 | 是菩若故 | 若佛垢罪 | 5 | 121 | 首七行碎損 |
| 河 | 94 | 菩薩聽者 | 若佛心心 | 13 | 349 | 首五行尾一行碎損 |
| 辰 | 28 | 善學垢罪 | 一犯門戰 | 3 | 53 | 卷多碎損 |

| | | | | | | |
|---|---|---|---|---|---|---|
| 裳 | 87 | 趣十一切 | 戒而垢罪 | 1 | 28 | 首四行碎損 |
| 調 | 61 | 順心羅夷 | 酒何教人 | 1 | 24 | 首二行碎損 |
| 麗 | 26 | 若佛過酒 | 戒律他人 | 3 | 75 | |
| 致 | 50 | 飲酒若佛 | 垢罪而受 | 1 | 25 | 首尾碎損各一行 |
| 露 | 65 | 興藻犯輕 | 廣明喜躍 | 12 | 324 | 卷多碎損躍他本作踊全卷補綴處有硃筆 |
| 騰 | 53 | 神救已孝 | 應當廣解 | 6 | 159 | 首十五行碎損 |
| 珠 | 16 | 渠是輕垢 | 是法世間 | 14 | 358 | 卷多碎損尾綴七佛偈 |
| 收 | 64 | 犯輕應教 | 本逕音聲 | 7 | 189 | 首三十一行尾二行碎損 |
| 荒 | 2 | 受諸悉至 | 中說卷下 | 11 | 312 | 卷後有天復六年丙寅歲十一月廿日接表布戒全還永惠記二十一字按天復六年即天祐三年 |

| 號 | 起 | 止 | 紙數 | 行數 | 附記 |
|---|---|---|---|---|---|
| 致32 | 心背誦戒 | 持二理佛 | 2 | 50 | 首一行尾五行碎損全卷有硃筆句讀 |
| 鹹62 | 不能安居 | 瞋恨恆清 | 12 | 311 | 尾綴安居解夏自恣法四行未全全卷有硃筆句讀 |
| 辰25 | 云具頂戴 | 乃至受持 | 12 | 315 | 卷背紙尾有蕃字四行 |
| 稱90 | 薩乃迷被 | 畜刀脫說 | 11 | 300 | 尾綴安居解夏自恣法卷中有硃筆校勘 |
| 重10 | 山林受持 | 門戰一卷 | 11 | 304 | 首十六行碎損紙背接縫處多署智海二字殆持戒僧 |
| 秋18 | 若佛中說 | 具及網經 | 11 | 310 | 首五行尾七行碎損 |
| 致29 | 爲惡一七 | 孝順年要 | 2 | 39 | 首四行尾二行碎損全卷有硃筆句讀及校勘 |
| 致1 | 見世佛菩 | 敎化受戒 | 1 | 24 | 卷多碎損 |
| 鱗82 | 牲畜垢罪 | 无量人家 | 8 | 205 | 首五行碎損卷中又碎損三十六行 |
| 調22 | 相得升應 | 得佛長養 | 2 | 57 | 首行碎損此卷與致二十九號相銜接亦有硃筆句讀及校勘 |

| | | | | | | |
|---|---|---|---|---|---|---|
| 玉 | 23 | 輕垢若佛 | 布薩卷下 | 6 | 287 | 首十六行尾十七行碎損尾綴七佛偈 |
| 水 | 36 | 菩薩像前 | 安居錫杖 | 4 | 104 | 尾行碎損 |
| 李 | 45 | 問者若佛 | 者犯小斗 | 2 | 36 | 全卷碎損 |
| 河 | 6 | 外道因緣 | 佛道卷下 | 10 | 248 | 首十一行碎損 |
| 鳥 | 22 | 若佛養屬 | 受持一卷 | 10 | 227 | 首七十六行碎損 |
| 爲 | 51 | 受請聖人 | 若王丘尼 | 7 | 179 | 首五行尾一行碎損 |
| 騰 | 18 | 无別垢罪 | 脫說網經 | 8 | 194 | 首三行碎損尾綴安居解夏自恣法 |
| 字 | 81 | 藥蛇輕垢 | 如鳥薩誦 | 2 | 66 | 首八行碎損 |
| 調 | 52 | 佛言切悉 | 脫說一卷 | 7 | 188 | 尾綴安居解夏自恣法 |
| 出 | 17 | 心犯爲自 | 心視遍身 | 1 | 30 | 全卷碎損 |

| | | | | | |
|---|---|---|---|---|---|
| 荣72 | 若佛 官形 | 破法 垢罪 | 8 | 147 | 首六行碎損 |
| 陽25 | 猫狸 若佛 | 二翼 應誦 | 2 | 55 | 尾二行碎損 |
| 海35 | 猫狸 若佛 | 人若 我佛 | 3 | 63 | 尾五行碎損 |
| 盈83 | 敎化 一切 | 佛戒 垢罪 | 7 | 165 | 首三十三行碎損全卷有硃筆句讀紙背補綴紙上有蕃字及翹羽神像 |
| 珍4 | 若佛 在有 | 佛道 戒經 | 8 | 200 | 全卷碎損尾綴七佛偈 |
| 淡62 | 以此 三世 | 恣迷 脫說 | 6 | 157 | 尾綴安居解夏自恣法有墨筆校勘 |
| 河15 | 鏤千 宅園 | 佛道 念常 | 7 | 157 | 尾三行碎損尾綴七佛偈 |
| 宇67 | 不以 願寧 | 恣迷 脫說 | 6 | 150 | 全卷上端爲火焚去尾綴安居解夏自恣法 |
| 黃25 | 不以 復作 | 受持 卷下 | 6 | 148 | 首八行碎損 |
| 金95 | 水囊 薩形 | 喜踊 一卷 | 6 | 126 | 尾十三行碎損 |

| | | | | | |
|---|---|---|---|---|---|
| 列 | 83 | 爐灑受持佛像一卷 | 5 | 132 | 首行碎損 |
| 陽 | 23 | 是二垢罪若布廣說 | 1 | 31 | 首三行碎損 |
| 水 | 83 | 老若形像佛法四十 | 2 | 38 | 首尾碎損各一行 |
| 河 | 44 | 應立中說律若卷下 | 4 | 112 | 首九行碎損 |
| 雲 | 97 | 佛言遮而子大乘經 | 1 | 28 | |
| 潛 | 22 | 着衣無心皆應於是 | 2 | 33 | 首五行碎損 |
| 水 | 68 | 佛須解說要見生化 | 3 | 66 | |
| 調 | 90 | 律若大衆性長世界 | 3 | 75 | 尾二行碎損與雲九十七號緊接 |
| 鱗 | 66 | 惡人受持若佛戒卷 | 2 | 53 | 全卷碎損 |
| 寒 | 6 | 一切喜踊見犯受持 | 2 | 47 | |

人 24 犯輕布薩 2 55 尾綴七佛偈
若佛戒經

海 6 兵事受持 1 29 尾七行碎損
走使薩戒

調 78 下十安隱 3 53 首二行尾四行碎損卷尾有持齋十利益
受持意怛

收 4 梵網頗爲 1 10 首題梵網經記卷上並序第二行題北京石
北京亡矣 壁沙門傳奧述首四行有硃筆圈點背面有
至道元年十一月二十四日靈圖寺寄住等語

# 梵網經菩薩戒義

原號 起 止 紙 行 附記

菜 78 他嬌失四 24 430 首百二十六行碎損
乃敎豈怯

# 佛藏經

後秦鳩摩羅什譯 三卷

| 原號 | | 起 | 止 | 紙 | 行 | 品次 |
| --- | --- | --- | --- | --- | --- | --- |
| 地 | 66 | 佛藏佛告 | 生活第二 | 15 | 419 | 淨戒品五 |
| 闕 | 92 | 利心何等 | 口之第三 | 24 | 583 | 往古品七 |
| 收 | 100 | 佛藏佛告 | 謂得那含 | 7 | 202 | 了戒品九 |
| 收 | 2 | 阿羅三學 | 佛語第四 | 6 | 172 | 了戒品九 |
| 鳥 | 36 | 非佛法故 | 人爲豫見 | 2 | 36 | |

附記

首十五行碎損

此卷第五紙題曰佛藏經往古品第七末題佛藏經卷第三

本卷經文緊接收字百號

全卷碎損

## 優婆塞戒經 七卷 北涼曇無讖譯

原號 起 止 紙 行 品次 附記

鳥 48 是優不取 優婆切業 1 25 淨戒品十五 涼譯七卷此卷尾題曰優婆塞戒經卷第十一 首尾殘缺

水 57 此觀所止 戒起十一 4 86

## 佛說文殊悔過經 一卷 西晉竺法護譯

原號 起 止 紙 行

重 17 法忍族姓 閉結十四 6 88

**菩薩戒羯磨文** 唐玄奘譯 一卷

原號　起　止　紙　行　附記

**出**61　頭謝自沽　書經持不　2　40　首六行殘缺

**菩薩羯磨戒文** 後秦鳩摩羅什誦法慧融集 一卷

原號　起　止　紙　行　附記

**金**100　收了口循　唱云過命　3　84　第廿三行題菩薩羯磨戒文最後一段題鳩摩羅什法師誦法慧融集

## 菩薩布薩法

| 原號 | 起 | 止 | 紙 | 行 |
|---|---|---|---|---|
| 龍68 | 持戒入矖 | 清淨莎訶 | 4 | 97 |

## 佛說善信菩薩二十四戒經

| 原號 | 起 | 止 | 紙 | 行 | 附記 |
|---|---|---|---|---|---|
| 辰48 | 佛說而去 | 佛說一卷 | 4 | 78 | 首行題佛說善信菩薩戒經第二行題佛說善信菩薩二十四戒經尾題善信菩薩戒經一卷背面有字尾題佛說菩薩廿四戒經卷比丘惠眞於甘州修多寺寫 |
| 官51 | 於瞋名善 | 七佛然不 | 1 | 29 | 第五行題菩薩二十四戒　尾殘缺 |

## 菩薩戒

原號　起　止　紙　行　附記

歲　40　欲作二攝　不來三歸　3　58　首尾碎損

衣　35　其弟敬禮　无愛而去　9　158　第七紙碎

## 菩薩戒義

原號　起　止　紙　行

爲　14　得如者財　物故者親　11　238

# 菩薩戒大科

原號　起　止　紙行附記

藏74　菩薩九戒　1　25　背面有字
將移九戒

# 四分律

後秦佛陀耶舍共竺佛念等譯　六十卷

| 原號 | | 起 | 止 | 紙 | 行 | 卷次 | 品次 | 附記 |
|---|---|---|---|---|---|---|---|---|
| 官 | 13 | 若聞聞共 | 法謗波羅 | 1 | 29 | 4 | 十三僧殘法之三 | 尾行碎損 |
| 爲 | 67 | 義如三衣 | 衣突宿明 | 1 | 28 | 6 | 三十捨墮法之一 | |
| 皇 | 4 | 四分爾時 | 說若提如 | 1 | 26 | 10 | 三十捨墮法之一 | 尾四行碎損 |
| 芥 | 24 | 金報得刹 | 死陶人僧 | 3 | 76 | 11 | 九十單提法之一 | 首行碎損 |
| 光 | 35 | 四分爾時 | 丘尼敎差 | 1 | 26 | 12 | 九十單提法之二 | 尾五行碎損 |
| 暑 | 5 | 我知非鄣 | 犯者十波 | 50 | 1024 | 17<br>19 | 九十單提法之七<br>九十單提法之九 | 首三行尾五行碎損 |
| 秋 | 32 | 四分爾時 | 二分第六 | 9 | 306 | 26<br>27 | 一百七十八單提法之三<br>一百七十八單提法之四 | 有武周新字 |

菜　22　尼律爾時　第五卅張　30　743　26　28　一百七十八單提法之三　卷尾寫用紙卅張

一百七十八單提法之五

閏　39　時諸口便　第二七分　9　213　27　28　一百七十八單提法之四　首六行碎損卷中碎損十六行此卷

一百七十八單提法之五　緊接秋三十二號紙色字體皆同亦

有武周新字

珍　22　尼律爾時　逸提所所　26　649　29　31　一百七十八單提法之六

一百七十八單提法之七

珍　53　取洗提比　者或者最　4　100　31　一百七十八單提法之七　此卷緊接珍二十二號

光　21　初來爾時　第七二張　2　37　31　一百七十八單提法之七　卷尾寫用紙卅二張此卷緊接珍五

十三號

| | | | | | | | | |
|---|---|---|---|---|---|---|---|---|
| 陽 | 60 | 已便　第九 | 火所　廿張 | 18 | 450 | 32 33 | 受戒犍度之二 受戒犍度之三 | 首五行碎損卷尾 寫用紙廿張 |
| 芥 | 11 | 第二　說戒 | 爾時　十四 | 26 | 706 | 35 | 受戒犍度之五 | |
| 光 | 30 | 衆僧　戒備 | 六奇　依能 | 1 | 25 | 36 | 說戒犍度下 | |
| 官 | 34 | 佛言　以草 | 衣時　若氍 | 2 | 51 | 41 | 衣犍度之三 | 九行碎損 |
| 黃 | 48 | 四分　是持 | 爾時　度初 | 21 | 586 | 44 | 衣犍度之三 | 此卷分兩段 |
| 冬 | 9 | 非法　羯磨 | 羯磨　責羯 | 1 | 29 | 44 | 瞻波犍度十 | |
| 帝 | 78 | 我與　時有 | 便行　乂摩 | 1 | 25 | 55 | 調部之一 | |
| 果 | 79 | 不知　若休 | 星五　道有 | 1 | 21 | 59 | 毗尼增一之三 | |
| 海 | 49 | 阿含　姓出 | 若遣　佛故 | 1 | 29 | 60 | 毗尼增一之四 | |
| 光 | 9 | 相受　尼學 | 法如　了了 | 1 | 22 | 60 | 毗尼增一之四 | |

# 四分律比丘戒本 後秦佛陀耶舍譯 一卷

| 原號 | 起 | 止 | 紙 | 行 | 附記 |
|---|---|---|---|---|---|
| 岡 69 | 四分稽首 | 逸成者波 | 18 | 401 | 尾二行損二字 |
| 月 5 | 四分稽首 | 食故逸提 | 13 | 266 | |
| 海 28 | 稽本戒首 | 佛道一卷 | 9 | 274 | 首二十行碎損　尾有蕃文六行　此卷分二截 |
| 闕 36 | 四分稽首 | 丘有提若 | 7 | 187 | |
| 制 63 | 稽分如首 | 丘比丘比 | 2 | 61 | 首五行碎損 |
| 呂 98 | 稽首戒如 | 進循僧迦 | 2 | 45 | |
| 河 89 | 四分稽首 | 如是之若 | 1 | 18 | 首十一行碎損 |
| 生 46 | 稽分戒首 | 乃至說是 | 2 | 21 | |

| | | | | | |
|---|---|---|---|---|---|
| 洪 | 54 | 及法逸提 戒如不舍 | 7 | 170 | 首六行碎損 |
| 稱 | 2 | 无演是持 欲涯中來 | 7 | 172 | 首二行碎損 |
| 來 | 54 | 四分受衣 稽首逸提 | 6 | 166 | 首六行碎損 |
| 崑 | 29 | 稽首說說 如如說若 | 5 | 138 | 首七行碎損 |
| 龍 | 14 | 諸佛優婆 无如定法 | 4 | 112 | 首十七行碎損 |
| 文 | 14 | 及无汚他 毗四見亦 | 4 | 103 | 首九行碎損 |
| 盈 | 51 | 令政悔過 欲除如是 | 9 | 225 | 首九行碎損 |
| 昃 | 29 | 若是提逸 入比逸提 | 10 | 203 | 首二行尾十行碎損 |
| 洪 | 4 | 及末佛道 大清一卷 | 18 | 428 | 首四行碎損 |
| 寒 | 47 | 堪有瞋恚 若生丘欲 | 3 | 44 | 首八行碎損 |

| | | | | | |
|---|---|---|---|---|---|
| 龍99 | 我大恐懼 | 應即比諸 | 6 | 143 | 首四行碎損 |
| 出31 | 諸大伽婆 | 善思尸沙 | 3 | 72 | |
| 洪24 | 世間逸提 | 一切逸提 | 10 | 273 | 首十行尾三行碎損 |
| 河86 | 自知尸沙 | 若有若爲 | 2 | 31 | 首十行碎損 |
| 張32 | 罪罪我知 | 求故逸提 | 8 | 222 | 首十五行碎損 |
| 歲42 | 若比薩竟 | 犯不佛道 | 21 | 579 | 首行碎損卷中又碎損十三行 |
| 成7 | 至丘功德 | 若共一卷 | 17 | 406 | 首四行碎損 |
| 調74 | 是比佛道 | 取法一卷 | 9 | 287 | 背有天福八年癸卯歲等語 |
| 文62 | 行乃樂欲 | 若比如水 | 2 | 55 | 首三行碎損 |
| 昃27 | 德清呵所 | 衆中過法 | 15 | 386 | 首二十七行碎損 |

| | | | | | | |
|---|---|---|---|---|---|---|
| 潛 | 61 | 大德 思念 | 已應 廿衆 | 5 | 120 | 首十五行碎損 |
| 辰 | 95 | 種作 若方 | 逸提 有疑 | 5 | 185 | 首行碎損 |
| 律 | 43 | 髮伽 蝹意 | 是法 三中 | 4 | 89 | 首十二行碎損卷中又碎損十六行 |
| 芥 | 14 | 婆伽 觸若 | 諫此 丘令 | 12 | 326 | 首廿二行碎損卷中又碎損十一行 |
| 鹹 | 11 | 向丘 語異 | 居士 足受 | 4 | 94 | 首六行碎損 |
| 芥 | 72 | 此事 若比 | 逸提 餘時 | 3 | 54 | |
| 服 | 72 | 方便 持不 | 有怖 者諸 | 1 | 27 | 首二行碎損 |
| 稱 | 52 | 德比 說我 | 佛道 戒本 | 15 | 445 | |
| 制 | 24 | 我語 是我 | 得我 逸衣 | 4 | 111 | 首三行碎損 背有疏文三十二行 |
| 鳥 | 86 | 尸沙 諫是 | 作是 逸提 | 9 | 182 | 尾十八行碎損卷中又碎損九行 |

| | | | | | | |
|---|---|---|---|---|---|---|
| 衣 | 66 | 痴有 報丘 | 者足 薩老 | 2 | 52 | 尾十三行碎損卷中碎損十一行 |
| 地 | 62 | 等忍 語比 | 佛道 戒本 | 19 | 466 | 首十九行碎損　背面雜寫疏文二節 |
| 珍 | 15 | 若應 自僧 | 佛道 寺書 | 19 | 396 | 首十六行尾五行碎損　尾署七年十月廿日比丘日定於大雲寺書 |
| 羽 | 36 | 懺轉 三諫 | 一道 日卷 | 17 | 462 | 首五行碎損卷中又碎損六行　尾署貞觀四年長安普仁寺主惠宗受持等語 |
| 致 | 21 | 若比 非法 | 滅盡 涅槃 | 14 | 370 | 首五行尾八行碎損 |
| 河 | 58 | 若比 衣異 | 一道 日卷 | 15 | 406 | |
| 成 | 17 | 諸大 若比 | 逸二 手逸 | 8 | 241 | 首十一行尾七行碎損卷中又碎損十六行 |
| 李 | 36 | 若比 薩者 | 戒本 一卷 | 17 | 387 | 首四行碎損　尾有佛說犯戒罪報輕重經一卷十一字 |
| 珍 | 32 | 丘比 作是 | 逸新 不捨 | 1 | 34 | 首九行尾四行碎損 |
| 劍 | 3 | 言我 善若 | 逸提 長佛 | 9 | 211 | 首四行碎損 |

| | | | | | | |
|---|---|---|---|---|---|---|
| 鱗 | 28 | 衣若當學 | 若比當學 | 14 | 336 | |
| 果 | 70 | 若衣三不 | 先不如持 | 8 | 187 | 首二行碎損 |
| 潛 | 4 | 故更三十 | 若比過受 | 4 | 85 | |
| 珍 | 80 | 若更衣者 | 著比逸提 | 1 | 24 | 首行碎損 |
| 皇 | 95 | 若比衣置 | 若比薩耆 | 1 | 30 | 卷首倒粘殘律四行爲第廿五廿七廿八波逸提文 |
| 龍 | 36 | 比若道行 | 比若如是 | 2 | 45 | 尾八行碎損 |
| 果 | 94 | 若比當學 | 若比當學 | 12 | 304 | 尾七行碎損　卷後雜寫戒本偈言 |
| 芥 | 21 | 色壞丘在 | 羊毛藍外 | 9 | 249 | 首二十二行碎損卷中又碎損九行 |
| 宇 | 69 | 是處五大 | 過者答作 | 7 | 217 | 首一行尾六行碎損　卷尾附律中小鈔二十餘行 |
| 夜 | 70 | 諸大床人 | 大德逸若 | 1 | 30 | 尾行碎損 |

| | | | | | |
|---|---|---|---|---|---|
| 夜 | 44 | 若比 者波 | 逸提 乃至 | 1 19 | 尾行碎損 |
| 光 | 57 | 若比 波逸 | 逸提 逸提 | 1 31 | |
| 位 | 12 | 若比 若比 | 彼滿 逸不 | 1 24 | 尾二行碎損 |
| 光 | 43 | 若比 若比 | 比比 諫再 | 1 31 | 尾五行碎損 |
| 珍 | 86 | 世謗 比世 | 逸時 磨提 | 2 30 | 首四行尾一行碎損 |
| 陽 | 18 | 給所 若比 | 當學 當學 | 5 113 | 紙背雜寫各讚 |
| 官 | 57 | 彌世 被比 | 衣量 三不 | 1 31 | |
| 果 | 63 | 親如 若厚 | 手若 逸提 | 1 25 | 首行碎損 |
| 地 | 91 | 若若 逸自 | 佛之 分施 | 7 180 | 首十行尾三行碎損 |
| 果 | 31 | 若比 四礫 | 應向 爲我 | 2 21 | |

| | | | | | |
|---|---|---|---|---|---|
| 霜34 | 二礫愛沙 | 若比薩女 | 6 | 166 | 尾七行碎損 背 卷尾有金剛經十行橫粘紙 |
| 出86 | 若過功說 | 若比本德 | 7 | 192 | 首四行尾廿五行碎損卷中又碎損十七行 |
| 果61 | 今向當學 | 若比當學 | 1 | 23 | 首行碎損 |
| 黃34 | 諸大人語 | 諸大覆地 | 4 | 112 | |
| 日72 | 不得當學 | 不得當學 | 3 | 93 | |
| 李49 | 不得當學 | 不得作學 | 1 | 32 | 首尾碎損各一行 |
| 光92 | 不得地學 | 不得佛學 | 1 | 26 | 尾二行碎損 |
| 光99 | 若比佛道 | 應與一卷 | 2 | 50 | |
| 洪65 | 學應四種 | 諸說時藥 | 4 | 103 | 首十行碎損 卷尾綴律中小鈔一卷訖授藥法藥有四種一時藥等語 |
| 宿6 | 此是一卷 | 譬如寫了 | 2 | 30 | 尾署乾元二年四月廿日龍興寺僧靜深寫了 |

# 四分比丘尼戒本 一卷 後秦佛陀耶舍譯

| 原號 | | 起 | 止 | 紙 | 行 | 附記 |
|---|---|---|---|---|---|---|
| 珍 | 33 | 譬死逸提 | 數方戒者 | 14 | 341 | 首八行尾二行碎損 |
| 劍 | 51 | 三僧受時 | 若和逸提 | 3 | 125 | 首四行碎損 |
| 乃 | 60 | 語諫逸提 | 比莫逸提 | 3 | 67 | 首尾碎損各二行卷中又碎損四行 |
| 金 | 40 | 若比過法 | 若比尼犯 | 6 | 169 | 首三行碎損 |
| 推 | 71 | 佛塔合應 | 不繞出家 | 3 | 57 | 首二行尾八行破碎 |
| 宿 | 28 | 者我大尼 | 姊汝三姊 | 1 | 18 | 尾行碎損 |
| 盈 | 90 | 若比佛道 | 敎不戒本 | 22 | 718 | |
| 收 | 3 | 是如佛道 | 乃故戒本 | 26 | 606 | 全卷碎損僅卷尾完好 |

地 14 若比 後於 逸提 喜罵 14 402 首行碎損

淡 77 所盜 國汝 僧布 生皆 26 724 首行尾七行碎損卷中碎損九行

河 17 身布 爾乃 起時 欲須 14 312 首八行碎損卷中又碎損廿七行卷首有諸偈文卷背有唐律疏卷第二名例

陽 65 事故 諸大 授提 足提 22 407 首二行尾二行碎損卷中又碎損七十行紙背有無名經疏五紙

乃 63 主人 若比 逸提 逸提 3 59 首行碎損

岡 81 去家 有去 提提 名於 3 57 首二十八行尾一行碎損

出 72 若比 別莫 逸提 逸提 6 146 首二十五行尾二行碎損

河 90 四分 稽首 尸不 有恚 5 128

服 9 亦見 言大 尸不 語沙 2 37 首十三行尾三行碎損

河 92 牟說 善牟 佛道 戒本 26 706 首三行碎損

| | | | | | | |
|---|---|---|---|---|---|---|
| 列 | 37 | 摩身 諸大 | 佛道 分戒 | 7 | 126 | 卷中衆學戒中應當學悉作式乂迦羅尼 |
| 服 | 15 | 若比 捨僧 | 薩薩 丘比 | 2 | 23 | 全卷碎損 |
| 寒 | 100 | 如寶 三十 | 戒道 秘本 | 23 | 608 | 首十五行碎損　卷尾署比丘常秘寫 |
| 翔 | 58 | 比若 是說 | 逸波 逸提 | 2 | 33 | 全卷碎損 |
| 宿 | 20 | 若比 說言 | 羅尼 羅尼 | 2 | 47 | 卷中應當學三字均作式乂迦羅尼 |
| 宿 | 13 | 不得 不得 | 羅尼 羅尼 | 2 | 46 | 卷中應當學三字均作式乂迦羅尼 |
| 宿 | 11 | 犯初 若比 | 尸沙 覆罪 | 3 | 51 | |
| 宿 | 33 | 若比 若比 | 逸提 丘尼 | 2 | 33 | |
| 黃 | 14 | 經問 若比 | 問提 尼提 | 5 | 134 | 尾二行碎損 |
| 劍 | 72 | 如亦 如亦 | 佛經 戒本 | 26 | 674 | 首十六行碎損 |

| | | | | | | |
|---|---|---|---|---|---|---|
| 宿 | 14 | 比丘世尊 | 聽法逸提 | 1 | 17 | |
| 辰 | 47 | 三法若比 | 戒道戒本 | 18 | 467 | 卷尾綴戒意二字 |
| 月 | 11 | 四分稽首 | 逸提出去 | 14 | 342 | 尾十六行碎損 |
| 宿 | 17 | 若比若比 | 逸提法彼 | 4 | 66 | |
| 宿 | 25 | 若比若比 | 言大過法 | 1 | 23 | |
| 皇 | 61 | 捨僧若比 | 有增諫尼 | 1 | 27 | 尾行碎損 |
| 服 | 50 | 不當搏得 | 毗尼熾盛 | 5 | 107 | 首尾碎損各二行 |
| 寒 | 39 | 若提若比 | 枝楊枝陽 | 5 | 133 | 首九行尾廿行碎損 |
| 罔 | 52 | 若比若比 | 逸提逸提 | 9 | 299 | 尾行碎損 |
| 霜 | 93 | 物物尼種 | 羅尼羅尼 | 15 | 350 | 首廿一行尾三行碎損 卷中應當學三字均作式乂迦羅尼 |

| | | | | | | |
|---|---|---|---|---|---|---|
| 冬 93 | 尼犯若比 | 逸衆逸十 | 9 | 262 | 首二十二行碎損 |
| 麗 41 | 波共若羅 | 尼沙作聽 | 4 | 114 | 首十行尾一行碎損 |
| 霜 95 | 汙汚若若 | 令廣一食 | 7 | 158 | 首五十行碎損 |
| 麗 68 | 若比言汝 | 不得伎所 | 3 | 71 | 首一行尾二行碎損 |
| 騰 58 | 不鉢不得 | 佛道一卷 | 5 | 121 | 首行碎損 |
| 珍 16 | 比丘譽出 | 尼先極好 | 9 | 172 | 首五行碎損 |
| 珠 80 | 中淸諸大 | 迦絺事故 | 21 | 560 | 首十行碎損律文與四分比丘尼戒本略異與別種戒本亦異 |
| 歲 60 | 若比若不 | 中來當學 | 3 | 71 | 首三行尾二行碎損 |
| 麗 87 | 誹謗便說 | 戒而逸提 | 5 | 125 | |
| 呂 65 | 異語尼嫌 | 聞提逸疑 | 7 | 201 | 首二十行尾三行碎損 |

| | | | | | |
|---|---|---|---|---|---|
| 海 | 73 | 世人是持<br>一兩月戒 | 6 | 185 | 首六行尾四行碎損 |
| 陽 | 71 | 上比經經<br>若若生主 | 12 | 329 | 尾九行碎損 |
| 宿 | 24 | 安居逸衣<br>若比男若 | 3 | 73 | 此爲宿二十四號之第一段 |
| 閏 | 99 | 憶念佛界<br>大姊戒尼 | 27 | 718 | 首七行碎損 |
| 騰 | 50 | 如人佛道<br>如兩一卷 | 23 | 680 | 首十四行碎損 |
| 重 | 86 | 如戒比中<br>世兩戒比 | 29 | 764 | 首十六行尾三行碎損 |
| 生 | 22 | 智有一道<br>覆藏再卷 | 26 | 724 | 首九行碎損 尾署戊寅年五月十六日梁再平 |
| 鱗 | 97 | 若比佛道<br>若比本卷 | 15 | 421 | 首二行尾四行碎損 |
| 宿 | 40 | 是比法捨<br>行惡梵行 | 1 | 17 | |
| 宿 | 7 | 諸中四反<br>諸大求得 | 2 | 34 | 首行碎損 |

| | | | | | |
|---|---|---|---|---|---|
| 宿 61 | 大姊逸提 | 事人提逸 | 9 | 231 | 卷多碎損 |
| 宿 37 | 諸大空閑 | 諸大佛敎 | 1 | 21 | |
| 字 49 | 若比使男 | 若比足食 | 1 | 28 | |
| 宿 24 | 安者使衣 | 若比尼若 | 2 | 34 | 此爲宿二十四號之第二段 |
| 岡 19 | 尼比佛道 | 心比一卷 | 22 | 613 | 首行碎損 |
| 果 53 | 四分佛道 | 稽首戒本 | 20 | 705 | 首尾俱全全卷有硃筆句讀及簽註處 |
| 玉 89 | 捨僧佛道 | 行者一卷 | 20 | 532 | 卷中碎損十六行 |
| 師 28 | 若波大臣 | 共比法應 | 2 | 32 | 首五行碎損 |
| 人 64 | 若比佛成 | 處去戒本 | 11 | 289 | 全卷下方碎去 |
| 柰 78 | 哉尼佛道 | 尼薩戒本 | 18 | 455 | 首九行碎損 |

| | | | | | |
|---|---|---|---|---|---|
| 光 | 62 | 若比佛道 我知戒本 | 22 | 615 | 首八行碎損 |
| 岡 | 23 | 若比淨行 不夷如是 | 2 | 36 | 首四行碎損 |
| 裳 | 83 | 四分者說 稽首答者 | 2 | 20 | 尾五行碎損 |
| 調 | 16 | 波羅逸提 諸大嗔女 | 14 | 390 | 首八行尾一行碎損 |
| 裳 | 55 | 若比尸婆 身相獨宿 | 3 | 47 | 首一行尾五行碎損 |
| 金 | 15 | 若比當學 若比當學 | 5 | 124 | 尾行碎損 |
| 金 | 9 | 言大衆生 若比佛道 | 4 | 118 | |
| 成 | 21 | 逸提非餘 若比逸提 | 5 | 111 | |
| 玉 | 13 | 直得非障 若比世尊 | 5 | 107 | 首二行碎損 |
| 餘 | 32 | 若比佛道 物是一卷 | 21 | 549 | 首十行碎損卷中又碎損五行 |

| | | | | | | | | |
|---|---|---|---|---|---|---|---|---|
| 荒 | 86 | 毗婆 | 諸世 | 羯磨 | 逸提 | 9 | 159 | 首六行碎損 |
| 辰 | 100 | 四分 | 稽首 | 持是 | 中來 | 1 | 27 | |
| 結 | 70 | 一間 | 和切 | 佛道 | 戒本 | 29 | 728 | 首三行碎損 |
| 李 | 28 | 迦懷 | 譬久 | 佛道 | 戒本 | 21 | 645 | 首二十行碎損 |
| 裳 | 80 | 丘比 | 若過 | 逸提 | 九十 | 5 | 134 | 首四行碎損 |
| 藏 | 47 | 若比 | 若比 | 樂道 | 戒本 | 11 | 332 | |
| 淡 | 29 | 染汚 | 若清 | 尼知 | 波逸 | 6 | 157 | 首六行尾四行碎損 |
| 金 | 71 | 不法 | 不得 | 佛道 | 戒本 | 4 | 100 | 首行碎損 |
| 雲 | 5 | 共如 | 事住 | 自莫 | 如法 | 4 | 86 | 首三十二行尾二行碎損 |
| 調 | 28 | 人度 | 若比 | 佛覺 | 戒道 | 9 | 237 | |

師 12 者衣我今 身嚴過法 1 34 首三行碎損

麗 80 尼是逸提 尼尼逸提 7 192 首十三行尾二行碎損

## 雜羯磨　一卷　曹魏康僧鎧譯

| 原號 | 起 | 止 | 紙 | 行 | 附記 |
|---|---|---|---|---|---|
| 調43 | 某甲德律 | 忍者供養 | 5 | 114 | 首六行碎損　尾題雜羯磨一卷曇無德律　比丘道宗敬寫供養 |

## 四分比丘尼羯磨法　一卷　劉宋求那跋摩譯

| 原號 | 起 | 止 | 紙 | 行 | 附記 |
|---|---|---|---|---|---|
| 官10 | 若能受持 | 斷由比丘 | 1 | 25 | 此卷首尾不完與現行本略有異同背面有五月日歸義軍節度押衙兼尙侍龐之信稿 |
| 柰52 | 相者二也 | 爲之以故 | 2 | 64 | 此卷爲戒疏惜首尾不全待攷 |

# 四分律刪補隨機羯磨

| 原號 | 起 | 止 | 紙 | 行 | 附記 |
|---|---|---|---|---|---|
| 辰 46 | 說不比丘 | 磨一初夏 | 1 | 26 | 尾有小字四行為午年五月八日金光明寺僧利濟初夏之內為本寺上座金耀寫此羯磨一卷莫不研精盡思庶流教而用之也至六月一三日畢而復記焉 |
| 菜 27 | 其時諸學 | 非法衆羯 | 3 | 74 | |
| 菜 30 | 曇无原夫 | 多要歸今 | 2 | 25 | 第二紙題曇無德部四分律刪補隨機羯磨序京兆崇義寺沙門集撰上邊多殘缺 |
| 淡 91 | 曇無原夫 | 者也卷上 | 24 | 548 | 首題曇無德部四分律刪補隨機羯磨序京兆崇義寺沙門集撰尾題四分律刪補羯磨卷上尾有硃字為辰年九月十七日比丘弘建寫訖並勘定 |

# 尼僧差人求授羯磨文

原號　起　止　紙行

調 98　是持施者尼僧得用　5 112

# 大比丘尼羯磨

原號　起　止　紙行附記

辰 82　悔不難復樂不一卷　9 186

鹹 82　法十血等故餘人懺　15 253　此卷寫僧各自恣文賞勞羯磨文差人羯磨文分輕物羯磨文受僧伽梨文受鬱多羅僧文受五滌文受僧衹支文受覆肩衣文

# 大比丘尼雜羯磨

原號　起　止　紙　行　附記

夜78　者然　村村　難護　一卷　16　325　首九行殘缺尾有餘紙　硃筆句讀

# 大戒尼羯磨文

原號　起　止　紙　行　附記

成10　方勾　布薩　不得　磨文　20　264　尾有空白

# 四分比丘尼含註戒本　唐道宣定

| 原號 | 起 | 止 | 紙 | 行 | 卷次 | 附記 |
|---|---|---|---|---|---|---|
| 霜37 | 比丘四分 | 明日戒也 | 7 | 162 | 上 | 此類戒本與現行本文字甚有出入可資校訂 |
| 菜53 | 聖釋塗分 | 吉羅逸提 | 14 | 397 | 上 | 首二行碎損卷中又碎損三行 |
| 秋74 | 本序也自 | 安能問向 | 8 | 205 | 上 | 首十一行碎損 |
| 乃48 | 明由演通 | 內懷比憶 | 3 | 74 | 上 | 全卷碎損 |
| 菜85 | 用者範文 | 佛呵此戒 | 8 | 239 | 上 | 首五行碎損 |
| 餘68 | 是種然也 | 僧往僧中 | 7 | 174 | 上 | 首七行碎損 |
| 寒15 | 人如懷中 | 語彼言大 | 13 | 357 | 上 | 首二十二行碎損 |
| 收27 | 發乂爾起 | 使賞敷戒 | 21 | 585 | 上中 | 首二行碎損 |

| | | | | | | | |
|---|---|---|---|---|---|---|---|
| 日 | 97 | 不犯毛頭 | 僧白逸提 | 10 | 316 | 上 | 首二行碎損 |
| 冬 | 64 | 比丘知有 | 事足是持 | 3 | 80 | 上 | |
| 藏 | 43 | 睡眠痴狂 | 庫倉五五 | 8 | 279 | 上 | 首二十七行碎損卷中又碎損八行 |
| 位 | 50 | 犯不頭許 | 蘭遮主蘭 | 2 | 25 | 上 | 首四行尾一行碎損 |
| 玉 | 78 | 被地數責 | 舉者舉忠 | 14 | 411 | 上中 | 首行碎損尾署敕授河西應□曹元忠<br>紙背抄懺悔文 |
| 盈 | 81 | 說亦諫若 | 犯也上卷 | 11 | 450 | 上中 | 首三行碎損 |
| 往 | 25 | 德有常爲 | 佛他舍在 | 3 | 65 | 上 | |
| 調 | 21 | 若與者比 | 時病戒種 | 4 | 121 | 上 | 首一行尾二行碎損 |

# 四分律删繁補缺行事抄

唐道宣撰　十二卷

| 原號 | | 起 | 止 | 紙 | 行 | 品次 | 附記 |
|---|---|---|---|---|---|---|---|
| 淡 | 93 | 自恣夫受 | 之所之中 | 48 | 1251 | 受戒緣集篇八　恣宗要篇十二 | 首十五行碎損 |
| 盈 | 1 | 護人得離 | 不犯云上 | 37 | 1195 | 聚名報篇十三 | 首十七行碎損 |
| 結 | 10 | 四分持戒 | 若犯不若 | 1 | 80 | 墮戒釋相十四 | 首尾碎損各二行　兩面繼續寫 |
| 結 | 44 | 也同緣者 | 更解无遠 | 1 | 80 | 持犯方軌篇十五 | 兩面繼續寫 |
| 結 | 46 | 前聽二心 | 犯三有疑 | 1 | 80 | 持犯方軌篇十五 | 兩面繼續寫 |
| 結 | 47 | 時疑喜知 | 入衆怨人 | 1 | 80 | 持犯方軌篇十五 | 兩面繼續寫 |
| 結 | 4 | 未練五句 | 卽妄悔事 | 1 | 80 | 懺六聚法篇十六 | 兩面繼續寫 |
| 結 | 41 | 遮相懺悔 | 云掌已法 | 1 | 80 | 懺六聚法篇十六 | 兩面繼續寫 |

| | | | | | | |
|---|---|---|---|---|---|---|
| 結 | 7 | 云此頭亦可放破羯 | 1 | 80 | 懺六聚法篇十六 | 兩面繼續寫 |
| 結 | 3 | 心多食食提安人問 | 1 | 80 | 懺六聚法篇十六 | 兩面繼續寫 |
| 結 | 38 | 汝見細披立條之下 | 1 | 30 | 懺六聚法篇十六 | |
| 辰 | 11 | 見以所奪香故之上 | 64 | 1419 | 二衣總別篇十七施興治篇二十 | |
| 致 | 87 | 畜又耳下善妻云經 | 40 | 991 | 導俗化方篇廿四 | 首五行碎損尾有淨土寺藏經長方印 |
| 結 | 5 | 者二越別時是犯緣 | 2 | 160 | 導俗化方篇廿四 | 兩面繼續寫以下諸卷文均相接 |
| 結 | 1 | 不痴措令五不十誦 | 1 | 80 | 導俗化方篇廿四 | 兩面繼續寫 |
| 結 | 42 | 中手比知法洗三繩 | 1 | 79 | 導俗化方篇廿四 | 兩面繼續寫 |
| 結 | 49 | 四在法凡前食事洗 | 1 | 80 | 導俗化方篇廿四 | 兩面繼續寫 |

結 50 有若若去 令知事成 1 80 導俗化方篇廿四 兩面繼續寫

# 四分律開宗記 唐懷素撰 二十卷

原號 起 止 紙 行 卷次

結 13 第若脫其 分四三合 17 418 5

結 9 無常五敷 此異有尼 15 348 5 6

# 四分律疏

原號 起 止 紙 行 附記

日47 鉢來人寬 即是締那 23 442 尾四行碎損核與四分律含註戒本疏及四分律開宗記均有出入蓋四分律疏之又一本也

# 四分律戒本疏

| 原號 | 起 | 止 | 紙 | 行 | 附記 |
| --- | --- | --- | --- | --- | --- |
| 藏 12 | 四分 凡欲 | 同爾 浣故 | 14 | 461 | 此卷首行題曰四分戒本疏卷第一沙門慧述與唐法礪所撰之四分戒本疏互校文句雖有出入意旨要自不殊考續高僧傳法礪本傳講律臨漳休與有功慧休本傳亦云嘗聽礪公講律此疏或即慧休法師聽講時筆錄而今藏本殆後人依據慧休師所錄增益而成耶卷中有硃筆校勘及分章節紙背雜寫名數 |
| 冬 65 | 取衣 望客 | 成弟 一記 | 13 | 373 | 卷尾題有壬子年十一月沙州金光明寺僧大律師□□書其疏用於流通記師下闕二字全卷有硃筆句讀及校勘處 此卷起處緊接藏十二號後 原題卷一 |
| 陽 92 | 戒分 凡欲 | 含三 處後 | 22 | 704 | 卷中有硃筆校勘及分章節處 |
| 昃 17 | 法法 明能 | 而發 得處 | 18 | 511 | 首四行碎損 |

| | | | | | | |
|---|---|---|---|---|---|---|
| 陽 | 90 | 悲心行之 | 久法雜是 | 19 | 494 | 首八行碎損　卷中有硃筆校勘及分章節處 |
| 地 | 36 | 受故修善 | 就故第一 | 26 | 734 | 首四十六行碎損 |
| 騰 | 34 | 通論故爾 | 既通淨觀 | 15 | 453 | 首廿三行碎損 |
| 雨 | 47 | 多分三序 | 就故第一 | 20 | 567 | 首廿二行碎損　卷尾題有未年五月廿三日比丘惟眞書　原題卷 |
| 服 | 2 | 正念身謂 | 清淨第一 | 1 | 21 | 原題卷一 |
| 始 | 20 | 四分諸大 | 疑慊念若 | 3 | 74 | 尾四行碎損　原題卷二 |
| 往 | 21 | 摠分二大 | 者具可知 | 15 | 442 | 首二十行碎損 |
| 列 | 53 | 有卅世吉 | 是持第二 | 35 | 1086 | 首行碎損　原題卷二 |
| 鹹 | 86 | 已便加誑 | 是持第二 | 38 | 988 | 首行碎損　全卷有硃筆校勘處　原題卷二 |
| 人 | 73 | 有之非遣 | 見所令出 | 1 | 26 | 首三行尾四行碎損 |

藏82　四分手與　諸大分殘　24　726　下緊接藏七十九號　原題卷三

藏79　食與不犯　與食第三　8　316　首二行衍文　原題卷三

荒48　四分不同　諸大不胃　2　7　首十六行尾一行碎損　下緊接洪六十四號　原題卷三

洪64　故坐人解　勸故不言　2　40　首二行尾一行碎損　下緊接荒九十號

荒90　皆等至於　之示咸是　2　40　首二行尾一行碎損　下緊接月二十七號

月27　犯三宿至　若境若自　2　45　首尾碎損各一行　下緊接日五十九號

日59　去若男子　旦時五結　2　68　尾行碎損　下緊接荒七十三號

荒73　波逸若除　罪兩犯異　2　63　首一行尾二行碎損　下緊接荒六十九號

荒69　取牛若坐　經行處二　3　64　首尾碎損各二行　下緊接荒九十九號

荒99　車齒故得　若臥教授　3　81　首二行尾一行碎損　下緊接月四十一號

| | | | | | |
|---|---|---|---|---|---|
| 月41 | 故曰敎授 | 處言立律 | 2 | 70 | 首一行尾三行碎損　下緊接洪六十九號 |
| 洪69 | 一尼我欲 | 同前等等 | 2 | 57 | 首三行尾一行碎損　下緊接荒六十六號 |
| 荒66 | 六隨伴行 | 衆集三除 | 3 | 61 | 尾行碎損　下緊接月六十九號 |
| 月69 | 開四二緣 | 不犯益蓋 | 3 | 65 | 首一行尾一行碎損　下緊接荒七十五號 |
| 荒75 | 近道乃惡 | 鹽祇五聽 | 3 | 68 | 首二行尾一行碎損　下緊接洪一百號 |
| 洪100 | 不受等食 | 立敬食而 | 3 | 78 | 首一行尾一行碎損　下緊接月七十七號 |
| 月77 | 別入繫縛 | 緣第軍至 | 3 | 84 | 尾行碎損　下緊接荒一號 |
| 荒1 | 住得合之 | 本文結犯 | 4 | 113 | 首行碎損 |
| 辰62 | 不犯親至 | 不自語知 | 7 | 194 | 首十二行碎損　下緊接辰六十一號　全　卷有硃筆句讀及校勘處 |
| 辰61 | 事臥臥去 | 不三卷寫 | 20 | 624 | 卷尾題壬子年三月廿八日於沙州壽永寺寫卷及硃筆勘了二字全卷有硃筆句讀及校 |

勘處　原題卷三

盈　61　形戒成佛　制故第四　22　774　首十行碎損

海　22　家蠶文作　薩著薩著　1　33　首行碎損

羽　80　緣並若到　延請起不　2　27　首三行尾一行碎損　全卷有硃筆句讀及校勘處

## 四大戒略疏

| 原號 | 起 | 止 | 紙 | 行 | 附記 |
|---|---|---|---|---|---|
| 蕾32 | 將釋第四 | 錢若用何 | 4 | 112 | 尾二行碎損 |
| 蕾31 | 等成盜錢 | 非是夷名 | 4 | 98 | 卷多碎損 緊接蕾三十二號 |
| 柰89 | 釋此義緣 | 无犯結文 | 2 | 52 | 此卷尤畧似係隨聽四大戒摘錄之文卷背雜鈔律義十一行 |
| 龍52 | 戒戒初四 | 口吹令主 | 4 | 62 | 全卷碎損 |
| 律89 | 將釋緣成 | 聖法夷羅 | 10 | 307 | 此卷語意尤簡而大旨相同雖非慧述疑亦律宗先宿略出之本下有四大戒行事抄 |

# 摩訶僧祇律 東晉佛陀跋羅共法顯譯 四十卷

| 原號 | 起 | 止 | 紙 | 行 | 卷次 | 品次 | 附記 |
|---|---|---|---|---|---|---|---|
| 夜74 | 憂我住方 | 不但落衣 | 2 | 44 | 5 | 明僧殘戒之一 | 首十六行尾七行碎損 |
| 成81 | 正身丘足 | 優婆養具 | 1 | 22 | 5 | 明僧殘戒之一 | 首行碎損 |
| 皇49 | 比丘欲心 | 罪若水中 | 1 | 22 | 5 | 明僧殘戒之一 | 尾三行碎損此卷緊接成八十一號 |
| 雲68 | 丘於丘丘 | 事至隨犯 | 4 | 88 | 5 | 明僧殘戒之一 | 首行碎損紙背雜書禮佛文四十八行 |

# 訶摩僧祇律雜抄

原號 起 止 紙 行 附記

裳 85 銀錢作淨 若不施故 1 25 此卷雜抄僧祇律首行破損每條皆有僧祇云三字卷中有硃筆校勘

雨 28 咸言揩拭 是共白事 1 21 此卷有二條第一條不全第二條佛告高勝我今爲說苾芻所有弟子門人供事之法

背面爲毗婆沙論第一一秩第三卷

# 大比丘尼戒經

原號起　止　紙行附記

盈95　是法布薩16
　　　莫諫一卷357
　　　其文與五分比丘尼戒本頗有異同

# 十誦律

後秦弗若多羅共鳩摩羅什譯
六十一卷

| 原號 | 起 | 止 | 紙 | 行 | 卷次 | 品次 | 附記 |
| --- | --- | --- | --- | --- | --- | --- | --- |
| 爲72 | 菩乂者尼 | 羅名二也 | 1 | 25 | 8 | 明三十尼薩耆法之四 | 紙背有落部秩來般若經五卷九字 |
| 雨75 | 舍會應應 | 人取自恐 | 13 | 425 | 23 | 七法中自恣法三 | 首十行尾一行碎損 |
| 昃48 | 佛言若破 | 行亦滿宿 | 1 | 25 | 31 | 八法般荼盧伽法四 | |
| 昃47 | 出羯是不 | 羯磨丘罪 | 1 | 28 | 31 | 八法般荼盧伽法四 | 首尾碎損各一行 |
| 昃44 | 佛自革屣 | 突吉口羅 | 2 | 53 | 38 | 明雜法之三 | |
| 昃45 | 佛在言蘇 | 亦得路身 | 2 | 53 | 38 | 明雜法之三 | |

# 十誦律比丘尼戒本 劉宋法穎集

| 原號 | 起 | 止 | 紙 | 行 | 附記 |
| --- | --- | --- | --- | --- | --- |
| 芥 53 | 夜波 若比 | 事緣 半入 | 4 | 83 | 尾行碎損 |
| 黃 98 | 行尸 出部 | 布薩 一卷 | 15 | 369 | 首十行碎損 |

根本說一切有部毗柰耶 唐義淨譯 五十卷

原號起止紙行卷次

人 82 衣者口纏 風吹十九 1 22 19

四部要略小抄

原號起止紙行附記

官 26 諸說人不 任意敎矣 1 26 尾題四部要略小抄一卷 硃筆句讀

# 戒律名數節抄

| 原號 | | 起 | 止 | 紙 | 行 | 附記 |
|---|---|---|---|---|---|---|
| 芥 | 36 | 小小發欲 | 敎矣一本 | 6 | 145 | 首尾無缺首署雜小抄尾署律中小抄 |
| 服 | 31 | 之藏三三 | 敎審之矣 | 6 | 128 | 首四行碎損 卷尾題曰甲戌年十一月十九日於報恩寺寫訖記之也等語 |
| 致 | 22 | 知先藏耶 | 改不一矣 | 5 | 129 | 首十一行碎損 全卷有硃筆分段 尾題曰小抄一本 |
| 餘 | 11 | 釋評解解 | 度向敎矣 | 6 | 120 | 首五行碎損 |
| 冬 | 92 | 名之律又 | 望垂改却 | 7 | 148 | 首七行碎損 卷尾題曰丙午年七月五日大蕃國肅州酒泉郡沙門法榮寫手惡筆若多闕錯涉有明師望乘改却 全卷用硃筆分段 |
| 衣 | 32 | 是解生敎 | 食食作作 | 4 | 87 | 首尾碎損各五行 |
| 致 | 96 | 能離塵染 | 南的敎失 | 7 | 141 | 首八行碎損 |

| | | | | | |
|---|---|---|---|---|---|
| 柰 | 21 | 難訶多阿 畔南教矣 | 5 | 117 | 首二十三行碎損 |
| 人 | 69 | 此是障然 一一碟二 | 1 | 17 | 首行碎損 |
| 洪 | 3 | 敎欲柰耶 一本提記 | 10 | 190 | 首八行碎損 尾署比丘道應提記 |
| 菜 | 8 | 毱律後付 舉衆結戒 | 9 | 210 | 首十三行碎損 全卷有硃筆句讀 |
| 餘 | 58 | 逸提聚說 衣外云何 | 6 | 135 | 首九行碎損 |
| 宿 | 39 | 四衣衣有 一戒受卷 | 5 | 134 | 首十七行碎損卷尾題曰寅年七月十五日於東山寫訖比丘尼勝藏受持 |
| 陽 | 59 | 羯種向磨 五人受受 | 6 | 137 | 首十二行碎損 此卷先後顛倒全卷用硃筆分段 |
| 河 | 8 | 薩味主名 處欲故也 | 5 | 311 | 首三行碎損 全卷用硃筆分段及句讀是正 此卷爲比丘談闡所寫尾綴四大戒義 |

# 毗尼心經

| 原號 | 起 | 止 | 紙 | 行 | 附記 |
|---|---|---|---|---|---|
| 盈 34 | 律敎律主 | 秤文要清 | 6 | 115 | 首十行碎損蓋係節抄律文名數 |
| 月 72 | 沙彌大僧 | 闍梨威威 | 4 | 81 | |
| 崑 56 | 答更戒得 | 然然起非 | 9 | 193 | 首十一行尾二行碎損卷中又碎損十六行卷後雜寫釋氏雜文及律疏 |
| 霜 57 | 賓尉分賓 | 答問一答 | 2 | 41 | 首尾碎損各二行卷中碎損七行此卷下緊接霜五十六號全卷有硃筆分段 |
| 霜 56 | 德秤而勑 | 得土通薩 | 1 | 25 | 此處卷緊接霜五十七號後全卷有硃筆是正 |
| 霜 59 | 僧尼在大 | 者雖受戒 | 1 | 25 | 此處卷緊接霜五十六號後全卷有硃筆是正 |
| 霜 54 | 問此受大 | 上爲戒也 | 2 | 50 | 此處卷緊接霜五十九號後全卷有硃筆是正 |
| 霜 67 | 自餘有從 | 士淨一卷 | 30 | 777 | 此處卷緊接霜五十四號後全卷有硃筆是正 |

# 八婆羅夷經 佚本

| 原號 | 起 | 止 | 紙 | 行 | 附記 |
|---|---|---|---|---|---|
| 海 30 | 三寶問三 | 切僧恣意 | 5 | 125 | 首末完具均題曰八婆羅夷蓋久佚之本卷首有三寶文卷尾有十利釋及自恣法 |
| 鳥 8 | 波波戒制 | 戒體故爾 | 4 | 82 | 首末完具 |
| 官 85 | 羅波法非 | 依曇故爾 | 3 | 68 | 首四行碎損 |
| 薑 49 | 若闕犯无 | 故曰故爾 | 3 | 87 | 首四行碎損 |
| 羽 5 | 制戒二滅 | 不犯第四 | 1 | 27 | 全卷碎損 |
| 月 91 | 未斷未來 | 佛於別故 | 6 | 140 | 首十四行碎損卷後有三乘五性釋 |
| 羽 61 | 戒盜在佛 | 出又不恐 | 2 | 46 | 首二十行碎損 |
| 調 8 | 者白去法 | 无德故爾 | 3 | 57 | 首十行碎損 |

| | | | | | | | |
|---|---|---|---|---|---|---|---|
| 往96 | 戒婬 滅二 | 諫前 不犯 | 2 | 16 | | | 首十二行碎損 |
| 海86 | 不犯 煞戒 | 時捨 犯也 | 1 | 41 | | | 首行碎損 |
| 衣86 | 方便 成犯 | 更待 諸尼 | 1 | 32 | | | |
| 字24 | 蘭中 前事 | 行事 宗也 | 2 | 56 | | | 首十八行碎損卷尾有三乘五性及世宗數問答 |

## 薩婆多毗尼毗婆沙經　失譯人名附秦錄　九卷

| 原號 | 起 | 止 | 紙 | 行 | 卷次 | 品次 | 附記 |
|---|---|---|---|---|---|---|---|
| 柰13 | 丘見 過人 | 不苦 牀上 | 5 | 108 | 6 | 九十事八 九十事十六 | 背面雜寫二十行字體逼近六朝 |
| 柰92 | 淨人 羅若 | 十六 羅是 | 17 | 442 | 8 | 九十事四十三 九十事六十六 | |

毗尼母經 失譯人名附秦錄 八卷

原號　起　止　紙行卷次

柰 19 佛毀比丘 凡得落己 1 23 2 3

優婆離問佛經 後漢安世高譯 一卷

原號　起　止　紙行附記

柰 87 不依盡命 依止不知 1 20 首四行殘缺

佛說犯戒罪報輕重經　劉宋求那跋摩譯一卷

原號起　止　紙行

宇 8 和合惡道 欲及重經 19 648

裳 27 佛說報經 爾時重經 1 21

沙彌十戒法并威儀　失譯人名附東晉錄一卷

原號起　止　紙行附記

洪 78 此云得呼 戒一四者 4 103 標題前另有沙彌十戒相首缺

## 受沙彌十戒文及威儀

| 原號 | 起 | 止 | 紙 | 行 | 附記 |
| --- | --- | --- | --- | --- | --- |
| 藏26 | 甲歸和上 | 慈布歡喜 | 6 | 134 | 此卷與今通用者微有異同首五行破損背面有雜書文字 |

## 沙彌戒文

| 原號 | 起 | 止 | 紙 | 行 | 附記 |
| --- | --- | --- | --- | --- | --- |
| 日78 | 大沙相逢 | 人會一卷 | 3 | 25 | 此卷前半沙彌威儀一卷首缺後半沙彌戒文一卷完好俱依四分五分十誦律文當在宋明僧人著作之上如能補足流通似於律宗功德不爲無補 |

# 沙彌十戒文

| 原號 | 起 | 止 | 紙 | 行 | 附記 |
| --- | --- | --- | --- | --- | --- |
| 人67 | 生像制讚 | 是也戒文 | 1 | 18 | 與沙彌十戒法並威儀不同每戒之下俱有犯戒罪報卷首破損不完 |
| 裳91 | 沙彌然害 | 威重歡喜 | 2 | 62 | 首數行稍有殘缺尚可寫補完全高出宋明人十戒文之上 |
| 帝61 | 盡形盡形 | 五德好應 | 2 | 39 | |

## 式叉尼六法文并沙彌十戒及八敬等法

| 原號 | 起 | 止 | 紙 | 行 | 附記 |
| --- | --- | --- | --- | --- | --- |
| 霜9 | 戒義十戒 | 不合法本 | 3 | 64 | 尾有小字云次是菩薩提因六法本 |

## 式叉尼六法文

| 原號 | 起 | 止 | 紙 | 行 | 附記 |
| --- | --- | --- | --- | --- | --- |
| 人37 | 戒义某甲 | 起受洗手 | 1 | 27 | 下邊殘缺 |

沙彌威儀 一卷 劉宋 求那跋摩譯

原號 起 止 紙 行 附記

地 55 沙彌二者 8 223 首三十七行破損標題尚完好迫訛作過
已受得過

沙彌尼威儀

原號 起 止 紙 行 附記

帝 13 重恭重德 2 46 與現行本微有異同
法中歡喜

## 沙彌戒

| 原號 | 起 | 止 | 紙 | 行 |
| --- | --- | --- | --- | --- |
| 菜99 | 比丘五者其足苦无 | | 2 | 41 |

## 受八關戒文

| 原號 | 起 | 止 | 紙 | 行 |
| --- | --- | --- | --- | --- |
| 地38 | 受八一時男子三寶 | | 10 | 252 |

## 受八戒文

原號　起　止　紙　行　附記

麗　52 經行勤仙　3　93　卷首碎損
禪四成仙

## 八戒文

原號　起　止　紙　行

薑　64 戒卽尋聲　3　79
此是定聖

# 佛說提謂五戒經幷威儀

原號 起 止 紙 行 卷次

霜 15下 持寶處 18 360 下
三十卷下

# 戒律

| 原號 | 起 | 止 | 紙 | 行 | 附記 |
|---|---|---|---|---|---|
| 月74 | 逸提己集 | 前還呈之 | 4 | 72 | |
| 月93 | 大德願大 | 彌籌冬於 | 5 | 85 | |
| 宿30 | 破若若比 | 逸提逸提 | 1 | 23 | |
| 列24 | 霞藏僧與 | 如來我阿 | 15 | 331 | |
| 餘6 | 男女供養 | 相恭布薩 | 17 | 336 | 首尾碎損 |
| 歲40 | 欲作不來 | 二攝二歸 | 3 | 58 | 首尾碎損 |
| 呂87 | 聽凡二法 | 然故是時 | 14 | 380 | 首碎損 卷中題敎戒比丘尼法第五安居受日及分房舍臥具法第六自恣及受功德衣法第七分衣物及分上者衣物第八 |

| 號 | 編號 | 起止 | 紙數 | 行數 | 附註 |
|---|---|---|---|---|---|
| 致 | 54 | 不忍　因能<br>忍嘿　一名 | 1 | 25 | |
| 霜 | 17 | 一縷　終時<br>衣手　汝謂 | 1 | 22 | 尾碎損三行 |
| 劍 | 36 | 學大　中僧<br>諸戒　出罪 | 1 | 32 | |
| 光 | 36 | 心希　好唯<br>若心　所言 | 1 | 29 | |
| 柰 | 27 | 爲天　訟過<br>首敬　之耳 | 1 | 22 | 前半碎損　尾題長興五年甲午歲十月廿<br>五日淨土寺　沙彌手寫記之耳 |
| 薑 | 97 | 諫之　波失<br>部須　失提 | 6 | 143 | 首二行殘缺 |
| 翔 | 82 | 戲笑　闡陁<br>戒第　未作 | 1 | 22 | 兩面有字 |
| 帝 | 60 | 語乃　愍故<br>上人　某甲 | 3 | 44 | |
| 帝 | 75 | 正有　中若<br>身制　吉羅 | 2 | 41 | 首行殘缺有硃筆改字 |
| 人 | 32 | 能犯　餘人<br>非或　合也 | 2 | 32 | 首十行及下半多碎損 |

| | | | | | | |
|---|---|---|---|---|---|---|
| 人 | 88 | 大姊丘尼 | 乞半授者 | 1 | 29 | 首十行殘缺 |
| 人 | 96 | 釋種若二 | 不得不合 | 2 | 27 | 首四行殘缺 |
| 皇 | 19 | 欲明文和 | 故存即是 | 2 | 62 | |
| 皇 | 27 | 不父到僧 | 有如如是 | 2 | 44 | |
| 皇 | 48 | 不憶愍故 | 不用逸提 | 3 | 47 | |
| 皇 | 100 | 我我食之 | 大師所作 | 5 | 111 | |
| 始 | 49 | 漢結水隔 | 正明時同 | 2 | 53 | |
| 始 | 87 | 故是戒能 | 結不戒能 | 3 | 42 | 此卷多殘缺 |
| 始 | 98 | 言我僧衆 | 轉相自謂 | 3 | 71 | 首二行殘缺 |
| 制 | 4 | 法紘迴文 | 內心迯難 | 3 | 61 | 第二三紙碎損 背面首題佛說菩薩受无盡戒羯磨一卷鳩摩羅什法師誦惠融等集 |

| | | | | | |
|---|---|---|---|---|---|
| 制 | 64 | 貳清 是若<br>摩精 法一 | 1 | 28 | |
| 文 | 1 | 既到 與時<br>觀水 用時 | 2 | 54 | 首紙碎損太甚 |
| 文 | 97 | 菩薩 後作<br>比丘 口梵 | 2 | 29 | 首碎損中殘缺 |
| 服 | 30 | 和十 恆沙<br>生煞 歡喜 | 2 | 46 | 首行四字爲和十戒文下半有碎損背面<br>末寫金光明最勝王經卷 第三界道眞受持 |
| 衣 | 34 | 若更 起動<br>由此 說因 | 1 | 22 | |
| 推 | 65 | 道十 一偸<br>別別 離處 | 3 | 75 | 殘缺甚多 |

## 戒義 戒疏

| 原號 | 起 | 止 | 紙 | 行 | 附記 |
| --- | --- | --- | --- | --- | --- |
| 辰90 | 望受自燒 | 得憑遠離 | 14 | 340 | 首尾碎損 |
| 潛38 | 凡欲衣也 | 經藏云何 | 7 | 226 | 首八行殘缺尾有空白 |
| 鳥51 | 第六復有 | 大小卌句 | 1 | 26 | |

# 戒等雜寫

| 原號 | 起 | 止 | 紙 | 行 | 附記 |
|---|---|---|---|---|---|
| 霜26 | 篇所言埒 | 靜其行 | 3 | 62 | 背面有字 |

# 敦煌劫餘錄

新會 陳垣 校錄

## 第十帙

### 瑜伽師地論 唐玄奘譯 百卷

| 原號 | | 起 | 止 | 紙 | 行 | 卷次 | 附記 |
|---|---|---|---|---|---|---|---|
| 柰 | 97 | 瑜伽第二 | 廣說第五 | 17 | 494 | 5 | 首二十行碎損內有硃筆字跡背面雜寫有字 |
| 文 | 4 | 相若見者 | 佳相第六 | 3 | 92 | 6 | 首十五行碎損 |
| 宇 | 91 | 十明十二 | 問二法合 | 10 | 257 | 9 12 | 首十七行碎損內有硃筆標點 |
| 光 | 26 | 得成因者 | 學於說畢 | 16 | 545 | 10 | 首尾不完 |
| 鱗 | 15 | 瑜伽本地 | 習故十一 | 20 | 536 | 11 | 內有硃筆圈點 |

| | | | | | | | | |
|---|---|---|---|---|---|---|---|---|
| 李 | 55 | 瑜伽本地 | 三摩底四 | 1 | 26 | 11 | | |
| 河 | 50 | 瑜伽本地 | 故生生棄 | 4 | 116 | 12 | | |
| 宙 | 66 | 分二略答 | 明略法行 | 6 | 167 | 18 | 19 | 首十行碎損內有硃筆字跡 |
| 露 | 82 | 瑜伽本地 | 入果見道 | 11 | 385 | 21 | 34 | 接縫處皆有硃書沙門洪眞本五字間有墨書者 |
| 張 | 24 | 得般位方 | 入地廿一 | 3 | 68 | 21 | | 首十一行碎損 |
| 師 | 76 | 瑜伽本地 | 離欲南曰 | 1 | 25 | 22 | | 首三行碎損內有硃筆圈點 |
| 珠 | 74 | 第分木也 | 第十二並 | 5 | 153 | 26 | 27 | 首缺 |
| 冬 | 17 | 瑜伽本地 | 清淨廿六 | 18 | 494 | 26 | | 首九行碎損內有硃筆字跡 |
| 洪 | 95 | 卅二地第 | 若於於其 | 10 | 235 | 32 | | 首十行碎損 |
| 岡 | 55 | 四瑜廣辯 | 過故和合 | 11 | 265 | 33 | | 首二十行碎損內有硃筆字跡 |

| 號 | 首行 | 末行 | 紙數 | 行數 | 卷 | 附記 |
|---|---|---|---|---|---|---|
| 冬72 | 瑜伽　心有 | 聲聞　如違 | 34 | 1214 | 33　37 | 內有硃筆字跡標題及背面騎縫均有沙門洪眞本五字 |
| 宙71 | 瑜伽　前說 | 本地　時見 | 6 | 168 | 34 | |
| 收98 | 瑜伽　夫作 | 本地　葉異 | 4 | 95 | 36 | |
| 秋57 | 之緣　遍知 | 加行　分二 | 13 | 454 | 37　39 | 背面有墨書沙門洪眞本五字惜首尾不完 |
| 張63 | 中有　音就 | 往往　污不 | 23 | 559 | 38　40 | 首尾碎損各二行背面有字 |
| 雨83 | 夫相　成熟 | 自利　卅八 | 19 | 488 | 38 | 首行碎損內有硃筆字跡 |
| 閏98 | 一順　門也 | 利中　記竟 | 16 | 448 | 39　41 | 卷末硃書戊寅年後正月廿二日說冊一卷手記竟十六字背面有沙門洪眞本等字 |
| 李66 | 而施　十相 | 於外　相所 | 10 | 257 | 39 | 首十五行碎損內有硃筆字跡背寫雜寫有大乘百法等字 |
| 秋93 | 欲不　新得 | 欲修　第卌 | 14 | 343 | 40 | 首十四行碎損 |

| | | | | | | |
|---|---|---|---|---|---|---|
| 辰 | 87 | 瑜伽第三 一標圓滿 | 2 | 63 | 42 | |
| 李 | 19 | 幾種當知 或從於義 | 5 | 135 | 44 | |
| 稱 | 3 | 巧八其於 爲住卌七 | 11 | 286 | 47 | 首行碎損 |
| 成 | 3 | 衰時甚可 爲財令其 | 15 | 387 | 48 | 首行碎損卷內有硃筆字跡 |
| 菜 | 25 | 覺悟療疹 卌八寫記 | 2 | 35 | 48 | 卷末題大中十二年八月五日比丘明照隨聽寫記大中十二年六月一日說畢比丘明照本背面有大中十二年八月二日尚書大軍發討番開路四日上磧等語 |
| 麗 | 29 | 瑜伽攝次 心雜作事 | 7 | 188 | 51 | 首二十行碎損內有硃筆字跡 |
| 重 | 90 | 瑜伽攝決 義中察若 | 1 | 29 | 77 | |
| 乃 | 97 | 往升善者 得略如南 | 1 | 28 | 81 | |

薑 91 瑜伽三能 次第離生 1 13 81

## 瑜伽師地論釋

原號 起 止 紙 行

官 16 怠分並是 及惠不同 1 24

# 辯中邊論 三卷 唐玄奘譯

| 原號 | 起 | 止 | 紙 | 行 | 品次 | 附記 |
| --- | --- | --- | --- | --- | --- | --- |
| 芥 81 | 辯中因故 辯相動故 | | 4 | 162 | 辯相品一 无上乘品七 | 首十五行碎損紙背有法華七禮文十六行 |
| 餘 45 | 故有生善 故有伏能 | | 5 | 158 | 辯相品一 辯障品二 | 首七行碎損 |
| 淡 50 | 煩捨上位 不曰第二 | | 11 | 265 | 辯障品二 辯修分位品五 | 首十一行碎損紙背有金剛經讚文及雜寫字四十餘行卷尾題曰維大唐大順三年歲次壬子十二月大順爲昭宗年號大順三年即景福元年 |
| 皇 14 | 八地菩提 中卽第三 | | 1 | 27 | 辯無上乘品七 | |

昃 3 中辯相辯差別十地 4 117 辯無上乘品七

首八行碎損卷首複寫頌文三行

# 大乘五蘊論 唐玄奘譯 三卷

原號 起 止 紙 行

陽 89 云何等故何四蘊論 9 199

# 大乘百法明門論開宗義記

| 原號 | 起 | 止 | 紙 | 行 | 附記 |
| --- | --- | --- | --- | --- | --- |
| 出 100 | 大乘夫遍 | 處明有十 | 5 | 149 | 首紙數行下截殘缺不見撰者之名無由知爲誰作然其序文有前明百法之有後題二我之無首末交輝終始相映等語分科五門亦甚精核恐非相宗專家不辨辰七十三號中有西明道塲沙門口撰之釋或撰者卽圓測法師分明科本爲五門僅存四門 |
| 海 19 | 開曰舉數 | 相應剎那 | 1 | 28 | 首尾俱無標題但中有一開曰二字文與出一百號相接以彼卷所立一分己闕遂至文不甚貫串 |
| 秋 61 | 此義種子 | 處所令惠 | 7 | 158 | 無標題但內有開曰二字 |
| 號 40 | 更加亦同 | 所起四伺 | 8 | 255 | 首破爛　與秋六十一號接但尚有重複 |
| 柰 98 | 者於爲業 | 墮依德能 | 5 | 124 | 首破爛　與號四十號對勘文句正同 |

| | | | | | | |
|---|---|---|---|---|---|---|
| 潛 | 57 | 不餘身表 | 正名性能 | 2 | 37 | 首破爛　與號四十號對勘文句正同 |
| 冬 | 25 | 空照梵語 | 法依事者 | 5 | 119 | 破爛 |
| 水 | 6 | 羯羅布在 | 論文一卷 | 8 | 240 | 此卷破爛　幸有冬二十五號可以補之 |
| 潛 | 59 | 行五進趣 | 明門依宗 | 1 | 20 | 首破爛此卷可補出一百號之闕然以前三門兩文相校詳略互殊未敢臆斷姑附于此 |

# 大乘百法明門論開宗義記疏

| 原號 | | 起 | 止 | 紙 | 行 | 附記 |
|---|---|---|---|---|---|---|
| 露 | 6 | 語之爲凡 | 是果通聖 | 29 | 342 | 校其文係釋百法開宗義記之疏猶之了義燈演秘等之於基師述記詮解簡明 |
| 烏 | 67 | 大者一百 | 法理言空 | 1 | 57 | 亦係釋百法開宗義記之疏然較露六號尤詳盡惜篇幅太短僅存自序餘均散佚 |
| 辰 | 73 | 將釋正釋 | 大悲度者 | 8 | 74 | 正面係法華經此爲背面 |

## 百法明門論疏　唐普光撰　二卷

原號　起　止　紙　行　附記

露46　大乘問訖　將釋一卷　32　857　首破　首題百法論章末題大乘百法論疏　首尾標題兩歧其文與普光師疏正同然所標撰者之名又爲晏法師或晏法師就光疏本文增多分科七門歟

潛67　云一於假　第三赤白　1　23　此係普光百法明門論疏卷上

## 百法述

原號　起　止　紙　行　附記

崑6　六中體四　若分爲業　17　444　首尾破爛　多殘佚末紙　卷內有述曰二字解極精詳惜　背面雜寫甚多內有大乘百法明門論隨聽手記之題

# 百法明門論疏

| 原號 | 起 | 止 | 紙 | 行 | 附記 |
|---|---|---|---|---|---|
| 呂 37 | 義唯第三 | 爲體自性 | 30 | 1159 | 首尾破　未詳爲誰作　徵引賅博疏解詳明惜首尾不完 |
| 字 32 | 爲遺无所 | 別故此中 | 4 | 83 | 首破爛　此卷亦係釋百法明門論 |
| 玉 56 | 將釋第三 | 三百部次 | 12 | 287 | 首破　與字三十二號文相同 |
| 荒 78 | 至涅定判 | 影像成緣 | 2 | 50 | 此卷係釋百法論題目 |
| 菜 3 | 不並及難 | 總名數也 | 10 | 258 | 首釋光疏後不類前蓋雜寫各家注解 |
| 金 18 | 鈔中轉染 | 著故所益 | 4 | 122 | 正面係道懺背面雜寫釋百法論疏 |
| 珠 51 | 里牛言離 | 緣之二元 | 9 | 229 | 首破後面有字 |
| 陽 43 | 皆似似能 | 之智緣也 | 1 | 23 | |

列

32

五趣體宗

其阿必嗔

21

628

中有空白一段

# 起信論義述

| 原號 | 起 | 止 | 紙 | 行 | 附記 |
|---|---|---|---|---|---|
| 鹹46 | 業大世王 | 故无界主 | 30 | 646 | 首二十三行尾二行碎損 |
| 淡48 | 界述明動 | 依心隨滅 | 9 | 197 | 首二行碎損與鹹四十六號銜接 |
| 始40 | 五門能隨 | 下第觀之 | 2 | 37 | 首十行碎損 |
| 始41 | 觀故顯論 | 述曰利若 | 7 | 218 | 尾十九行碎損 |
| 海95 | 生滅緣義 | 現識依識 | 1 | 24 | |
| 衣40 | 設不契順 | 滅一爲勝 | 1 | 26 | 首行碎損 |

## 圓明論

| 原號 | 起 | 止 | 紙 | 行 | 附記 |
| --- | --- | --- | --- | --- | --- |
| 服 6 | 圓明不失 | 明心治丸 | 8 | 239 | 全卷碎損八十四行卷首題曰圓明論馬鳴菩薩造而文與起信論大同 背面爲四分律比丘戒本首尾不完 |

## 因緣心論頌

| 原號 | 起 | 止 | 紙 | 行 | 附記 |
| --- | --- | --- | --- | --- | --- |
| 官 68 | 因緣所煩 | 別十更无 | 1 | 29 | 龍猛菩薩作 背面有字 |

# 因緣心釋論

| 原號 | 起 | 止 | 紙 | 行 | 附記 |
|---|---|---|---|---|---|
| 海39 | 次下者數 | 東即一切 | 5 | 120 | 文分兩段　背有蕃字 |
| 海17 | 因緣差別 | 解脫一卷 | 2 | 54 | 此係龍猛菩薩所造因緣心論之頌及釋首末完具背面雜寫有字 |
| 麗83 | 善解相假 | 者智一卷 | 6 | 182 | 首二行碎損背面題有大唐中和五年三月十八日等字又雜寫有千字文綜上三卷因緣心論之頌文及釋文並開決記三種完全無闕而論仍有複重 |

## 大丈夫經

原號　起　止　紙　行　附記

始 17 若能生事 入受卷上 11 300 此係卷上廣說布施起第一品訖第十四品 惜第一品前半缺 尾二十二行碎損

## 中論經

原號　起　止　紙　行　附記

爲 22 涅槃首禮 爾時第八 13 330 尾題中論經第八

# 十地經論 十二卷 元魏菩提流支等譯

| 原號 | 起 | 止 | 紙 | 行 | 卷次 | 附記 |
| --- | --- | --- | --- | --- | --- | --- |
| 人 39 | 故如因受 | 迴向滅迴 | 3 | 50 | 6 | 首六行尾一行碎損 |
| 菜 34 | 依止止厭 | 寶珠能施 | 7 | 150 | 6 | 首二十九行碎損 |
| 宿 21 | 十地論曰 | 之九一校 | 20 | 436 | 9 | 首七行碎損 |
| 陽 58 | 十方輪放 | 七種八置 | 24 | 632 | 9 | 首尾碎損各二行 |
| 水 5 | 譬如內所 | 衆生前說 | 3 | 40 | 10 | 首尾碎損各一行 |

# 十地經論釋

原號 起 止 紙行 附記

鹹78 二勾上也 未能滅无 18 478 背面係維摩經疏

# 大智度論

後秦鳩摩羅什譯　百卷

| 原號 | 起 | 止 | 紙 | 行 | 卷次 | 附記 |
| --- | --- | --- | --- | --- | --- | --- |
| 始23 | 智慧佛言 | 等薄種供 | 4 | 103 | 8 | |
| 宿45 | 生處虛實 | 一百卅字 | 30 | 665 | 11 | 首十五行碎損 |
| 閏51 | 敬法惡人 | 羅口十三 | 11 | 249 | 13 | 首行碎損 |
| 霜41 | 摩訶問曰 | 知其如是 | 12 | 279 | 14 | 尾行碎損 |
| 洪28 | 但略者深 | 廣說廿六 | 20 | 566 | 18 | |
| 羽11 | 出氣相爲 | 著此前云 | 2 | 36 | 22 | 首尾碎損各一行 |
| 人81 | 大智經曰 | 想教失行 | 1 | 26 | 23 | |
| 鱗38 | 教化行道 | 己根廿三 | 16 | 469 | 23 | 首行碎損　尾有木軸 |

| | | | | | | | |
|---|---|---|---|---|---|---|---|
| 調 33 | 或言說善 | 光光一一 | 19 | 421 | 23 | 24 | 首十三行尾十行碎損 |
| 服 23 | 若我亦无 | 淨後食本 | 3 | 61 | 23 | | 首五行尾行碎損 |
| 陽 1 | 生若是處 | 泰寫紙張 | 16 | 338 | 24 | | 首二十三行碎損末題有善泰寫用紙張六字 |
| 皇 58 | 二爲无量 | 所求方无 | 2 | 43 | 30 | | 首六行尾五行碎損 |
| 盈 66 | 如對敎化 | 等世羅蜜 | 1 | 28 | 30 | | |
| 皇 57 | 爲內不能 | 力故作是 | 2 | 39 | 31 | | 尾行碎損卷中又碎損五行 |
| 收 75 | 宿世身有 | 羅蜜一校 | 16 | 445 | 34 | | 首八行碎損 |
| 霜 29 | 生故者菩 | 則消卌八 | 17 | 636 | 35 | | 首七行碎損　尾有木軸 |
| 列 27 | 釋曰辟支 | 言合卅六 | 20 | 500 | 36 | | 首五行碎損　尾有木軸 |
| 裳 51 | 不見何行 | 无量可憫 | 2 | 48 | 38 | | 首十一行碎損卷中又碎損五行 |

| | | | | | | | |
|---|---|---|---|---|---|---|---|
| 重 | 74 | 能與者憐 | 利弗蜜時 | 2 | 39 | 39 | 尾行碎損 |
| 雲 | 26 | 法實道斷 | 菩提發問 | 12 | 292 | 51 52 | 首二行碎損卷中又碎損七十二行 |
| 字 | 95 | 得眼可得 | 來時无後 | 3 | 56 | 52 | 首行尾三行碎損 |
| 結 | 33 | 我說弗所 | 一切者无 | 3 | 47 | 52 | 首四行尾二行碎損卷中又碎損四行 |
| 推 | 33 | 亦无法因 | 四念不二 | 12 | 38 | 52 | 首八行尾八行碎損 |
| 宿 | 98 | 千世在會 | 淨檀言治 | 3 | 75 | 54 | 首十一行尾一行碎損 |
| 柰 | 76 | 若波羅蜜 | 離如无受 | 7 | 186 | 55 | 首六行尾行碎損背面雜寫有字 |
| 潛 | 24 | 若波故是 | 菩薩化度 | 4 | 114 | 56 | 首十一行尾行碎損卷中又碎損四十三行 |
| 鳥 | 93 | 一切切法 | 若等種種 | 2 | 54 | 56 | 首尾碎損各一行卷中又碎損七行 |
| 柰 | 83 | 若波釋提 | 幡蓋十九 | 4 | 108 | 59 | 首行碎損 |

| | | | | | | |
|---|---|---|---|---|---|---|
| 日84 | 无作切法 中佛廿張 | 12 | 296 | 64 | 此卷已裝裱尾行寫卷六十四第卌一品第卌二品用紙廿張等語尾空白十行首殘缺 |
| 芥16 | 大智尸迦 爾時力憍 | 4 | 109 | 66 | 尾七行碎損卷中又碎損四行 |
| 芥18 | 提何第冊 菩提品上 | 7 | 178 | 66 | 首行碎損 |
| 劍11 | 俱有品下 聞有八品 | 17 | 501 | 70 | 首十二行碎損卷中又碎損五行尾有木軸 |
| 鹹97 | 起无无別 等等十一 | 29 | 794 | 71 | 首三行碎損 |
| 潛64 | 无邊等如 如乃十六 | 1 | 26 | 72 | 首行碎損 |
| 始64 | 提如業多 所不所衆 | 2 | 31 | 77 | 首行尾四行碎損卷中又碎損六行 |
| 秋89 | 辟支形好 薩善十七 | 22 | 629 | 88 | 首行碎損 |
| 崑95 | 孔開何等 說隨度論 | 1 | 24 | | 此係雜寫無從標其卷次 |

珍 1　无色故具　般若離四　1　28　此係節錄無從標其卷次

烏 15　心依如是　尊長尊敬　2　38　卷多碎損

烏 85　忘語之人　城邑中間　2　46　首二行及第九第十兩行碎損

烏 92　一切切法　般若若等　2　53　卷多碎損

# 摩訶衍經

| 原號 | 起 | 止 | 紙 | 行 | 品次 | 附記 |
| --- | --- | --- | --- | --- | --- | --- |
| 榮50 | 生隨聲以 | 丘難第一 | 4 | 94 | | 首七行尾二行碎損卷尾題曰摩訶衍經卷第一衆經目錄謂爲晉竺法護所譯列入有目無經之闕本中尾署大代普泰二年歲次壬子□□月廿五日乙□弟子使持節散騎常侍□西諸□陽王元榮等語 |
| 張64 | 是色事故 | 衆生第八 | 3 | 54 | 文光義品十一 | 首十行尾四行碎損 |

## 金剛仙論 十卷 元魏菩提流支譯

| 原號 | 起 | 止 | 紙 | 行 | 卷次 | 附記 |
|---|---|---|---|---|---|---|
| 盈27 | 又經偈皆 | 異也第三 | 6 | 261 | 3 | |
| 閏66 | 遠遠益衆 | 知也第六 | 8 | 377 | 6 | |
| 地54 | 有眼有无 | 法也第八 | 15 | 663 | 8 | 首十四行碎損卷中又碎損十六行 |

## 大乘四法經論廣釋開決記

原號　起　止　紙　行　附記

官　42　大乘此論　將釋衆多　1　30　此卷僅存五門料簡

結　30　乘四等啟　將釋滅後　2　65　首行碎損僅存五門料簡

## 阿毘達磨俱舍論

唐玄奘譯　三十卷

原號　起　止　紙　行　卷次　品次　附記

帝　100　阿毗達磨　分別自性相能　1　20　22　分別聖賢品六之一　此卷内分二段中空七行

服　77　如預姓後　頌曰謂遇　1　23　25　分別聖賢品六之四　首六行碎損

# 毗婆沙論第一一秩第三卷

原號　起　止　紙　行　附記

兩　28　1　25　毗婆者應文與宋天竺僧伽跋摩等譯之雜阿毗曇心

信實而用論卷二有相同處

# 諸論雜抄

原號　起　止　紙　行　附記

官　58　1　30　第二集品兩面有字雜抄俱舍論及分別功德論

第五爲相前半下邊殘缺

# 出曜經 後秦竺佛念譯 三十卷

原號 起 止 紙 行 品次

龍 35 比丘人所時乞 1 29 心意品三十二

比丘 沙門品三十三

新會 陳垣 校錄

## 第十一帙

### 大毗盧遮那成佛神變加持經 唐輸波迦羅譯 七卷

| | 原號 | 起 | 止 | 紙 | 行 | 品次 |
|---|---|---|---|---|---|---|
| 人 | 80 | 南麽 寧上 | 婆若 第五 | 3 | 75 | 秘密八印品十四 布字品十七 |

佛說廻向輪經 一卷 唐尸羅達摩譯

原號 起 止 紙行 附記

麗 74 佛智通遊 奉行一卷 4 86 首八行殘缺尾題乙丑年二月十六日在瓜州比丘尼智清發心抄寫常日轉讀宿業罪因願皆消滅見世速登正覺

大陀羅尼末法中一字心咒經 一卷 唐寶思惟譯

原號 起 止 紙行 附記

海 26 世尊陀羅 成就已呼 3 60 卷首雜寫二行

## 佛頂尊勝陀羅尼經 一卷 唐佛陀波利譯

| 原號 | 起 | 止 | 紙 | 行 | 附記 |
|---|---|---|---|---|---|
| 霜 13 | 佛頂佛頂 | 奉行尼經 | 9 | 245 | 序與經文均皆完備 |
| 雨 43 | 佛頂佛頂 | 奉行一卷 | 10 | 233 | 序與經文均具書法工整惜首五行碎損卷中又碎損九行 |
| 閏 70 | 佛頂波羅 | 奉行尼經 | 9 | 231 | 首十一行碎損經文首末完具書法工整 |
| 鹹 17 | 羅門到五 | 奉行尼經 | 8 | 230 | 首十七行碎損經文首末完具 |
| 夜 92 | 大慈佛言 | 奉行尼經 | 9 | 222 | 首三行碎損經文首末完具尾有木軸 |
| 霜 35 | 行庶梵本 | 錄委末悟 | 1 | 18 | 此乃序文首二行碎損 |
| 生 48 | 佛頂佛頂 | 取經寶爲 | 1 | 26 | 此乃序文不完 |
| 光 64 | 五體唯有 | 奉行一卷 | 9 | 230 | 首七行碎損經文首末完好 |

| | | | | | | |
|---|---|---|---|---|---|---|
| 霜 | 36 | 佛說 如是 | 而去 尼經 | 8 | 191 | 首末完具 |
| 生 | 49 | 念不 同益 | 生瞻 獄出 | 1 | 28 | 首一行尾四行碎損 |
| 李 | 58 | 定覺 在神 | 瞻部 欲出 | 2 | 23 | 全卷碎損 |
| 張 | 50 | 注云 是也 | 一把 生天 | 6 | 158 | 首行碎損卷中又碎損二行 |
| 昃 | 93 | 薩波 來敬 | 者一 滅佛 | 6 | 163 | 首七行及尾行碎損 |
| 菜 | 37 | 給孤 諸大 | 樂聞 陁羅 | 3 | 49 | 首尾碎損各一行 |
| 宇 | 55 | 佛頂 佛頂 | 佛亡 持大 | 7 | 180 | 卷首有序惜首尾不完 |
| 宇 | 87 | 於善 游於 | 奉行 尼經 | 7 | 185 | |
| 光 | 37 | 那落 於母 | 奉行 一卷 | 7 | 178 | |
| 生 | 53 | 住天 部洲 | 一卷 勘了 | 7 | 177 | 首二行碎損 |

| | | | | | | |
|---|---|---|---|---|---|---|
| 騰 | 25 | 苦從希得 | 奉行尼經 | 7 | 178 | 首二行碎損 |
| 出 | 74 | 即受賤處 | 奉行尼經 | 7 | 175 | 首三行碎損 |
| 果 | 80 | 兩目身毛 | 慕姪八薩 | 2 | 56 | |
| 芥 | 65 | 部淵希得 | 奉行尼經 | 7 | 177 | 首十九行碎損卷中又碎損八十一行 |
| 寒 | 3 | 圍繞七日 | 奉行尼經 | 7 | 178 | 首十六行碎損 |
| 致 | 33 | 爾時塗香 | 奉行尼經 | 6 | 161 | |
| 寒 | 67 | 上說切世 | 奉行尼經 | 4 | 150 | 首二十一行碎損 |
| 歲 | 9 | 須尊惱文 | 帝慕伐囉 | 1 | 28 | 背面有字 |
| 暑 | 96 | 又能一切 | 希有解脫 | 5 | 140 | 字體工整 |
| 柰 | 84 | 爾時塗香 | 奉行尼經 | 6 | 159 | 首十二行碎損 |

| | | | | | |
|---|---|---|---|---|---|
| 薑 | 36 | 說增 爾時 奉行 尼經 | 8 | 130 | 首七行碎損 |
| 歲 | 65 | 路迦 勃陀 奉行 尼經 | 5 | 135 | 首十五行碎損 |
| 宙 | 11 | 塞合 筏折 受持 奉行 | 5 | 125 | 首四行碎損 |
| 宿 | 67 | 鉢羅 地瑟 奉行 尼經 | 5 | 118 | 首行碎損 |
| 麗 | 1 | 輪提 訶末 娑羅 最勝 | 2 | 33 | 尾行碎損 |
| 歲 | 82 | 社耶 跋折 靈乃 如來 | 1 | 28 | 首五行碎損 |
| 河 | 72 | 佛告 勝陀 奉行 尼經 | 5 | 111 | 首十行碎損 |
| 水 | 81 | 薩末 析羅 解脫 希有 | 4 | 89 | 首十五行及尾三行碎損 |
| 呂 | 24 | 爲一 解脫 奉行 尼經 | 5 | 107 | 首五行碎損 |
| 芥 | 58 | 畜生 羅刹 奉行 尼經 | 4 | 93 | 首行碎損 |

| 號 | | | 紙數 | 行數 | 附記 |
|---|---|---|---|---|---|
| 餘 35 | 一生　衣及 | 門皆　立踊 | 3 | 84 | |
| 麗 4 | 家生　奉行 | 陁羅　尼經 | 4 | 92 | |
| 皇 77 | 爾時　奉行 | 說受　尼經 | 2 | 53 | |
| 重 23 | 之處　奉行 | 宿今　尼經 | 2 | 41 | 首十二行碎損卷中又碎損二行 |
| 果 91 | 識宿　奉行 | 佛言　尼經 | 2 | 41 | |
| 金 97 | 耳盡　奉行 | 佛言　尼經 | 2 | 46 | 首九行碎損 |
| 推 83 | 佛頂　多羅 | 薄底　莎訶 | 1 | 24 | 此係節錄佛頂尊勝陀羅尼兩則首行及尾三行碎損 |
| 裳 78 | 佛頂　多鉢 | 納謨　十二 | 1 | 17 | |
| 制 47 | 宣說　世尊 | 持守　時佛 | 2 | 44 | |
| 乃 12 | 羅尼　毗祩 | 時薄　提 | 1 | 29 | 首六行碎損內分兩段次段係節錄佛頂尊勝陀羅尼咒故附於此 |

## 佛頂尊勝陁羅尼　唐不空譯　一卷

| 原號 | 起 | 止 | 紙 | 行 | 附記 |
| --- | --- | --- | --- | --- | --- |
| 生 7 | 佛頂賀引 | 佛頂羅尼 | 1 | 27 | 此卷標題佛頂尊勝陁羅尼特進試鴻臚卿大興善三藏沙門大廣智不空奉詔譯首尾完好末有弟子王發願雕印藏中未收卽文字亦與大藏所收五種有異同無經 |

## 金剛頂經五字心陁羅尼經

| 原號 | 起 | 止 | 紙 | 行 | 附記 |
| --- | --- | --- | --- | --- | --- |
| 地 59 | 佛告泮纏 | 阿囉眞言 | 11 | 296 | 尾附掘地眞言不動尊菩薩眞言漱口灑淨眞言漱口結頂眞言 |

大吉祥天女十二契一百八名無垢大乘經 一卷 唐不空譯

原號 起 止 紙 行 附記

皇78 間冠奉行 5 63 首二行碎損
極名女經

佛說救拔焰口餓鬼陁羅尼經 一卷 唐不空譯

原號 起 止 紙 行 附記

服85 佛說亦得 2 53 首七行碎損
爾時尼經

十一面神咒心經 唐智通譯 一卷

原號 起 止 紙 行

冬 3 常无而去 衣食心經 9 204

# 千眼千臂觀世音菩薩陀羅尼神咒經 唐智通譯 二卷

| 原號 | 起 | 止 | 紙 | 行 | 附記 |
|---|---|---|---|---|---|
| 宙57 | 娜麼囉二 | 中比三道 | 16 | 435 | 首九行碎損尾有坐淨土陁羅尼金剛般若心中眞言及一切佛心陁羅尼持誦陁羅尼功德凡十八行 |
| 收66 | 名天立並 | 涉訶卷下 | 11 | 205 | 首行不完 此係上卷 |
| 淡63 | 千眼音菩 | 涉訶卷下 | 6 | 166 | 此係下卷 |

# 无垢淨光大陁羅尼經 一卷 唐彌陀山譯

| 原號 | | 起 | 止 | 紙 | 行 | 附記 |
| --- | --- | --- | --- | --- | --- | --- |
| 荒 | 74 | 无垢如是 | 子吼益者 | 10 | 232 | |
| 陽 | 35 | 无垢如是 | 從佛雅之 | 2 | 55 | |
| 制 | 100 | 吽薩南謨 | 薩婆莎訶 | 3 | 29 | 此卷同制九九號共七咒 |
| 制 | 99 | 南謨羅拏 | 訖票波呲 | 3 | 45 | 此卷標題止剩陁羅尼咒四字之半雖殘缺可辨者尚有一咒 |
| 致 | 82 | 无垢南无 | 嚕止莎訶 | 2 | 19 | 此卷標題無垢淨光自心印心陀羅尼 |
| 月 | 59 | 金剛普賢 | 奉行尼經 | 12 | 221 | |
| 夜 | 38 | 多馱唵薩 | 莎訶揭多 | 5 | 153 | 此卷即無垢淨光大陀羅尼經中之修造佛塔陀羅尼咒 |

# 大佛頂如來密因修證了義諸菩薩萬行首楞嚴經

唐般剌密帝譯 十卷

| 原號 | | 起 | 止 | 紙 | 行 | 卷次 | 附記 |
|---|---|---|---|---|---|---|---|
| 雨 | 87 | 在使何所 | 故復中間 | 4 | 99 | 1 | 首十二行碎損 |
| 閏 | 11 | 身內面我 | 流轉第一 | 10 | 255 | 1 | 首行碎損 |
| 餘 | 28 | 與限成內 | 滅時斷滅 | 4 | 114 | 1 | |
| 荒 | 37 | 身者表爲 | 流轉第一 | 6 | 160 | 1 | 首六行碎損 |
| 乃 | 47 | 其誰即時 | 質搖塵以 | 2 | 58 | 1 | |
| 陽 | 80 | 大佛一名 | 境終造然 | 11 | 306 | 2 | 首五行碎損 |
| 雨 | 25 | 諸菩一名 | 然性第二 | 17 | 399 | 2 | 首八行碎損 |
| 成 | 46 | 大佛一名 | 然性第二 | 15 | 404 | 2 | 首十四行碎損 |

| | | | | | | |
|---|---|---|---|---|---|---|
| 雲 | 49 | 漸漸將爲 | 觀雲我說 | 4 | 96 | 2 | 全卷碎損 |
| 雲 | 50 | 因緣從自 | 滅遠空入 | 5 | 141 | 2 | 全卷碎損 |
| 衣 | 82 | 法王影覎 | 滅與見勞 | 4 | 87 | 2 | 首七行尾三行碎損 |
| 河 | 59 | 阿難然性 | 人同第二 | 4 | 106 | 2 | 首二行碎損卷中又碎損十一行 |
| 致 | 44 | 見肯所得 | 國土國土 | 2 | 54 | 2 | |
| 夜 | 2 | 彼見空出 | 告者然性 | 5 | 98 | 2 | 首十三行碎損 |
| 雲 | 3 | 如有然性 | 所有第二 | 2 | 44 | 2 | |
| 餘 | 47 | 場經界云 | 難云處都 | 8 | 221 | 3 | 首四行碎損 |
| 乃 | 58 | 於身於暗 | 唯聖畢竟 | 2 | 44 | 4 | 首二行碎損 |
| 列 | 22 | 大佛第一 | 一名第五 | 14 | 334 | 5 | 此係第五卷全卷首五行略碎損 有一名中印度別行等字 前 |

| | | | | | | |
|---|---|---|---|---|---|---|
| 荒82 | 大佛一名 | 相繼第一 | 12 | 334 | 5 | 此係第五卷全卷首尾完具 |
| 岡91 | 大佛一名 | 塵發汝今 | 1 | 26 | 5 | |
| 龍22 | 了義一名 | 巾揔持問 | 2 | 51 | 5 | 首十一行尾二行碎損 |
| 致99 | 如來大衆 | 第一第五 | 12 | 318 | 5 | 首行碎損卷中又碎損三行 |
| 宙51 | 名爲巾雖 | 第一第五 | 10 | 280 | 5 | |
| 冬16 | 我所跋陁 | 第一第五 | 8 | 201 | 5 | 首三行碎損 |
| 荒24 | 滅旣間十 | 間說第六 | 11 | 291 | 6 | 首二行碎損 |
| 菜80 | 滅寂世出 | 賊人言佛 | 11 | 277 | 6 | 首三行尾五行碎損背寫有首羅比丘見五百仙人並見月童子經之名 |
| 菜68 | 世尊如幻 | 句說第六 | 12 | 316 | 6 | 首二行碎損 |
| 菜90 | 爲說十方 | 其成彼前 | 1 | 28 | 6 | |

| | | | | | | | |
|---|---|---|---|---|---|---|---|
| 致 | 13 | 爲說 方我 | 圓通 圓通 | 5 | 141 | 6 | 首二行碎損卷中又碎損七行 |
| 帝 | 62 | 世尊 獲四 | 光遠 彼諸 | 1 | 27 | 6 | 背面有字 |
| 調 | 26 | 鼻想 說法 | 句說 第六 | 6 | 162 | 6 | |
| 闕 | 90 | 大佛 阿難 | 種類 第七 | 17 | 458 | 7 | 首十行碎損 |
| 柰 | 91 | 明摩 來無 | 種類 第七 | 17 | 450 | 7 | 首八行碎損尾有木軸 |
| 夜 | 46 | 世界 令依 | 欲界 第八 | 14 | 378 | 8 | 首四行碎損 |
| 帝 | 31 | 間獄 亂二 | 自來 凝結 | 3 | 84 | 8 | 首行碎損 |
| 辰 | 68 | 此三 正得 | 法遍 便保 | 16 | 402 | 9 | 尾三行碎損卷中又碎損九行 |
| 閏 | 82 | 幾研 竟天 | 上道 第九 | 14 | 443 | 9 | 首二十行碎損卷中又碎損二十行 |
| 崑 | 2 | 善男 於精 | 人殊 求知 | 5 | 132 | 9 | 首二行尾三行碎損 |

| | | | | | | | |
|---|---|---|---|---|---|---|---|
| 結 | 84 | 菩薩一名 | 而去第十 | 12 | 326 | 10 | 此係第十卷全卷首二行略碎損 |
| 推 | 29 | 大佛一名 | 生本改移 | 1 | 26 | 10 | 卷首粘補之紙雜寫有字 |
| 號 | 9 | 大佛一名 | 根隔入圓 | 6 | 167 | 10 | 首七行碎損 |
| 雲 | 21 | 八萬方衆 | 而去第十 | 12 | 305 | 10 | 首三行碎損 |
| 致 | 81 | 一者令破 | 而去第十 | 13 | 310 | 10 | 首十三行碎損 |
| 潛 | 97 | 論者竟神 | 中兼人墜 | 2 | 71 | 10 | 全卷碎損 |
| 麗 | 17 | 地作旣惑 | 而去第十 | 6 | 146 | 10 | 首六行碎損 |
| 帝 | 66 | 入則羅成 | 邊際佛告 | 5 | 97 | 10 | 全卷碎損 |
| 出 | 98 | 宣流中早 | 滅生常固 | 2 | 30 | 10 | 全卷碎損 |

# 大佛頂如來密因修證了義諸菩薩萬行首楞嚴咒

| 原號 | | 起 | 止 | 紙 | 行 | 附記 |
|---|---|---|---|---|---|---|
| 潛 | 100 | 訶婆 嚧陁 | 五年 寫訖 | 6 | 100 | 後書大佛頂陁羅尼經有十卷咒在第七卷 內弟子張球手自寫咒終身頂戴乞願加備 中和五年五月十日寫訖 |
| 昃 | 4 | 吽唎 鉢怛 | 怕叭 怕叭 | 1 | 23 | |
| 昃 | 7 | 楞都 奢宜 | 底洒 嚧迷 | 1 | 22 | |
| 歲 | 85 | 金輪 菩薩 | 樊叭 薩縛 | 6 | 139 | 首四行碎損 |
| 號 | 64 | 訶縛 娑羅 | 諺拏 地耶 | 1 | 22 | 首尾碎損各二行 |
| 珍 | 8 | 迦訖 羅摩 | 許覩 娑訶 | 3 | 70 | |
| 官 | 60 | 訖嘌 羅視 | 波訶 寫訖 | 3 | 78 | 全卷碎損 |

| 原號 | 起 | 止 | 紙 | 行 | 附記 |
|---|---|---|---|---|---|
| 人25 | 羅訶 无薄 | 泮吒 訶唵 | 11 | 255 | |
| 人12 | 施波 訖懺 | 悉殿 縛訶 | 4 | 88 | |
| 宇22 | 尊自 爾時 | 五迦 悉你 | 7 | 198 | 首十九行尾三行碎損 |

## 佛說隨求即得大自在陀羅尼神咒經 一卷

唐寶思惟譯

| 原號 | 起 | 止 | 紙 | 行 | 附記 |
|---|---|---|---|---|---|
| 鱗58 | 擁護 威德 | 息普 滅是 | 11 | 263 | |
| 潛27 | 時獄 羅王 | 奉行 咒經 | 6 | 135 | |
| 薑65 | 隨求 南謨 | 莎訶 尼本 | 6 | 113 | 首九行碎損首末均題曰隨求陀羅尼本與藏中唐譯甚有出入蓋又爲一譯可資讐校 |

| 原號 | | 起 | 止 | 紙 | 行 | 品次 | 附記 |
|---|---|---|---|---|---|---|---|
| 潛 | 89 | 婆重嘞又 | 卅逸薩婆 | 2 | 42 | | 首尾不全 |
| 淡 | 60 | 嬭瓢耶合 | 嬭瓢嘌拏 | 2 | 33 | | 首尾不全 |

## 大方等陀羅尼經 四卷 北涼法衆譯

| 原號 | | 起 | 止 | 紙 | 行 | 品次 | 附記 |
|---|---|---|---|---|---|---|---|
| 罔 | 70 | 男子事假 | 羅尼恆河 | 2 | 36 | 初分餘 | 首十一行碎損 |
| 服 | 60 | 沙門第二 | 祖持四張 | 9 | 245 | 授記品二 | 首三行碎損末題用紙十四張 |
| 制 | 93 | 觀世加是 | 閣法於道 | 2 | 36 | | 首尾殘缺 |
| 餘 | 37 | 行陁人乎 | 爾時仙人 | 5 | 140 | | |

# 大乘方等陁羅尼經幷諸經內四衆比丘比丘尼優婆塞優婆夷懺悔發願文

原號起止紙行附記

薑58 中心諸佛慈悲壽命 4 115 兩面有字

# 七佛八菩薩所說大陀羅尼神咒經

失譯人名附東晉錄 四卷

| 原號 | 起 | 止 | 紙 | 行 | 卷次 | 附記 |
|---|---|---|---|---|---|---|
| 出46 | 奴波浮流 | 比沙擲地 | 8 | 130 | 1 | 首六行尾七行碎損卷尾雜寫有字 |
| 制67 | 欽婆呼婆 | 不虛咒經 | 9 | 160 | | 首二行碎損 |
| 李30 | 不呵十四 | 神咒鬼名 | 3 | 68 | 4 | 首尾不完 |
| 列2 | 陁羅七佛 | 過唾空前 | 7 | 220 | | 此卷標題陀羅尼集經內有七佛所說大陀羅神咒後附佛說婦人產難陀羅尼觀世音治五舌塞喉陀羅尼尼乾天所說產生難陀羅尼咒佛說咒穀子種之令無灾蝗陀羅尼若種苗不好者咒土咒惡鬼瘡鬼咒疥蠱鼠鬼咒鼠等咒 |

拔濟苦難陀羅尼經 一卷 唐玄奘譯

原號 起 止 紙 行 附記

始 68 伽梵奉行 央數尼經 2 44 首六行碎損

六門陀羅尼經 一卷 唐玄奘譯

原號 起 止 紙 行 附記

官 3 六門奉行 如是一卷 1 23 首末完具

官 64 六門皆得 如是麗跋 1 25 首三行碎損內分二段首段完具

# 佛說千手千眼觀世音菩薩廣大圓滿無礙大悲心陀羅尼經

唐伽梵達磨譯

一卷

| 原號 | | 起 | 止 | 紙 | 行 | 附記 |
|---|---|---|---|---|---|---|
| 始 | 47 | 日月見此 | 盤山爲全 | 2 | 51 | 首尾碎損各一行 |
| 騰 | 21 | 起蹔咒經 | 擁護吒王 | 10 | 312 | 首十七行尾二行碎損 |
| 宿 | 44 | 死重章句 | 尼神士爲 | 3 | 85 | 首行尾三行碎損 |
| 制 | 48 | 新產汁和 | 果也闡譯 | 2 | 57 | 首四行碎損 |
| 字 | 82 | 千臂那麼 | 傳馱尼迦 | 6 | 42 | 以下二卷又爲一譯可資讐校特附於後 |
| 帝 | 63 | 大悲南无 | 多耶姥嚧 | 3 | 69 | 首八行碎損 |
| 藏 | 55 | 大悲經云 | 食偈鬼趣 | 5 | 83 | 共四片第一片首題大悲心陁羅尼第二片首題觀彌勒菩薩上生兜率天經第三片首 |

題大文第二對緣正說分第四片首題咒食儀等本

# 觀世音菩薩秘密藏如意輪陀羅尼神咒經

唐實乂難陀譯

一卷

原號起止紙行附記

餘 85 瘀瘡虎飳毒猒婆訶 7 147 首五行碎損

## 如意輪王摩尼別行法印

| | 原號 | 起 | 止 | 紙 | 行 | 附記 |
|---|---|---|---|---|---|---|
| 官 | 15 | 如意<br>此法 | 每誦<br>八遍 | 3 | 50 | 首八行碎損藏中有此經而無印咒文與藏本不同殘缺數字可惜 |

## 佛說灌頂經

| | 原號 | 起 | 止 | 紙 | 行 | 附記 |
|---|---|---|---|---|---|---|
| 淡 | 52 | 人有<br>火燒 | 奉行<br>第九 | 8 | 211 | 首十行碎損尾有木軸 |
| 寒 | 14 | 佛說<br>聞如 | 眼與<br>大布 | 3 | 82 | |
| 結 | 67 | 口能<br>安隱 | 奉行<br>一卷 | 8 | 198 | 首行碎損 |

# 佛說普廣菩薩所問十方淨土隨願往生經

原號　起　止　紙　行　附記

雲　42　如是奉行　11　284　久佚之本首缺數行餘皆完好
　　　　爾時生經

秋　43　命是奉行　7　162　經文與雲四十二號正同首亦殘缺餘皆完好
　　　　使獲生經

# 灌頂章句拔除過罪生死得度經

| 原號 | 起 | 止 | 紙 | 行 | 附記 |
|---|---|---|---|---|---|
| 地 32 | 佛說 聞如 | 奉行 一卷 | 14 | 340 | 首題灌頂章句拔除過罪生死得度經尾題 佛說藥師經一卷 |
| 閏 32 | 淨莊 令得 | 得度 奉行 | 12 | 282 | 首五行碎損 |
| 柰 43 | 長跪 生宣 | 得料 曰乃 | 11 | 302 | 首十四行碎損 |
| 罔 5 | 爲汝 衆及 | 藥師 璃光 | 5 | 128 | 首十一行尾一行碎損 |
| 爲 19 | 者大 聽佛 | 奉行 師經 | 13 | 314 | 首八行碎損 |
| 鱗 74 | 佛告 罪苦 | 忘能 盛之 | 5 | 120 | 首十四行尾一行碎損 |
| 闕 20 | 如曰 第三 | 中聞 不解 | 2 | 53 | |
| 鱗 90 | 厄令 爲汝 | 是諸 璃光 | 6 | 156 | 首十六行碎損書法佳 |

| | | | | | | |
|---|---|---|---|---|---|---|
| 呂 | 91 | 四輩心樂 | 薩言如是 | 10 | 295 | 首十五行尾二行碎損 |
| 盈 | 48 | 第三澤枯 | 奉行師經 | 11 | 304 | |
| 寒 | 95 | 普使譜惡 | 生功厄難 | 10 | 277 | 首三行碎損 |
| 陽 | 9 | 來世月消 | 奉行師經 | 11 | 304 | 首七行碎損 |
| 騰 | 43 | 堅持六願 | 奉行師經 | 11 | 297 | 首二行碎損中又碎損十三行 |
| 宙 | 17 | 渴想第四 | 奉行師經 | 11 | 303 | 首十二行碎損 |
| 藏 | 30 | 第九楊清 | 齋供无不 | 4 | 93 | 首八行碎損 |
| 崑 | 7 | 使入菩提 | 則不光如 | 5 | 119 | 首行碎損 |
| 露 | 7 | 第十當刑 | 言演名一 | 11 | 282 | 首五行尾十三行碎損 |
| 律 | 56 | 第十令得 | 四目書取 | 3 | 74 | 首六行碎損 |

| | | | | | | |
|---|---|---|---|---|---|---|
| 海 | 25 | 有貧 瓔寶 | 頭牽 寶皆 | 1 | 26 | 首五行碎損 |
| 日 | 2 | 无量 其體 | 與明 光佛 | 5 | 94 | 首十七行碎損 |
| 果 | 52 | 男子 文殊 | 爲他 聞此 | 7 | 161 | 卷中碎損三行 |
| 位 | 7 | 量快 衆生 | 齋供 无不 | 4 | 80 | 首十八行碎損 |
| 地 | 33 | 佛告 知布 | 奉行 師經 | 11 | 256 | 尾九行碎損 |
| 玉 | 20 | 食此 畜生 | 禮敬 忤魎 | 4 | 85 | 首三行尾一行碎損 |
| 張 | 97 | 施一 佛言 | 厭禱 不順 | 7 | 196 | |
| 劍 | 27 | 以自 作縛 | 道也 如來 | 5 | 130 | |
| 宙 | 91 | 尊佛 使其 | 奉行 師經 | 8 | 206 | |
| 潛 | 34 | 好素 者是 | 難可 文殊 | 5 | 100 | 首行碎損 |

| | | | | | |
|---|---|---|---|---|---|
| 岡10 | 求心得長 | 作禮奉行 | 7 | 196 | 首行碎損 |
| 藏3 | 護得得安 | 奉行一卷 | 7 | 198 | |
| 始90 | 佛告禮敬 | 舌身間魔 | 4 | 64 | 首七行尾一行碎損卷中又碎損九行 |
| 玉63 | 土者見彌 | 奉行師經 | 8 | 187 | 首十六行碎損 |
| 麗39 | 琉璃魎鬼 | 能信解說 | 4 | 81 | 首行碎損 |
| 成35 | 若夜魍魎 | 天所尊貴 | 3 | 72 | 首十行尾三行碎損 |
| 果64 | 佛告佛禮 | 枉橫難言 | 2 | 43 | 尾行碎損 |
| 鱗72 | 佛終受父 | 奉行師經 | 6 | 163 | 書法佳 |
| 柰2 | 瑠璃癡不 | 奉行一卷 | 6 | 163 | 首四行碎損 |
| 官96 | 不墮母師 | 德難寫亦 | 2 | 56 | 首四行碎損 |

| | | | | | | |
|---|---|---|---|---|---|---|
| 月 | 37 | 豪貴信有 | 王從等十 | 5 | 131 | 首二行碎損卷中又碎損三十行 |
| 呂 | 56 | 得便女產 | 錄其至七 | 4 | 112 | 首六行尾十一行碎損 |
| 宿 | 78 | 難在難言 | 齋戒典勸 | 2 | 56 | 首一行尾六行碎損 |
| 夜 | 77 | 佛說汝信 | 奉行一卷 | 6 | 137 | 首行碎損 |
| 乃 | 51 | 離光眞道 | 奉行一卷 | 6 | 144 | 首二十行尾一行碎損 |
| 律 | 91 | 小疑之法 | 修福強使 | 2 | 46 | 首二行尾廿一行碎損 |
| 罔 | 7 | 无量殊言 | 奉行師經 | 4 | 111 | |
| 河 | 77 | 師利誦書 | 奉行師經 | 4 | 105 | |
| 霜 | 98 | 中義法開 | 乘人奉行 | 4 | 105 | |
| 果 | 51 | 微妙得至 | 奉行師經 | 5 | 102 | |

雨 6 可得難得 奉行經師 4 107 首五行碎損

制 76 衣服尊演 王无此法 3 79 全卷碎損

宿 69 然七脱菩 奉行光經 3 75

乃 67 類禽邪神 三萬阿難 2 47 首三行碎損

文 59 脱菩神功 奉行一卷 1 24 首行碎損

淡 45 雜類佛山 奉行一卷 7 196 尾題藥師琉璃光本願拔除過罪經一卷

## 大法炬陀羅尼經

隋闍那崛多譯 二十卷

| 原號 | 起 | 止 | 紙 | 行 | 品次 | 附記 |
|---|---|---|---|---|---|---|
| 雨 32 | 世時 供養 | 更說 十三 | 14 | 364 | 供養法師品三十之四 | 首三行碎損 |
| 結 24 | 陁羅 法師 | 受如 說已 | 1 | 19 | 將護法師品卅九之四 | 首二行尾行碎損 |

## 佛金剛壇陁羅尼經

| 原號 | 起 | 止 | 紙 | 行 | 附記 |
|---|---|---|---|---|---|
| 冬 70 | 說而 龍之 | 奉行 尼經 | 12 | 291 | 與隋譯金剛塲陀羅尼經文字微有不同或同本異譯惜有殘損 |
| 宙 85 | 色支 故如 | 奉行 尼經 | 5 | 116 | |

# 諸星母陀羅尼經

沙門法成譯

| 原號 | | 起 | 止 | 紙 | 行 | 附記 |
|---|---|---|---|---|---|---|
| 宿 | 64 | 諸星如是 | 現□揭反 | 4 | 92 | 首末完具末附音義 |
| 呂 | 55 | 諸星如是 | 不現揭反 | 4 | 95 | 首十四行碎損卷中又碎損三行末附音義 |
| 李 | 89 | 諸星如是 | 不現揭反 | 4 | 97 | 首末完具末附音義 |
| 始 | 15 | 諸星如是 | 現□揭反 | 4 | 97 | 卷中碎損十三行末附音義 |
| 收 | 57 | 諸星如是 | 一卷揭反 | 4 | 97 | 首末完具末附音義背面寫有藥師本願經餘皆雜寫 |
| 號 | 8 | 諸星如是 | 現□揭反 | 4 | 97 | 首五行碎損末附音義尾有翟文習三字題名 |
| 呂 | 5 | 諸星如是 | 不現揭反 | 4 | 97 | 首末完具末附音義 |
| 字 | 15 | 星母如是 | 之師結界 | 2 | 41 | 首行碎損 |

| | | | | | |
|---|---|---|---|---|---|
| 翙 | 79 | 羅尼我聞 | 不現揭反 | 4 97 | 首五行碎損末附音義 |
| 翙 | 32 | 那羅星歲 | 不現揭反 | 4 94 | 首四行碎損末附音義 |
| 呂 | 50 | 沙門伽梵 | 一卷揭反 | 4 98 | 首十一行碎損末附音義 |
| 金 | 78 | 沙門是我 | 一卷揭反 | 4 97 | 首十一行碎損末附音義 |
| 海 | 63 | 及龍那羅 | 不現揭反 | 4 95 | 首十四行碎損卷中又碎損三行末附音義 |
| 闕 | 52 | 諸大誓願 | 不現揭反 | 4 92 | 首八行碎損末附音義 |
| 帝 | 79 | 金剛觀自 | 不現揭反 | 4 88 | 首七行碎損末附音義並有蕃字 |
| 鳥 | 3 | 奪於有情 | 不現揭反 | 4 77 | 首二行碎損末附音義尾有木軸 |
| 衣 | 25 | 亂一開顯 | 現口揭反 | 3 74 | 首七行碎損末附音義 |
| 師 | 33 | 今諦諸法 | 窮悉子若 | 1 28 | |

| | | | | | | |
|---|---|---|---|---|---|---|
| 秋 | 42 | 如是諸子 | 不現揭反 | 3 | 68 | 末附音義背有文英二字題名 |
| 始 | 21 | 爾時陁羅 | 不現揭反 | 2 | 56 | 末附音義 |
| 師 | 14 | 唵讚當伽 | 鄧英和子 | 3 | 54 | 卷中碎損九行末附音義並有鄧英二字題名 |
| 珠 | 44 | 藐苾貌若 | 不現揭反 | 2 | 43 | 首八行碎損末附音義 |
| 師 | 8 | 苾藐之類 | 迷末莎訶 | 1 | 23 | |
| 列 | 35 | 基多伽頭 | 不現揭反 | 2 | 31 | 首七行碎損卷中又碎損五行末附音義 |
| 位 | 11 | 星母釋迦 | 莎訶叭莎 | 1 | 23 | 卷首題曰星母陀羅尼咒蓋諸星母陀羅尼經之咒文首末完具背面雜寫有字 |
| 號 | 77 | 星母唵命 | 囉難莎訶 | 1 | 17 | 首末完具 |
| 人 | 36 | 星母釋迦 | 叭叭莎訶 | 1 | 24 | 首四行碎損 |
| 帝 | 40 | 星母釋迦 | 囉毘莎訶 | 1 | 17 | 首末完具 |

文

80 星母莎訶 1 18 首末完具
釋迦莎訶

餘

15 諸星此經 4 106 尾題壬戌年四月十六日於甘州修多寺翻
如是王顓 譯並有王顓二字題名

# 金有陀羅尼經

| 原號 | | 起 | 止 | 紙 | 行 | 附記 |
|---|---|---|---|---|---|---|
| 珍 | 11 | 金有如是 | 奉行一卷 | 3 | 79 | 久佚之本首末完具 |
| 李 | 99 | 金有如是 | 奉行一卷 | 3 | 80 | 首末完具 |
| 菜 | 1 | 金有如是 | 口行三界 | 3 | 72 | 首末完具首有蕃字末題有法照三界四字 |
| 光 | 4 | 金有如是 | 口行一卷 | 3 | 80 | 首末完具 |
| 藏 | 66 | 金有如是 | 奉行一卷 | 3 | 72 | 首末完具末有蕃字 |
| 日 | 31 | 金有如是 | 奉行一卷 | 3 | 82 | 首末完具 |
| 皇 | 25 | 金有如是 | 奉行一卷 | 3 | 78 | 首末完具末有蕃字 |
| 列 | 66 | 金有如是 | 奉行一卷 | 3 | 80 | 首末完具 |

| | | | | | | |
|---|---|---|---|---|---|---|
| 柰 | 8 | 金有如是 | 奉行一卷 | 3 | 74 | 首末完具 |
| 芥 | 3 | 金有如是 | 奉行一卷 | 3 | 77 | 首三行碎損末有蕃字 |
| 河 | 33 | 金有如是 | 奉行一卷 | 4 | 78 | 首五行碎損末有蕃字 |
| 海 | 62 | 金有如是 | 尼經虛寂 | 3 | 75 | 首末完具末有虛寂二字題名背有蕃字 |
| 張 | 43 | 金有如是 | 奉行一卷 | 3 | 78 | 首五行碎損末有蕃字 |
| 海 | 2 | 金有如是 | 奉行一卷 | 3 | 82 | 首四行碎損末有蕃字 |
| 芥 | 20 | 金有如是 | 奉行一卷 | 3 | 80 | 首末完具末有蕃字 |
| 海 | 31 | 金有如是 | 一卷堅寫 | 3 | 83 | 首二行碎損末有鄧堅二字題名並有蕃字 |
| 閏 | 52 | 金有如是 | 奉行一卷 | 3 | 81 | 首六行碎損 |
| 收 | 40 | 金有如是 | 奉行一卷 | 3 | 80 | 首末完具 |

| | | | | | | |
|---|---|---|---|---|---|---|
| 淡 | 13 | 金有如是 | 三界一卷 | 3 | 82 | 首二行碎損末有蕃字背有三界寺三字 |
| 重 | 16 | 金有如是 | 奉行一卷 | 3 | 81 | 首末完具 |
| 稱 | 76 | 金有如是 | 奉行一卷 | 6 | 162 | 此卷前後兩卷首末均完具 |
| 字 | 92 | 金有如是 | 奉行一卷 | 3 | 79 | 首九行碎損末有董再清三字題名並有蕃字 |
| 始 | 51 | 金有如是 | 奉行一卷 | 3 | 74 | 首六行碎損末有蕃字 |
| 帝 | 44 | 金有如是 | 奉行一卷 | 3 | 77 | 首四行碎損 |
| 字 | 69 | 金有如是 | 奉行一卷 | 3 | 71 | 首末完具 |
| 鳥 | 60 | 金有如是 | 奉行一卷 | 3 | 79 | 首八行碎損 |
| 潛 | 1 | 金有如是 | 信受奉行 | 3 | 81 | 首五行碎損 |
| 推 | 12 | 金有如是 | 明咒咒秘 | 2 | 54 | 首十一行碎損 |

龍 51 金有如是 敵軍藥明 2 55 首四行碎損

陽 36 有陁如是 大毒作敎 2 56 首四行碎損

衣 33 金有如是 噓難婆也 2 39

往 74 金有如是 幻惑妬妬 2 37 首四行碎損

服 47 尊所帝百 奉行一卷 3 78 首四行碎損

菜 79 大將爾時 一卷張令 3 73 首七行碎損末有張令二字題名並有蕃字

乃 11 陁曰墮身 侵嬈而不 2 33 首三行尾一行碎損

裳 1 戰時墮負 奉行一卷 3 71 首六行碎損末有蕃字

稱 63 墮於慈愍 奉行一卷 3 79 首三行碎損卷中又碎損四行末有蕃字背題有翟清子題名

羽 90 爲哀諍訟 奉行一卷 3 65 首五行碎損

| 號 | | 起 | 止 | 紙 | 行 | 附記 |
|---|---|---|---|---|---|---|
| 師 | 93 | 一切 故受 | 鬱乾 世那 | 1 | 19 | |
| 官 | 53 | 所有 幻惑 | 命刀 而不 | 1 | 26 | 首四行碎損背有蕃字 |
| 龍 | 38 | 親馱 攢婆 | 奉行 一卷 | 2 | 54 | 末有蕃字 |
| 秋 | 15 | 蘭單 那阿 | 奉行 一卷 | 2 | 42 | 首紙碎損末有蕃字 |
| 暑 | 76 | 所有 羅剎 | 奉行 尼經 | 2 | 47 | 首行碎損末有蕃字 |
| 柰 | 53 | 天幻 幻惑 | 奉行 一卷 | 2 | 40 | |
| 夜 | 37 | 阿牟 攢婆 | 奉行 一卷 | 2 | 51 | |
| 裳 | 60 | 若有 諍極 | 奉行 一卷 | 2 | 40 | 首行碎損末有蕃字 |
| 宙 | 81 | 親馱 攢婆 | 奉行 一卷 | 2 | 54 | 首殘缺紙背有己亥年二月廿二日巷社趙社官男三榮等語 |
| 歲 | 52 | 金有 如是 | 奉行 一卷 | 3 | 81 | 首七行下角稍缺末有蕃字 |

# 佛說解百怨家陁羅尼經

原號 起 止 紙 行 附記

推 90 別无婆訶 1 26 首末完具餘均雜寫背面有字
智清家經

# 佛說八陽神咒經

| 原號 | | 起 | 止 | 紙 | 行 | 附記 |
|---|---|---|---|---|---|---|
| 宇 | 10 | 佛說聞如 | 槃樂一卷 | 7 | 181 | 八陽神咒經有兩譯一爲西晉竺法護譯一爲唐義淨譯此卷題玄奘法師奉敕譯經文又與他種不同尾有癸未年八月廿日吳首奴自手書記之耳十六字 |
| 收 | 79 | 佛說聞如 | 槃樂咒經 | 9 | 204 | 尾三十五行碎損首題玄奘法師譯 |
| 律 | 97 | 佛說聞如 | 得成隱之 | 5 | 107 | 尾二十一行碎損 |
| 衣 | 57 | 佛說聞如 | 讀三佛法 | 2 | 37 | 尾十四行碎損 |
| 龍 | 50 | 佛說聞如 | 南无井竈 | 2 | 40 | 全卷碎損 |
| 致 | 38 | 佛說聞如 | 菩薩福一 | 1 | 20 | 全卷碎損首題有玄奘法師四字 |
| 鹹 | 67 | 聞如中十 | 利益代昌 | 15 | 115 | 全卷碎損首題玄奘法師奉敕譯 |

| | | | | | | |
|---|---|---|---|---|---|---|
| 字 | 77 | 佛說聞如 | 惡並捨得 | 2 | 37 | |
| 黃 | 11 | 浮提百識 | 奉行一卷 | 8 | 211 | 全卷碎損卷尾與字十號略有不同並題三界寺沙彌海子讀八陽經 |
| 出 | 85 | 八陽聞如 | 槃樂一卷 | 9 | 231 | 首十行碎損 |
| 乃 | 76 | 佛說如是 | 无入槃樂 | 8 | 102 | 全卷碎損首題天地八陽神咒經字體紙質凡三易複二行 |
| 官 | 50 | 佛言爲諸 | 等聞而退 | 7 | 182 | 全卷碎損卷尾與字十號黃十一號均異 |
| 列 | 38 | 皆悉悉消 | 三蘙夫皆 | 3 | 84 | 首行碎損 |
| 鱗 | 9 | 切万眞左 | 奉行咒經 | 8 | 196 | 首十九行碎損經尾多一偈言 |
| 調 | 58 | 受其識爲 | 槃樂神經 | 8 | 176 | 首十二行碎損 |
| 薑 | 17 | 諸惡經功 | 槃樂咒經 | 8 | 175 | 首十三行碎損 |
| 鹹 | 87 | 思念經此 | 法即一卷 | 8 | 172 | 全卷碎損 |

| | | | | | |
|---|---|---|---|---|---|
| 調 35 | 思競无有 | 槃樂咒經 | 6 | 175 | 首十三行碎損卷中又碎損七行 |
| 洪 41 | 亂興皆悉 | 悟佛槃樂 | 7 | 176 | 首二十五行碎損 |
| 冬 61 | 孫父妻和 | 槃樂咒經 | 5 | 131 | 首二十三行碎損 |
| 文 25 | 被縣此經 | 槃樂咒經 | 8 | 204 | |
| 皇 28 | 舍客日游 | 種種聲如 | 2 | 33 | 首二十行碎損 |
| 收 55 | 者即心是 | 問師法輪 | 5 | 117 | 首尾碎損各九行 |
| 來 73 | 母即而證 | 槃樂一卷 | 6 | 148 | 首九行碎損 |
| 師 72 | 倚語過得 | 因緣顛倒 | 2 | 40 | 首二十三行尾一行碎損 |
| 號 85 | 佛說忍而 | 槃樂咒經 | 6 | 149 | 首行碎損 |
| 珍 60 | 所有行佈 | 槃樂咒經 | 6 | 147 | 首八行碎損 |



第十一帙

| | | | | | |
|---|---|---|---|---|---|
| 調 72 | 嫉妬痴等 | 殯葬者不 | 3 | 57 | 全卷碎損 |
| 文 32 | 所問提道 | 易生死時 | 2 | 36 | 全卷碎損 |
| 文 76 | 號曰邊一 | 知見槃樂 | 5 | 137 | 首二十行碎損 |
| 律 84 | 亦空聲即 | 生處薩漏 | 3 | 74 | 首十六行尾五行碎損 |
| 衣 3 | 甚深慧眼 | 槃樂一卷 | 6 | 137 | 首九十行碎損 |
| 龍 45 | 觸是是空 | 槃樂一卷 | 6 | 126 | 首十一行尾十三行碎損 |
| 服 1 | 妨害邪見 | 捨耶三藐 | 1 | 28 | |
| 鳥 69 | 佛言生死 | 八陽乘无 | 3 | 64 | 首十一行碎損 |
| 裳 4 | 來轉者之 | 佛香天中 | 3 | 84 | 首三十八行碎損 |
| 潛 65 | 佛言葬之 | 一切咒曰 | 2 | 42 | 首十九行碎損 |

| | | | | | |
|---|---|---|---|---|---|
| 宿85 | 者多知无 | 无始咒經 | 4 | 110 | 首三十二行尾二十行碎損 |
| 餘69 | 法喜涅槃 | 明如咒經 | 5 | 100 | 首二十九行尾六行碎損 |
| 推57 | 陰曰佉尼 | 木生世尊 | 1 | 26 | 首行尾五行碎損 |
| 崑27 | 曆日天佛 | 字執天中 | 2 | 61 | 全卷碎損 |
| 裳43 | 憍目槃樂 | 那羅咒經 | 3 | 62 | 首四行尾二十九行碎損 |
| 皇33 | 地氣槃樂 | 節明一卷 | 4 | 79 | 首十八行碎損 |
| 陽72 | 拔陁涅槃 | 憍曰咒經 | 3 | 60 | 首二行碎損 |
| 呂11 | 那羅槃樂 | 和輪咒經 | 3 | 62 | |
| 位10 | 讀誦舍那 | 物不无分 | 1 | 22 | 首五行碎損 |
| 金64 | 是時六千 | 陽經乘无 | 2 | 31 | 全卷碎損 |

| | | | | | | |
|---|---|---|---|---|---|---|
| 始 | 54 | 明佛含藏 | 槃樂咒經 | 2 | 36 | 首三行碎損 |
| 柰 | 14 | 朗一无上 | 奉行咒經 | 3 | 41 | 首十四行碎損卷尾經文與鱗九號相同並 題有馮優婆夷四字 |
| 裳 | 46 | 為之八識 | 槃樂咒經 | 2 | 49 | 首尾碎損各一行 |
| 餘 | 34 | 得佛女人 | 口復一者 | 2 | 50 | 全卷多碎損 |
| 餘 | 42 | 是佛不聞 | 盡和盡和 | 2 | 56 | |

## 普賢菩薩說咒經

| 原號 | | 起 | 止 | 紙 | 行 | 附記 |
|---|---|---|---|---|---|---|
| 暑 | 60 | 有女阿耨 | 朝暮字若 | 2 | 51 | 首行碎損此卷緊接來六十四號之前首尾仍不具 |
| 來 | 64 | 若有歸伏 | 鬼神世界 | 2 | 33 | |

## 佛說大佛頂如來放光悉怛他般多羅大神力都攝一切咒王帝殊羅尸金剛大道場三昧陀羅尼

| 原號 | | 起 | 止 | 紙 | 行 | 附記 |
|---|---|---|---|---|---|---|
| 光 | 95 | 佛說婆訶 | 尸金一卷 | 6 | 159 | 首末完具 |

# 金剛頂經一切如來深密金剛界大三昧耶修習瑜伽迎請儀

金剛頂經一切如來眞實攝大乘現證大教王經深妙秘密金剛界大三昧耶修習瑜伽迎請儀　唐不空譯

| 原號 | 起 | 止 | 紙 | 行 | 附記 |
| --- | --- | --- | --- | --- | --- |
| 餘19 | 金剛大興 | 吒音為次 | 11 | 258 | 此為背面首末完具正面第一段係隋譯不空羂索咒經第二段係大寶積經文殊師利授記會第十五之一　中有武后新字 |

金剛峻經金剛頂一切如來深妙秘密金剛界大三昧耶修行四

十九種壇法作用威儀法則

大毘盧遮那金剛心地法門法界法軌則 唐不空譯

原號 起 止 紙 行 附記

冬74 金剛壇法 寶金具箭 22 507 首末完具 背面有字

金剛蓮花大摧碎眞言

原號 起 止 紙 行 附記

昃9 金剛南无 盧耶呵囉 1 20 首末完具

## 東方金剛大集想

原號　起　止　紙　行　附記

昃　5　東方囉呵定心嗟叺　1　15　首末完具

## 大佛頂如來頂髻白蓋陀羅尼神咒

原號　起　止　紙　行　附記

月　18　大佛撥吒歸命娑訶　4　110　此卷藏本未收首紙破損咒後有餘紙

## 大佛頂神咒

| 原號 | 起 | 止 | 紙 | 行 | 附記 |
| --- | --- | --- | --- | --- | --- |
| 帝89 | 迦羅囉婆 | 廿六一本 | 2 | 92 | 尾題大佛頂神咒一本 |

## 釋迦牟尼請佛眞言

| 原號 | 起 | 止 | 紙 | 行 |
| --- | --- | --- | --- | --- |
| 出3 | 釋迦唵摩 | 陁耶平底 | 1 | 24 |

## 本師釋迦牟尼佛眞言

原號　起　止　紙　行

師　60　本師斷盡　曩謨菩提　1　15

## 施餓鬼食幷水眞言印法

原號　起　止　紙　行

收　6　施餓眞言　先出與中　1　15

# 般若眞言

| 原號 | 起 | 止 | 紙 | 行 | 附記 |
| --- | --- | --- | --- | --- | --- |
| 盈38 | 喤娙寠禁 | 十二窒囇 | 1 | 19 | 背有字一行 |

# 眞言

| 原號 | 起 | 止 | 紙 | 行 | 附記 |
| --- | --- | --- | --- | --- | --- |
| 羽 1 | 帝陁 安陁 | 邊滅 滅之 | 1 | 21 | 首行殘缺 |
| 衣 98 | 唵齒 達摩 | 菩薩 十魔 | 11 | 214 | 正面後半爲眞言背面有字有圖有蕃文 |

# 眞言雜抄

| 原號 | 起 | 止 | 紙 | 行 | 附記 |
|---|---|---|---|---|---|
| 裳74 | 本師<br>囊謨 | 生兜<br>之記 | 1 | 17 | 此卷雜抄下列各種<br>本師釋迦牟尼佛眞言<br>文殊菩薩三身眞言<br>普賢菩薩滅罪眞言<br>普禮十方諸佛眞言<br>普禮十方菩薩眞言<br>觀世音菩薩偈<br>觀世兜率天宮偈 |
| 出78 | 我觀<br>普及 | 除愈<br>羅尼 | 6 | 171 | 此卷第二段題佛說護諸童子陀羅尼咒經<br>三藏菩提流支譯又有下列數段<br>正語梵天所說陀羅尼<br>佛說止女人患血至困陀羅尼<br>請觀世音菩薩咒<br>觀世音菩薩行道求願咒<br>佛說乞雨咒<br>降雨陀羅尼 |

次說繫龍王陁羅尼
佛說滅除十惡神咒

佛說小兒中惡眼者咒經

河 21 覺一一哆野 幷奉一切 6 98

兩面有字

雲 99 凡欲囉阿 至誠嗟叺 4 67

此卷雜抄下列十二種
轉念金剛般若波羅蜜多經者啓請八大金

剛名字
大身眞言

金剛兒咒
文殊菩薩心中眞言

五佛心辟毒眞言
淨身口眞言

釋迦牟尼佛心中心眞言
阿彌陀佛心中心眞言

大力金剛心眞言
三塗摧碎眞言

水散食偈
附東方金剛大集想一本

薑 25 尼迦南无 波跋莎訶 9 113 此卷雜抄下列各種卷首破損內有陁羅尼圖

大悲咒
硃書南無禁修吉陀羅尼
尊勝陀羅尼
曼茶羅圈
大輪金剛咒
解穢咒
解脫咒
大力菩薩咒
龍樹菩薩咒
金剛傳師母咒
金剛童子咒
十方三世諸佛无量隨心大神咒亦名三世
大火頭金剛咒
硃書一行餘
觀世音菩薩大悲隨心陁羅尼神咒
阿彌陀咒

制 53 南无力賀 嚩賀此咒 1 21 首四行碎損

日

6

俱肛里尼
怛姪莎訶

4

65

此卷雜抄下列四種
佛說七俱胝佛母準提大明陀羅尼

佛頂尊勝陀羅尼
如意輪陀羅尼咒

無垢淨光大陀羅尼

服

12

闍險之也
爾時讀誦

5

134

首十一行碎損內題曰雜咒一卷雜錄諸經
咒文末題比丘洪敞讀誦六字

## 六波羅蜜咒

原號 起 止 紙 行 附記

制 98 南謨多設 索訶莎訶 2 57 共書二十八咒皆同內有蟲孔甚多

## 秘密義抄

原號 起 止 紙 行 附記

淡 4 秘密迴施 今當之印 3 73 此係大寶積經之紙背前爲密宗行人應守 之戒後有施食法印及咒訛字頗多

供養心法

原號起　止　紙行附記

柰81　1　28　有咒首尾殘損
是諸諸天中設諸星

準提咒經

原號起　止　紙行

辰35　3　68
夢中佛菩自見而去

# 敦煌劫餘錄

## 第十二帙

新會 陳垣 校錄

### 佛說無量壽宗要經

| 原號 | 起 | 止 | 紙 | 行 | 附記 |
| --- | --- | --- | --- | --- | --- |
| 地 98 | 大乘 如是 | 奉行 要經 | 4 | 117 | 末題田廣談 |
| 黃 3 | 大乘 如是 | 奉行 要經 | 4 | 110 | 末題張瀛 |
| 黃 69 | 大乘 如是 | 皆大 奉行 | 5 | 142 | |
| 黃 94 | 大乘 如是 | 奉行 要經 | 4 | 124 | 末題張略沒藏寫 |
| 宇 39 | 大乘 如是 | 奉行 經卷 | 4 | 119 | 末題宋良昇寫 |

| | | | | | | |
|---|---|---|---|---|---|---|
| 宙 | 29 | 大乘如是 | 奉行要經 | 4 | 121 | 末題宋良昇 |
| 宙 | 55 | 大乘如是 | 奉行要經 | 5 | 128 | 末題馬豐 |
| 宙 | 89 | 大乘如是 | 奉行要經 | 5 | 144 | 末題張良友寫 |
| 洪 | 67 | 大乘如是 | 奉行要經 | 5 | 139 | |
| 荒 | 58 | 大乘如是 | 奉行要經 | 5 | 145 | |
| 荒 | 87 | 大乘如是 | 奉行壽經 | 5 | 139 | 末題妣良 |
| 日 | 28 | 大乘如是 | 奉行要經 | 5 | 139 | 前十一行下半殘破末題索慎言 |
| 日 | 49 | 大乘如是 | 奉行要經 | 5 | 141 | 前五行下半殘破末題唐悉口寫 |
| 日 | 80 | 大乘如是 | 說皆奉行 | 5 | 136 | 末題王宗 |
| 月 | 50 | 大乘如是 | 奉行要經 | 3 | 91 | |

| 字號 | 號數 | 起 | 止 | 紙數 | 行數 | 附記 |
|---|---|---|---|---|---|---|
| 盈 | 31 | 大乘如是 | 奉行要經 | 12 | 337 | 卷首題大乘無量壽經經末題佛說無量壽宗要經共寫三部皆首尾完好經尾皆有呂日興題名紙背雜寫數行 |
| 盈 | 63 | 大乘我聞 | 奉行要經 | 4 | 115 | 起處略有殘破末題氾子昇寫 |
| 盈 | 71 | 大乘如是 | 奉行要經 | 4 | 114 | 略有缺破 |
| 盈 | 76 | 壽經薄伽 | 奉行要經 | 9 | 280 | 此卷共寫三部後二部不全次卷有田廣談題名紙背寫目連救母變文不全 |
| 昃 | 75 | 无量如是 | 奉行要經 | 5 | 107 | 首碎損 |
| 昃 | 91 | 大乘如是 | 奉行要經 | 5 | 137 | |
| 辰 | 54 | 大乘如是 | 奉行要經 | 5 | 134 | 略有殘破 |
| 辰 | 64 | 大乘如是 | 奉行要經 | 4 | 108 | 末題張瀛 兩片 |
| 宿 | 34 | 大乘如是 | 奉行經卷 | 5 | 121 | |

| | | | | | |
|---|---|---|---|---|---|
| 宿36 | 大乘如是 | 奉行要經 | 4 | 112 | 首題大乘無量壽經末題佛說無量壽宗要經與盈卅一號同尾有張瀛題名 |
| 宿62 | 无量如是 | 奉行要經 | 5 | 134 | 殘缺數字 |
| 宿74 | 大乘如是 | 奉行要經 | 4 | 118 | |
| 宿97 | 大乘如是 | 奉行要經 | 4 | 120 | 末題宋良金 |
| 列34 | 薄伽衆俱 | 奉行要經 | 4 | 117 | 起處缺數字末題盧淡 |
| 列81 | 大乘如是 | 奉行要經 | 5 | 129 | 中間頗有殘破末題常小卿 |
| 列90 | 大乘如是 | 奉行要經 | 5 | 147 | 中間略有破損 |
| 張18 | 大乘如是 | 奉行一卷 | 4 | 115 | |
| 張23 | 大乘如是 | 奉行要經 | 4 | 127 | 卷端略有破損 |
| 張60 | 大乘如是 | 能入要經 | 4 | 104 | 少寫爾時如來說是經已至信受奉行數句 |

| | | | | | |
|---|---|---|---|---|---|
| 張 | 76 | 大乘 如是 奉行 要經 | 5 | 138 | |
| 張 | 77 | 大乘 如是 奉行 要經 | 5 | 140 | |
| 寒 | 72 | 大乘 如是 奉行 要經 | 5 | 136 | |
| 來 | 10 | 大乘 如是 奉行 要經 | 5 | 137 | 起處略有破碎 |
| 暑 | 33 | 大乘 如是 奉行 要經 | 4 | 117 | |
| 往 | 90 | 大乘 如是 奉行 要經 | 5 | 137 | |
| 秋 | 21 | 大乘 如是 奉行 要經 | 5 | 144 | |
| 秋 | 35 | 大乘 如是 奉行 要經 | 4 | 121 | 末題張卿 |
| 秋 | 79 | 大乘 如是 奉行 要經 | 4 | 128 | 末題汜子昇 |
| 收 | 20 | 大乘 如是 奉行 要經 | 4 | 116 | 末題張涓子 |

| | | | | | |
|---|---|---|---|---|---|
| 收38 | 大乘如是 | 奉行壽經 | 4 | 111 | |
| 收71 | 大乘如是 | 奉行要經 | 4 | 119 | 末題氾華 |
| 收89 | 大乘如是 | 奉行要經 | 5 | 149 | 起處殘破 |
| 收98 | 時薄爾時 | 奉行要經 | 4 | 125 | 起處略有殘破末題張力沒藏寫 |
| 冬44 | 大乘如是 | 奉行要經 | 4 | 128 | 首碎損末題張略沒藏寫 |
| 冬78 | 大乘如是 | 奉行要經 | 5 | 143 | 首碎損末題田廣談 |
| 冬83 | 大乘如是 | 奉行要經 | 5 | 138 | 末題索慎言 |
| 冬84 | 大乘如是 | 奉行要經 | 5 | 132 | 卷中多碎損 |
| 冬97 | 大乘如是 | 奉行要經 | 4 | 125 | 首尾略有殘破 |
| 藏13 | 大乘如是 | 奉行經卷 | 5 | 131 | |

| | | | | | |
|---|---|---|---|---|---|
| 藏27 | 无量 我聞 | 奉行 要經 | 5 | 146 | 卷首微損末有硃書張加寺三字 |
| 藏34 | 大乘 如是 | 奉行 一卷 | 4 | 107 | |
| 閏5 | 大乘 如是 | 奉行 要經 | 4 | 110 | |
| 餘23 | 大乘 如是 | 奉行 要經 | 5 | 140 | 間有破損尾題田廣談 |
| 餘25 | 大乘 如是 | 大歡 奉行 | 4 | 128 | 起處微闕 |
| 餘43 | 大乘 如是 | 奉行 要經 | 4 | 130 | 末題李加興寫 |
| 餘57 | 大乘 如是 | 奉行 要經 | 12 | 330 | 共寫三部令狐晏兒寫 |
| 餘77 | 大乘 如是 | 奉行 要經 | 4 | 128 | 起處略破 |
| 餘97 | 大乘 如是 | 奉行 要經 | 5 | 132 | 末題張興國 |
| 成25 | 大乘 如是 | 奉行 要經 | 4 | 108 | 首碎損令狐晏兒寫 |

| | | | | |
|---|---|---|---|---|
| 成 56 | 大乘奉行 如是要經 | 4 | 116 | 首碎損令狐晏兒寫 |
| 成 68 | 大乘奉行 如是要經 | 4 | 119 | 起處略破張興國寫 |
| 成 77 | 大乘奉行 如是壽經 | 4 | 110 | |
| 成 93 | 大乘奉行 如是要經 | 5 | 140 | |
| 歲 31 | 大乘奉行 如是要經 | 5 | 140 | 末題張略沒藏寫 |
| 歲 67 | 大乘奉行 如是要經 | 5 | 125 | 起數行下半殘缺 |
| 歲 74 | 大乘奉行 如是要經 | 4 | 118 | 末題張涓 |
| 律 4 | 大乘奉行 如是要經 | 5 | 138 | 末題廩字 |
| 律 25 | 大乘奉行 如是要經 | 4 | 112 | 末題李曙 |
| 律 94 | 如是奉行 十人要經 | 5 | 140 | 首碎損 |

| | | | | | |
|---|---|---|---|---|---|
| 律99 | 七姟奉行 | 南謨要經 | 4 | 111 | 首碎損末題索慎言 |
| 呂7 | 要經奉行 | 南謨要經 | 6 | 171 | 共二部後一部首尾完整 |
| 呂17 | 大乘奉行 | 如是要經 | 5 | 146 | |
| 呂22 | 大乘奉行 | 如是要經 | 4 | 113 | 田廣談寫 |
| 呂27 | 大乘奉行 | 如是要經 | 5 | 124 | 起處有殘缺田廣談寫 |
| 呂38 | 大乘奉行 | 如是要經 | 5 | 141 | |
| 呂45 | 大乘奉行 | 如是要經 | 4 | 114 | 呂日興寫 |
| 呂64 | 大乘奉行 | 如是要經 | 4 | 108 | |
| 呂76 | 大乘奉行 | 如是壽經 | 4 | 107 | |
| 呂99 | 大乘奉行 | 如是要經 | 4 | 109 | 首尾碎損 |

| | | | | | |
|---|---|---|---|---|---|
| 調 | 7 | 大乘如是 皆大要經 | 4 | 124 | |
| 調 | 31 | 大乘如是 奉行要經 | 4 | 112 | 汜子昇寫 |
| 調 | 40 | 大乘如是 能入要經 | 5 | 139 | 經尾少寫爾時如來說是經已一行末題張良友寫 |
| 調 | 42 | 大乘如是 奉行要經 | 5 | 137 | |
| 調 | 53 | 大乘如是 奉行要經 | 4 | 114 | 尾有蕃字 |
| 調 | 91 | 如是俱同 奉行要經 | 4 | 113 | 起數行破損尾題文達二字紙焦脆易折 |
| 陽 | 27 | 大乘如是 奉行要經 | 4 | 112 | |
| 雲 | 60 | 大乘如是 奉行要經 | 4 | 112 | 令狐晏兒寫 |
| 雲 | 62 | 大乘如是 奉行壽經 | 4 | 109 | 首碎損張興國寫 |
| 雲 | 64 | 大乘如是 奉行要經 | 5 | 138 | |

| | | | | | |
|---|---|---|---|---|---|
| 雲 | 70 | 大乘奉行／如是要經 | 5 | 131 | |
| 騰 | 2 | 大乘奉行／如是要經 | 8 | 232 | 全經兩部汜子昇寫 |
| 騰 | 37 | 大乘婆等／如是要經 | 4 | 117 | 首尾略殘 |
| 騰 | 41 | 大乘奉行／如是要經 | 4 | 109 | 張瀛寫 |
| 騰 | 77 | 生開奉行／如是要經 | 5 | 114 | 起處殘破 |
| 致 | 11 | 大乘奉行／如是要經 | 5 | 127 | |
| 雨 | 34 | 无量皆大／如是一卷 | 5 | 68 | 每段之下未將咒文一一寫出末寫頂髻白蓋陀羅尼但寫敬禮文兩行末及陀羅尼 |
| 雨 | 45 | 大乘奉行／如是要經 | 5 | 138 | |
| 雨 | 93 | 大乘奉行／如是要經 | 4 | 116 | 張興國寫 |
| 雨 | 94 | 大乘奉行／如是要經 | 4 | 109 | |

| | | | | | | |
|---|---|---|---|---|---|---|
| 雨 | 98 | 舍衛世尊 奉行要經 | 5 | 135 | 起處略殘破王瀚寫 |
| 露 | 93 | 大乘如是 奉行要經 | 5 | 146 | |
| 露 | 98 | 大乘如是 奉行要經 | 5 | 138 | 解晟子寫 |
| 結 | 40 | 大乘如是 奉行壽經 | 4 | 111 | |
| 結 | 62 | 大乘如是 奉行要經 | 4 | 107 | 首碎損 |
| 結 | 94 | 大乘如是 奉行壽經 | 5 | 137 | 索愼言寫 |
| 爲 | 24 | 大乘如是 奉行要經 | 5 | 146 | 王宗寫 |
| 爲 | 59 | 大乘如是 奉行要經 | 4 | 120 | |
| 爲 | 93 | 大乘如是 奉行要經 | 5 | 116 | |
| 霜 | 100 | 大乘如是 奉行要經 | 4 | 115 | 田廣談寫 |

| | | | | |
|---|---|---|---|---|
| 生 11 | 大乘如是 奉行要經 | 5 | 137 | 起數行破碎 |
| 生 41 | 大乘如是 奉行要經 | 5 | 135 | 首碎損田廣談寫 |
| 生 55 | 大乘如是 奉行要經 | 4 | 126 | 起處破碎張力沒藏寫 |
| 水 9 | 大乘如是 奉行要經 | 4 | 117 | 田廣談寫 |
| 水 55 | 大乘如是 奉行要經 | 5 | 134 | |
| 出 8 | 大乘如是 奉行要經 | 6 | 140 | |
| 出 11 | 壽經如是 奉行要經 | 4 | 110 | 起處略有殘破呂日興寫 |
| 出 16 | 大乘如是 奉行要經 | 5 | 141 | 田廣談寫 |
| 出 25 | 大乘如是 奉行要經 | 4 | 116 | 氾華寫 |
| 出 26 | 量壽時薄 奉行要經 | 4 | 118 | 首碎損氾華寫 |

| | | | | | | |
|---|---|---|---|---|---|---|
| 出 | 30 | 大乘如是 | 奉行要經 | 4 | 111 | 曹興朝寫 |
| 出 | 43 | 無量是我 | 奉行要經 | 5 | 142 | 首碎損題名似是張芹如 |
| 出 | 48 | 大乘如是 | 奉行要經 | 4 | 112 | |
| 出 | 82 | 大乘如是 | 奉行要經 | 5 | 138 | 張瀛寫 |
| 崑 | 92 | 大乘如是 | 奉行要經 | 6 | 138 | 解晟子寫 |
| 岡 | 39 | 大乘如是 | 奉行要經 | 4 | 113 | |
| 岡 | 61 | 大乘如是 | 奉行要經 | 5 | 139 | |
| 岡 | 64 | 大乘如是 | 奉行要經 | 4 | 114 | 宋良昇寫 |
| 岡 | 80 | 大乘如是 | 闍婆奉行 | 4 | 114 | 首碎損 |
| 劍 | 35 | 大乘如是 | 奉行要經 | 5 | 123 | |

| | | | | | | |
|---|---|---|---|---|---|---|
| 劍 | 59 | 大乘 如是 | 奉行 要經 | 5 | 137 | 末題張曜寫畢 |
| 號 | 5 | 大乘 如是 | 奉行 要經 | 5 | 139 | 末題索慎言 |
| 號 | 44 | 大乘 如是 | 奉行 要經 | 3 | 124 | 末題劉再榮 |
| 巨 | 22 | 大乘 如是 | 奉行 要經 | 8 | 236 | 此卷寫經兩部 |
| 巨 | 24 | 量壽 伽梵 | 奉行 要經 | 5 | 115 | 起處微有破損末署裴文達 |
| 巨 | 91 | 大乘 如是 | 奉行 一卷 | 5 | 138 | 末署王瀚 |
| 闕 | 35 | 大乘 如是 | 奉行 要經 | 4 | 110 | 張瀛寫 |
| 稱 | 28 | 大乘 如是 | 奉行 要經 | 4 | 112 | 首碎損令狐晏兒寫 |
| 稱 | 58 | 大乘 如是 | 奉行 要經 | 4 | 119 | |
| 夜 | 59 | 大乘 如是 | 奉行 要經 | 5 | 142 | 末題張義朝本 |

| | | | | | |
|---|---|---|---|---|---|
| 光 32 | 大乘奉行如是要經 | 4 | 114 | 呂日興寫 |
| 光 83 | 大乘奉行如是要經 | 5 | 142 | |
| 珍 7 | 如是切世訶薩壽經 | 4 | 115 | 起處微有破損 |
| 珍 29 | 大乘奉行如是要經 | 5 | 137 | |
| 珍 47 | 大乘奉行如是要經 | 4 | 114 | 首碎損田廣談寫 |
| 珍 61 | 大乘奉行如是要經 | 5 | 129 | |
| 李 23 | 大乘奉行如是要經 | 4 | 107 | |
| 李 82 | 大乘奉行如是要經 | 4 | 120 | 呂日興寫 |
| 李 95 | 大乘奉行如是要經 | 5 | 137 | |
| 李 98 | 大乘奉行如是要經 | 4 | 113 | 裴文達寫 |

| | | | | |
|---|---|---|---|---|
| 柰1 | 大乘奉行 如是要經 | 4 | 112 | 首碎損令狐晏兒寫 |
| 柰24 | 無量奉行 如是要經 | 4 | 111 | 尾有題名已缺其半 |
| 柰46 | 大乘奉行 如是要經 | 4 | 118 | 前八行下半殘破末題令狐晏兒寫紙背雜寫他文 |
| 柰50 | 大乘奉行 如是要經 | 4 | 114 | 張涓子寫 |
| 柰57 | 大乘奉行 如是要經 | 4 | 112 | 令狐晏兒寫 |
| 菜5 | 大乘奉行 如是要經 | 5 | 127 | |
| 菜18 | 大乘奉行 如是要經 | 5 | 137 | |
| 菜32 | 如是奉行 俱同要經 | 5 | 136 | 首碎損 |
| 菜35 | 大乘奉行 如是要經 | 4 | 129 | |
| 菜71 | 大乘奉行 如是要經 | 5 | 140 | 田廣談寫 |

| | | | | | | |
|---|---|---|---|---|---|---|
| 菜 | 74 | 大乘 如是 | 奉行 要經 | 5 | 136 | |
| 菜 | 91 | 大乘 如是 | 奉行 要經 | 4 | 115 | 呂日興寫 |
| 重 | 21 | 大乘 如是 | 奉行 要經 | 4 | 111 | 解晟子寫 |
| 重 | 41 | 大乘 如是 | 奉行 要經 | 5 | 135 | 張要寫 |
| 重 | 57 | 大乘 如是 | 奉行 要經 | 4 | 113 | |
| 重 | 59 | 大乘 如是 | 奉行 要經 | 5 | 142 | 末題田廣談 |
| 重 | 99 | 大乘 如是 | 奉行 要經 | 4 | 119 | 張涓子寫 |
| 芥 | 70 | 壽經 聞一 | 奉行 要經 | 5 | 139 | 卷端缺損數字 |
| 芥 | 73 | 大乘 如是 | 奉行 要經 | 4 | 107 | 首碎損末題鄧英 |
| 芥 | 86 | 大乘 如是 | 奉行 要經 | 5 | 142 | 田廣談寫 |

| | | | | | |
|---|---|---|---|---|---|
| 薑16 | 大乘如是 | 奉行壽經 | 5 | 141 | |
| 薑27 | 大乘如是 | 奉行壽經 | 4 | 107 | 首殘損 |
| 薑28 | 大乘如是 | 奉行要經 | 5 | 139 | 張良友寫 |
| 薑29 | 大乘如是 | 奉行要經 | 5 | 152 | |
| 薑37 | 大乘我聞 | 奉行要經 | 4 | 113 | 前數行殘破全經斷爲三截 |
| 薑41 | 一時薩衆 | 奉行要經 | 4 | 118 | 卷端略有殘缺 |
| 薑53 | 如是同會 | 奉行要經 | 4 | 108 | |
| 薑59 | 大乘如是 | 奉行一卷 | 5 | 126 | 首殘損末題唐開寫 |
| 薑69 | 大乘如是 | 奉行要經 | 5 | 141 | |
| 薑72 | 大乘如是 | 奉行要經 | 4 | 113 | 田廣談寫 |

薑 88 大乘奉行如是要經 5 137 末題鄧英子寫

薑 95 大乘奉行如是要經 5 138 末題解晟子寫

海 8 大乘奉行如是要經 5 142 末題田廣談

海 9 大乘奉行如是要經 4 125 首碎損

海 12 大乘奉行如是要經 4 114

海 16 大乘奉行如是要經 4 118 首碎損

海 21 大乘奉行如是要經 4 126 裴文達寫

海 40 大乘奉行如是要經 5 138 卷端微損末題解晟子

海 45 大乘奉行如是要經 4 127 末題氾子昇

海 50 大乘奉行如是一卷 5 133 末題王宗

| | | | | | |
|---|---|---|---|---|---|
| 海 | 59 | 大乘奉行　如是要經 | 5 | 137 | 末題張曜 |
| 海 | 72 | 大乘奉行　如是要經 | 4 | 111 | 末題張瀛 |
| 海 | 76 | 大乘能入　如是奉行 | 5 | 138 | 末題索慎言 |
| 海 | 79 | 大乘奉行　如是要經 | 5 | 142 | |
| 河 | 11 | 大乘奉行　如是要經 | 4 | 113 | 起處微有損破 |
| 淡 | 53 | 大乘奉行　如是要經 | 4 | 110 | |
| 淡 | 56 | 大乘奉行　如是要經 | 5 | 134 | 間有破碎 |
| 鱗 | 36 | 大乘奉行　如是要經 | 5 | 138 | |
| 鱗 | 49 | 大乘奉行　如是要經 | 4 | 100 | 尾碎損 |
| 鱗 | 59 | 大乘奉行　如是要經 | 5 | 142 | 前微損 |

| | | | | | |
|---|---|---|---|---|---|
| 潛 | 25 | 大乘如是 奉行要經 | 4 | 115 | |
| 潛 | 28 | 无量如是 奉行要經 | 4 | 116 | 前二十餘行破碎 |
| 潛 | 35 | 大乘如是 奉行要經 | 5 | 138 | |
| 潛 | 85 | 大乘如是 奉行要經 | 4 | 115 | |
| 師 | 69 | 聞一會坐 奉行要經 | 5 | 134 | 起處破爛 |
| 師 | 73 | 佐耶薩婆 奉行要經 | 4 | 84 | 起處殘破末題索閏 |
| 帝 | 76 | 大乘如是 奉行要經 | 4 | 112 | 略有殘破 |
| 帝 | 82 | 大乘如是 奉行要經 | 4 | 109 | 略有殘破 |
| 鳥 | 13 | 薄伽會坐 奉行要經 | 5 | 141 | 前十餘行殘破 |
| 鳥 | 89 | 大乘如是 奉行要經 | 4 | 111 | |

| | | | | | |
|---|---|---|---|---|---|
| 官 | 91 | 大乘奉行如是要經 | 4 | 114 | 微有破損末題張涓子 |
| 皇 | 73 | 大乘奉行如是要經 | 4 | 112 | |
| 文 | 3 | 大乘奉行如是要經 | 4 | 130 | 尾碎損末題張略沒藏寫 |
| 乃 | 40 | 壽經奉行時薄要經 | 3 | 102 | 首破爛末題解晟子 |
| 服 | 48 | 大乘奉行如是要經 | 4 | 113 | 間有破缺末題張瀛 |
| 服 | 79 | 大乘奉行如是要經 | 4 | 118 | 起處破爛末題張涓子 |
| 服 | 82 | 樹給能入同會奉行 | 5 | 135 | 首尾略有破缺 |
| 服 | 96 | 大乘犍闥如是要經 | 4 | 103 | 起處微破 |
| 推 | 8 | 乘无奉行聞一要經 | 4 | 116 | 起處破損尾有蕃字題名 |
| 位 | 5 | 大乘奉行如是要經 | 4 | 116 | 末題裴文達 |

| | | | | | | |
|---|---|---|---|---|---|---|
| 位 | 14 | 大乘如是 | 奉行壽經 | 4 | 112 | 起處略有殘破 |
| 位 | 21 | 大乘如是 | 奉行要經 | 4 | 111 | 令狐晏兒寫 |
| 位 | 76 | 大乘如是 | 奉行要經 | 4 | 114 | |
| 列 | 70 | 大乘如是 | 尼曰伽囉 | 3 | 95 | |
| 列 | 85 | 大乘如是 | 一莎知滴 | 4 | 96 | |
| 餘 | 59 | 大乘如是 | 能入能入 | 4 | 114 | 尾缺一行 |
| 歲 | 89 | 大乘如是 | 陁羅羯他 | 4 | 108 | |
| 歲 | 92 | 大乘如是 | 喜信要經 | 4 | 116 | |
| 律 | 36 | 大乘如是 | 羅尼他耶 | 3 | 73 | 殘破甚多 |
| 律 | 100 | 大乘如是 | 婆婆十五 | 4 | 112 | |

| | | | | | | |
|---|---|---|---|---|---|---|
| 呂 82 | 佛說 如是 | 年陀 是无 | 2 | 43 | 存卷首一二段 |
| 雨 49 | 大乘 如是 | 唎蜜 磨底 | 3 | 86 | 尾碎損 |
| 金 86 | 大乘 如是 | 硯娜 某持 | 3 | 72 | 後半殘破 |
| 生 18 | 大乘 如是 | 伽囉 莎訶 | 1 | 32 | |
| 生 44 | 大乘 如是 | 佐郎 磨底 | 1 | 27 | |
| 出 71 | 大乘 如是 | 唎莎 尼曰 | 2 | 67 | |
| 稱 29 | 大乘 如是 | 莎訶 底阿 | 1 | 30 | |
| 果 82 | 大乘 如是 | 上能 喩紇 | 4 | 98 | 後十餘行殘破 |
| 菜 41 | 大乘 如是 | 是書 勃底 | 3 | 75 | 破碎甚多 |
| 薑 83 | 大乘 如是 | 十五 波唎 | 3 | 91 | |

| | | | | | | |
|---|---|---|---|---|---|---|
| 海 | 43 | 大乘輪底 | 如是莎訶 | 6 | 164 | 共寫兩部前部全有張涓題名後部僅寫三十餘行尾碎損 |
| 潛 | 5 | 大乘牟尼 | 如是持是 | 4 | 110 | 卷末缺二十行 |
| 潛 | 47 | 大乘同聲 | 如是指施 | 1 | 30 | 存經前二十餘行尾碎損 |
| 翔 | 6 | 大乘能入 | 如是能入 | 4 | 120 | 經尾缺一行 |
| 翔 | 42 | 大乘十五 | 如是名號 | 1 | 25 | 存經前二十餘行 |
| 龍 | 1 | 大乘十五 | 如是尼曰 | 2 | 58 | 存經之前半 |
| 龍 | 17 | 大乘摩訶 | 我聞尼曰 | 1 | 29 | 存經前數段 |
| 龍 | 27 | 大乘受宗 | 如是耶怛 | 1 | 33 | 存經前數段 |
| 龍 | 28 | 大乘福智 | 如是尼曰 | 1 | 27 | 存經前二十餘行 |
| 師 | 16 | 大乘阿 | 如是唎輸 | 1 | 30 | |

| | | | | | | |
|---|---|---|---|---|---|---|
| 師 | 85 | 大乘 底十三 | 我聞 訶十五 | 1 | 24 | 存經前二十餘行 |
| 帝 | 95 | 迦迦 十五 | 爾時 復得 | 1 | 29 | 存經前六七段 |
| 鳥 | 5 | 大乘 婆毗 | 如是 十五 | 3 | 79 | 尾碎損 |
| 官 | 22 | 若有 娜三 | 命盡 唵七 | 1 | 26 | 存經前三四段 |
| 官 | 59 | 乘无 薩婆 | 如是 訶十五 | 3 | 71 | |
| 官 | 95 | 大乘 尼曰 | 如是 羯他 | 1 | 28 | 存經前數段 |
| 人 | 27 | 大乘 無若 | 如是 命盡 | 1 | 26 | 存經前數段 |
| 文 | 81 | 大乘 唎蜜 | 如是 達摩 | 3 | 83 | 尾碎損有裴文達題名 |
| 服 | 84 | 大乘 量壽 | 如是 尼曰 | 1 | 26 | 存經前二三段亦復破爛 |
| 裳 | 38 | 大乘 信受 | 如是 要經 | 4 | 109 | 首尾破碎 |

| | | | | | |
|---|---|---|---|---|---|
| 裳 92 | 大乘 如是 | 波喇 等无 | 3 | 88 | 首尾碎損 |
| 推 66 | 大乘 一時 | 有重 悉指 | 2 | 55 | |
| 推 78 | 大乘 如是 | 尼曰 羅八 | 2 | 61 | |
| 地 25 | 爾時 南謨 | 奉行 要經 | 4 | 110 | 前數段殘闕卷末全 |
| 地 37 | 若有 南謨 | 奉行 要經 | 3 | 79 | |
| 地 96 | 大苾 上方 | 奉行 要經 | 4 | 109 | 卷首殘闕十餘行末題張瀛寫 |
| 地 99 | 薩婆 善男 | 奉行 一卷 | 8 | 230 | 此卷共兩部後部全末題巳前六卷紙三十 張王瀚寫眼闇書不得不放等語 |
| 宇 12 | 紇硯 他羯 | 奉行 要經 | 8 | 214 | 卷首缺去數行 |
| 宇 42 | 羅三 大限 | 奉行 要經 | 5 | 132 | 卷首缺去數行 |
| 宇 48 | 南謨 怛然 | 奉行 要經 | 4 | 115 | 卷首殘闕四段餘末題唐文英 |

| | | | | | | |
|---|---|---|---|---|---|---|
| 宇 | 100 | 南謨 婆葉 | 奉行 要經 | 5 | 121 | 卷首闕十餘行末題龍興二字 |
| 宙 | 96 | 波利 伽迦 | 迷吽 一卷 | 7 | 173 | 首碎損卷尾信受奉行後一段乃觀世音如意輪陀羅尼 |
| 洪 | 50 | 南謨 薩婆 | 奉行 要經 | 3 | 89 | 末有黃文達題名他卷作裴文達 |
| 洪 | 60 | 枉橫 爲經 | 奉行 要經 | 8 | 237 | 此卷兩部前部卷首殘闕後部完整皆汜子昇寫 |
| 荒 | 77 | 德聚 殊誦 | 歡喜 奉行 | 4 | 115 | 卷首殘破數行 |
| 荒 | 81 | 橫死 卷受 | 奉行 要經 | 4 | 117 | 卷首缺去數行末題唐開 |
| 盈 | 37 | 衆生 欲朮 | 奉行 一卷 | 4 | 114 | 卷首缺去八行末題妣良 |
| 辰 | 5 | 讀誦 底一 | 奉行 要經 | 2 | 53 | 殘闕一半末有田廣談題名 |
| 辰 | 72 | 壽經 聞一 | 奉行 一卷 | 9 | 250 | 此卷兩部末有王瀚題名 |
| 宿 | 41 | 波咧 爾時 | 奉行 要經 | 3 | 95 | 首碎損末有裴達題名 |

| | | | | | | |
|---|---|---|---|---|---|---|
| 宿 | 53 | 聽南者衆 | 奉行要經 | 8 | 210 | 起處缺三行又有十行缺去下半 |
| 列 | 50 | 迦羅特迦 | 奉行要經 | 4 | 94 | |
| 列 | 54 | 南謨悉迦 | 奉行要經 | 3 | 95 | 末題汜廣 |
| 列 | 88 | 自書供養 | 奉行要經 | 4 | 104 | 卷端破碎末有蕃字 |
| 列 | 91 | 輪底若有 | 奉行要經 | 7 | 190 | 此卷兩部後一部全 |
| 張 | 78 | 波利四波 | 奉行要經 | 4 | 104 | |
| 張 | 89 | 若使阿波 | 奉行要經 | 5 | 135 | 卷端缺去八九行末有張英環題名 |
| 來 | 47 | 南謨怛姪 | 奉行一卷 | 4 | 107 | 末題唐開 |
| 暑 | 27 | 年於使人 | 奉行要經 | 4 | 96 | 起處缺少三行餘 |
| 秋 | 85 | 百八有善 | 奉行要經 | 5 | 121 | 起處缺少數行末題安國興寫 |

| | | | | | | |
|---|---|---|---|---|---|---|
| 秋 | 87 | 摩訶奉行 | 南無受經 | 4 | 110 | 卷首碎損尾題王瀚經十卷共五十紙九字 |
| 收 | 88 | 百年奉行 | 聞名要經 | 4 | 112 | 起處缺少三行末題田廣談 |
| 收 | 99 | 薩婆奉行 | 耶十四要經 | 3 | 86 | 末有蕃字 |
| 冬 | 58 | 若自奉行 | 如是要經 | 4 | 107 | 起處缺去四行半 |
| 冬 | 98 | 復告奉行 | 命尼要經 | 10 | 273 | 此卷兩部前部起處缺少十餘行尾題令狐晏寫後部完全無缺 |
| 藏 | 100 | 殊諦奉行 | 來功要經 | 5 | 141 | 起處破爛末有田廣談題名又有龍興二字 |
| 閏 | 67 | 爾時奉行 | 信受一卷 | 5 | 136 | |
| 餘 | 21 | 南謨奉行 | 怛姪要經 | 2 | 60 | 尾有蕃字 |
| 成 | 8 | 有得奉行 | 南謨要經 | 5 | 134 | 起處微損尾題唐文英寫 |
| 成 | 39 | 南謨奉行 | 他耶要經 | 4 | 111 | 首碎損鄧英子寫 |

| | | | | | | |
|---|---|---|---|---|---|---|
| 成 | 40 | 國祇告曼 | 奉行要經 | 8 | 230 | 經兩部起處缺數十字呂日興寫 |
| 成 | 42 | 國祇舁殊 | 奉行要經 | 5 | 138 | 起處殘破 |
| 成 | 45 | 給孤室利 | 奉行要經 | 4 | 112 | 起處略破損 |
| 成 | 67 | 姪他薩婆 | 奉行要經 | 4 | 114 | 張貞寫 |
| 成 | 75 | 姪他婆婆 | 奉行要經 | 5 | 116 | |
| 歳 | 13 | 持讀南无 | 奉行一卷 | 4 | 93 | |
| 歳 | 19 | 末香生得 | 奉行經卷 | 5 | 137 | 起處殘缺五行尾題佛說無量壽宗要功德經多功德二字 |
| 呂 | 52 | 南謨婆棄 | 奉行要經 | 3 | 81 | |
| 呂 | 78 | 爾時阿喻 | 奉行要經 | 4 | 97 | 首碎損 |
| 調 | 20 | 爾時阿喻 | 奉行要經 | 3 | 78 | 孟郎子寫 |

| | | | | | | |
|---|---|---|---|---|---|---|
| 陽 | 5 | 阿波栗悉 | 奉行要經 | 5 | 121 | 張良友寫 |
| 陽 | 39 | 衆俱无量 | 奉行要經 | 5 | 133 | |
| 雲 | 34 | 同聲須毗 | 奉行要經 | 4 | 102 | |
| 雲 | 89 | 如是受若 | 奉行要經 | 4 | 105 | |
| 騰 | 3 | 爾時阿波 | 奉行要經 | 4 | 109 | 首碎損　令狐晏兒寫 |
| 騰 | 31 | 蒭僧殊上 | 奉行壽經 | 4 | 109 | 起處殘缺六行 |
| 騰 | 39 | 栗悉娜耶 | 奉行要經 | 4 | 105 | 張涓子寫 |
| 騰 | 48 | 南謨他唵 | 奉行要經 | 4 | 85 | |
| 騰 | 86 | 輸底唎莎 | 奉行要經 | 4 | 106 | 唐文英寫 |
| 致 | 76 | 量壽須毗 | 奉行要經 | 3 | 84 | 前半殘破尾題曹興朝 |

| 編號 | 起 | 止 | 紙數 | 行數 | 附記 |
| --- | --- | --- | --- | --- | --- |
| 雨57 | 如是衆與 | 信受奉行 | 5 | 133 | 卷首略有破碎 |
| 露37 | 爾時南謨 | 奉行要經 | 4 | 112 | 首碎損 |
| 露42 | 爾時南謨 | 奉行要經 | 5 | 121 | 首碎損 |
| 露67 | 德名若於 | 奉行要經 | 4 | 119 | |
| 玉39 | 南謨羅八 | 能入奉行 | 1 | 25 | 僅存經之後半 |
| 玉74 | 南謨怛姪 | 奉行要經 | 2 | 35 | |
| 出13 | 四嫉阿波 | 奉行要經 | 5 | 119 | 卷端殘破張良友寫 |
| 出24 | 陁羅你悉 | 能入奉行 | 3 | 65 | 首碎損 |
| 出35 | 讀誦喇蜜 | 奉行要經 | 3 | 64 | 首碎損張涓寫 |
| 出75 | 爾時南謨 | 奉行要經 | 4 | 109 | 紙背寫普門品 |

| | | | | | | |
|---|---|---|---|---|---|---|
| 岡 38 | 薄伽 囉八 | 奉行 要經 | 1 | 21 | 僅存經末十餘行 |
| 岡 48 | 長壽 須毗 | 奉行 要經 | 7 | 198 | 兩部皆缺前半尾題張良友背寫六祖壇經數段又金剛經等數行 |
| 劍 21 | 戓使 香而 | 奉行 要經 | 4 | 111 | 起處殘缺數行卷尾朱書張涓子三字 |
| 劍 42 | 要經 刹不 | 奉行 要經 | 4 | 108 | 卷尾題曰第一校光際第二校法鸞第三校建張英環寫 |
| 號 4 | 園興 子舁 | 奉行 要經 | 4 | 116 | 起處殘破 |
| 號 33 | 南謨 婆索 | 奉行 要經 | 2 | 55 | |
| 巨 96 | 怛姪 薩婆 | 能入 奉行 | 4 | 110 | 缺去前半二十餘行 |
| 闕 10 | 彌陁 羯他 | 奉行 一卷 | 2 | 42 | 首碎損 |
| 珠 30 | 摩訶 有世 | 奉行 要經 | 5 | 131 | 起數行殘缺 |
| 稱 97 | 往陁 囉佐 | 奉行 要經 | 4 | 103 | 宋良金寫 |

| | | | | | |
|---|---|---|---|---|---|
| 夜 | 8 | 盡後 南謨 | 奉行 要經 | 5 | 126 | 末題唐文英 |
| 夜 | 47 | 尊界 須毗 | 能入 奉行 | 3 | 106 | 前缺十餘行 |
| 夜 | 97 | 女人 果報 | 奉行 要經 | 4 | 112 | 末題張略沒藏寫 |
| 光 | 5 | 德名 爲經 | 奉行 要經 | 6 | 154 | 起數行殘缺 |
| 光 | 59 | 若自 聾瓔 | 奉行 要經 | 4 | 112 | 起數行殘缺 |
| 果 | 5 | 國祇 尊告 | 奉行 要經 | 4 | 117 | 起數行殘缺末題盧淡 |
| 珍 | 18 | 薩婆 摩訶 | 奉行 要經 | 5 | 146 | 前一部僅留二十餘行後一部首尾完具末題張涓 |
| 李 | 41 | 殊室 耨多 | 奉行 要經 | 5 | 138 | 前數行破缺 |
| 李 | 73 | 苾僧 有世 | 奉行 要經 | 5 | 114 | 起處缺破數行末題盧淡 |
| 李 | 76 | 讀誦 无量 | 奉行 要經 | 4 | 105 | 首碎損末有題名不能辨識 |

| | | | | | |
|---|---|---|---|---|---|
| 柰37 | 決定 百年 | 奉行 要經 | 5 | 133 | 卷首殘破尾題唐文英寫 |
| 柰73 | 大乘 如是 | 惠施 波唎 | 3 | 88 | 首尾碎損 |
| 菜4 | 長壽 男子 | 奉行 要經 | 4 | 106 | 起處殘闕 |
| 菜62 | 阿婆 伽迦 | 奉行 要經 | 3 | 66 | 首碎損尾有曹興朝題名 |
| 芥12 | 梵在 爾時 | 奉行 要經 | 5 | 139 | 起八九行破碎 |
| 芥67 | 娜耶 曰南 | 奉行 要經 | 3 | 82 | 首碎損 |
| 芥89 | 爾時 蜜哆 | 能入 奉行 | 3 | 86 | 首碎損 |
| 薑2 | 與大 于昜 | 奉行 要經 | 4 | 115 | 卷端殘缺 |
| 薑10 | 南謨 姪他 | 奉行 要經 | 4 | 94 | 孟郎子寫 |
| 薑38 | 殊若 有罪 | 奉行 要經 | 4 | 110 | 首缺七八行 |

| | | | | | | |
|---|---|---|---|---|---|---|
| 薑 | 60 | 怛婬薩婆 | 奉行要經 | 4 | 109 | 首缺十數行 |
| 薑 | 77 | 如是俱同 | 奉行要經 | 4 | 118 | 前數處缺損末題張略沒藏寫 |
| 薑 | 84 | 娜十有自 | 奉行要經 | 2 | 53 | 存經之後半 |
| 海 | 1 | 底十若有 | 奉行要經 | 3 | 59 | |
| 海 | 18 | 摩訶若有 | 奉行要經 | 3 | 72 | 後題張開寫 |
| 海 | 29 | 蜜哆唎輸 | 奉行要經 | 3 | 64 | 首碎損 |
| 海 | 42 | 量壽壽如 | 奉行九卷 | 4 | 107 | 前少六七行又復爛破宋良金寫 |
| 海 | 54 | 三藐曼殊 | 奉行要經 | 4 | 104 | 前有數處破損 |
| 鹹 | 2 | 德不悉指 | 奉行要經 | 1 | 27 | 存經末二十餘行翟文英寫 |
| 鹹 | 6 | 陁四底十 | 奉行要經 | 4 | 100 | 卷前殘損 |

| | | | | | | |
|---|---|---|---|---|---|---|
| 鹹 | 48 | 怛他羅波 | 歡喜一卷 | 16 | 361 | 此卷三部前部起處破碎後兩部皆全 |
| 河 | 22 | 阿波波唎 | 奉行要經 | 5 | 138 | 卷端殘破二十餘行 |
| 河 | 31 | 百歲衆生 | 奉行要經 | 4 | 116 | 卷端殘破 |
| 淡 | 2 | 无量我聞 | 奉行一卷 | 5 | 136 | 卷端破碎二十餘行有崔文英題名 |
| 淡 | 99 | 壽宗南謨 | 奉行要經 | 9 | 218 | 卷端破碎 |
| 鱗 | 94 | 曰南娑桑 | 奉行要經 | 2 | 53 | 僅存經後七段末題李加興 |
| 潛 | 62 | 讀誦喻訖 | 奉行要經 | 3 | 68 | 存經之後半卷上端破碎太甚 |
| 羽 | 16 | 要經陁四 | 大歡要經 | 2 | 48 | 存末數段 |
| 龍 | 15 | 若有南无 | 奉行要經 | 2 | 53 | 存經之後半 |
| 龍 | 23 | 迦娜爾時 | 奉行要經 | 3 | 87 | 上端破碎 |

| | | | | | | |
|---|---|---|---|---|---|---|
| 龍 | 67 | 佐耶摩底 | 奉行要經 | 3 | 87 | 首碎損 |
| 師 | 1 | 重罪他耶 | 能入奉行 | 2 | 54 | 存末數段背有張涓題名 |
| 師 | 9 | 聞者勃底 | 奉行要經 | 4 | 118 | 卷首破爛末有張興國題名 |
| 師 | 16 | 供養喻紇 | 奉行要經 | 1 | 27 | 存末五六段之文尾題令狐晏兒寫 |
| 師 | 54 | 衆生住之 | 奉行要經 | 4 | 107 | 脫爛甚多有吳興題名 |
| 師 | 61 | 千二界名 | 聲音奉行 | 4 | 116 | 經首殘缺末題呂寶 |
| 帝 | 19 | 大乘如是 | 奉行要經 | 5 | 138 | 前三十餘行破爛末題張要寫 |
| 帝 | 34 | 同聲毗你 | 奉行要經 | 3 | 76 | 脫前半三十餘行 |
| 帝 | 50 | 達摩爾時 | 奉行要經 | 3 | 85 | 末題裴張小卿 |
| 帝 | 67 | 南無唎輪 | 奉行要經 | 4 | 96 | 前二十餘行殘破 |

| | | | | | |
|---|---|---|---|---|---|
| 鳥11 | 要經他羯 | 奉行要經 | 3 | 89 | 首碎損有呂日興題名 |
| 鳥14 | 薩婆時同 | 奉行要經 | 4 | 96 | 首碎損 |
| 鳥73 | 會坐生有 | 奉行要經 | 5 | 139 | 卷前脫爛數行末題田廣談 |
| 鳥74 | 達摩爾時 | 奉行經卷 | 3 | 88 | 經名宗要下多功德二字末題宋良金 |
| 官8 | 來一書能 | 奉行一卷 | 4 | 69 | 首碎損 |
| 官45 | 姪他婆婆 | 奉行一卷 | 5 | 122 | 前二行破碎 |
| 官71 | 蜜多放唎 | 奉行要經 | 2 | 47 | 有宋良金題名 |
| 官79 | 人皆衆生 | 奉行要經 | 4 | 108 | 首碎損 |
| 人21 | 悉迦摩訶 | 經一壽經 | 4 | 104 | 起處殘破 |
| 人85 | 磨底波唎 | 奉行要經 | 3 | 68 | 首碎損有呂日興題名 |

| | | | | | | |
|---|---|---|---|---|---|---|
| 皇 | 91 | 達摩爾時 | 奉行要經 | 3 | 74 | 有李曙題名 |
| 始 | 2 | 七寶南謨 | 奉行要經 | 1 | 22 | 首碎損存經末數段 |
| 始 | 9 | 薩婆若有 | 奉行要經 | 3 | 81 | |
| 始 | 25 | 滅陁耶五 | 奉行要經 | 2 | 57 | 起處破爛尾題氾子昇寫 |
| 始 | 33 | 經受阿喻 | 奉行宗要 | 2 | 52 | 有張廊題名 |
| 始 | 43 | 南无迦囉 | 奉行要經 | 2 | 49 | 首碎損 |
| 始 | 44 | 唎蜜悉迦 | 奉行要經 | 2 | 53 | 起處破爛存經末數段 |
| 始 | 71 | 摩訶若有 | 奉行一卷 | 2 | 35 | 有王瀛題名 |
| 始 | 89 | 波唎若有 | 要經彌陁 | 1 | 27 | 存近末數段 |
| 制 | 12 | 壽宗耶五 | 羅犍口行 | 3 | 87 | |

| | | | | | | |
|---|---|---|---|---|---|---|
| 制21 | 如同 須呲 | 奉行 要經 | 2 | 63 | 背有丁丑年三月十五七字 |
| 制55 | 生得 處以 | 奉行 要經 | 4 | 113 | 經首缺去數行末題張涓子寫 |
| 制56 | 舍衛 告爲 | 奉行 要經 | 5 | 137 | 經首殘破末題田廣談 |
| 制58 | 祇樹 利童 | 奉行 要經 | 4 | 117 | 經首殘缺四五行尾題張瀛寫 |
| 制86 | 國祇 告爲 | 奉行 要經 | 5 | 136 | 經首破缺 |
| 制87 | 說是 硯娜 | 奉行 要經 | 4 | 99 | 末題令狐晏兒寫 |
| 文19 | 若有 南謨 | 奉行 要經 | 2 | 45 | 末有題名闕去半邊似是李加興寫四字 |
| 文51 | 布施 怛姪 | 奉行 要經 | 2 | 30 | 存經尾一二段令狐晏兒寫 |
| 文56 | 底九 爾時 | 奉行 要經 | 3 | 90 | |
| 文86 | 供養 壽智 | 奉行 要經 | 4 | 108 | 經首缺去數行 |

| | | | | | | |
|---|---|---|---|---|---|---|
| 字 | 60 | 伽底壽宗 | 奉行要經 | 3 | 75 | 首碎損尾有蕃字 |
| 字 | 64 | 他耶莎訶 | 奉行要經 | 4 | 99 | 首碎損馬豐寫 |
| 字 | 78 | 薩婆耶十四 | 奉行要經 | 3 | 63 | 首碎損有口郎子三字題名 |
| 字 | 87 | 誦受哆二 | 來說无量 | 3 | 70 | 首尾碎損有李加興題名 |
| 字 | 97 | 喻紇達磨 | 能入奉行 | 3 | 58 | |
| 乃 | 34 | 若有持讀 | 奉行要經 | 4 | 100 | 首碎損末題張瀛 |
| 乃 | 57 | 蜜哆輸底 | 奉行要經 | 4 | 106 | |
| 乃 | 61 | 若有羅尼 | 信受宗要 | 3 | 65 | 首尾碎損 |
| 服 | 24 | 若有滅陁 | 喜信奉行 | 3 | 67 | 首碎損尾有蕃字題名 |
| 服 | 35 | 薄伽會坐 | 奉行一卷 | 4 | 115 | 此卷字體整潔惜起數行殘破末有勘了二硃字宋良昇三墨字 |

| | | | | | |
|---|---|---|---|---|---|
| 衣30 | 耨多咼殊 | 奉行要經 | 4 | 108 | 經首殘破 |
| 衣31 | 南謨薩婆 | 奉行要經 | 4 | 103 | 經首缺去數行末題李義 |
| 衣51 | 婆唎若有 | 奉行壽經 | 1 | 23 | 存經尾數段 |
| 衣58 | 爾時南无 | 奉行一卷 | 4 | 92 | 首碎損末題解晟子 |
| 衣87 | 若有隨其 | 奉行經卷 | 2 | 50 | 首碎損 |
| 衣89 | 婆唎薄伽 | 奉行要經 | 4 | 96 | 起處破爛末題李義 |
| 裳7 | 毗你薩婆 | 奉行要經 | 5 | 113 | |
| 裳14 | 婆囉持讀 | 能入奉行 | 2 | 58 | 首碎損 |
| 裳35 | 迦娜善男 | 受奉壽經 | 3 | 80 | 首碎損 |
| 裳36 | 善男是等 | 奉行要經 | 4 | 111 | 首碎損題名殘破 |

| | | | | | | |
|---|---|---|---|---|---|---|
| 推 | 13 | 達摩爾時 | 奉行要經 | 4 | 100 | 首碎損 |
| 推 | 15 | 讀誦如來 | 囑涉曉示 | 2 | 42 | 首碎損末題裴文達 |
| 推 | 22 | 莎訶㛃佛 | 奉行要經 | 3 | 80 | 首碎損 |
| 推 | 63 | 尼曰怛姪 | 奉行要經 | 4 | 109 | 起處殘破 |
| 推 | 68 | 壽經一時 | 奉行一卷 | 5 | 134 | 起處殘破甚多末有王瀚題名 |
| 推 | 74 | 波喇南謨 | 奉行要經 | 1 | 27 | |
| 推 | 88 | 大苾有世 | 奉行要經 | 5 | 122 | 起處缺去數半行尾有李弁題名 |
| 位 | 3 | 殊上提現 | 奉行要經 | 2 | 105 | 起處破爛 |
| 位 | 22 | 時波南謨 | 奉行要經 | 5 | 121 | 首碎損 |
| 位 | 35 | 喇波地獄 | 奉行一卷 | 3 | 68 | 首碎損 |

| | | | | | |
|---|---|---|---|---|---|
| 位 36 | 祇樹 童子 | 奉行 要經 | 4 | 107 | 起處殘破末有索閏題名 |
| 位 78 | 聲說 阿喻 | 奉行 要經 | 5 | 111 | |
| 地 61 | 爾時 宗要 | 十五 寫教 | 3 | 58 | 首尾碎損 |
| 荒 88 | 南謨 波喇 | 莎訶 淨土 | 6 | 154 | 此卷共兩部 |
| 月 22 | 毗你 薩婆 | 七薩 十一 | 1 | 26 | 僅中間數行首尾不具 |
| 來 56 | 喻紇 迦囉 | 莎訶 喇婆 | 2 | 46 | |
| 來 74 | 喇蜜 磨底 | 莎訶 尼曰 | 2 | 56 | 破碎不完 |
| 藏 45 | 福智 南謨 | 无量 尼曰 | 1 | 28 | 存中間一小段 |
| 餘 81 | 壽宗 時薄 | 階衛 正覺 | 4 | 104 | 首尾破損背後有辛巳年五月八日立契洪池鄉百姓何通子等語 |
| 歲 25 | 爾時 南無 | 奉行 要經 | 3 | 84 | 首碎損末題張瀛 |

| | | | | | |
|---|---|---|---|---|---|
| 歲 | 62 | 佐耶能入 十一信受 | 4 | 107 | 首碎損尾缺奉行二字 |
| 呂 | 8 | 量壽耶六 來名薩婆 | 5 | 114 | 首尾殘缺 |
| 呂 | 9 | 无量輪底 如是莎訶 | 3 | 84 | 尾碎損 |
| 調 | 39 | 量壽能入 一時能入 | 4 | 116 | 首尾略有殘缺 |
| 雲 | 90 | 伽迦底薩 爾時莎訶 | 3 | 73 | 缺去首尾 |
| 騰 | 91 | 鳥獸莎訶 種智孫佛 | 1 | 29 | 存近末數段 |
| 致 | 80 | 梵在八万 會坐三須 | 6 | 180 | 此卷兩部前部闕前半後部闕後半前後移置可成一部 |
| 雨 | 41 | 大善喻紇 量功伽迦 | 4 | 48 | 殘缺 |
| 生 | 63 | 須毗十五 七薩孫佛 | 1 | 26 | 存近末數段 |
| 麗 | 8 | 娜十二他唵 說是婆麗 | 1 | 20 | |

| | | | | | |
|---|---|---|---|---|---|
| 出 | 5 | 量壽指陁 須毗薩婆 | 2 | 52 | 後半破碎 |
| 崑 | 58 | 若有尼曰 持讀硯娜 | 1 | 28 | |
| 號 | 74 | 是无磨底 陁羅十五 | 1 | 27 | 首碎損 |
| 闕 | 2 | 善男波唎 南謨世界 | 1 | 28 | 太破碎 |
| 闕 | 6 | 訶娜怛姪 若有毗輸 | 1 | 30 | 首碎損 |
| 闕 | 51 | 乘无達磨 是我八書 | 3 | 75 | 全卷碎損 |
| 李 | 1 | 書若娜耶 南謨別異 | 3 | 79 | 首尾碎損 |
| 薑 | 18 | 世尊讀誦 滿百二阿 | 2 | 48 | 首尾碎損 |
| 海 | 20 | 薩婆能入 若有所說 | 3 | 61 | 首尾碎損 |
| 翔 | 84 | 婆薩底一 爾時唵七 | 3 | 97 | 首尾碎損 |

| | | | | | | |
|---|---|---|---|---|---|---|
| 龍 | 32 | 唵薩 摩訶 | 十五 尼曰 | 2 | 62 | |
| 龍 | 72 | 來功 宅所 | 怛姪 薩婆 | 5 | 121 | 首尾碎損 |
| 師 | 10 | 經 一時 | 喻紇 達磨 | 2 | 68 | 首碎損 |
| 師 | 11 | 薩婆 莎訶 | 大千 尼曰 | 1 | 28 | |
| 師 | 56 | 羅尼 佐耶 | 師子 開天 | 4 | 84 | 首尾均有脫爛 |
| 師 | 64 | 後告 盡復 | 是无 波唎 | 3 | 73 | 首尾均有脫爛 |
| 帝 | 37 | 爾時 蜜哆 | 十五 尼曰 | 1 | 28 | |
| 鳥 | 66 | 須毗 薩婆 | 十五 經等 | 1 | 28 | 存後數段 |
| 官 | 17 | 給孤 殊上 | 讀誦 喻紇 | 2 | 51 | 前數行缺破 |
| 人 | 60 | 毗你 婆棄 | 伽迦 訶娜 | 2 | 23 | 首碎損 |

| | | | | | |
|---|---|---|---|---|---|
| 人98 | 壽宗 南謨 | 底十 十三 | 1 | 26 | |
| 皇79 | 十五 呲你 | 奉行 經卷 | 3 | 81 | 殘破 |
| 始12 | 佛說 如是 | 皆大 要經 | 4 | 113 | 全卷破碎太甚末題宋良金三字亦將破滅 |
| 始34 | 訶某 是无 | 迦底 宗要 | 1 | 29 | |
| 制51 | 波喇 若有 | 尼曰 娜三 | 1 | 28 | |
| 制59 | 百五 上方 | 能聲 精進 | 4 | 107 | 首尾不具 |
| 文47 | 如來 若於 | 硯娜 輸底 | 2 | 53 | 存經前數段極破碎 |
| 字25 | 摩訶 若有 | 尼曰 唵七 | 1 | 29 | |
| 乃72 | 祗樹 坐爾 | 能入 歡喜 | 5 | 145 | 首尾殘破背寫社司轉帖橫看成文蓋唐時民間一種通行規約每字之下照寫同樣之字無數 |

| | | | | | |
|---|---|---|---|---|---|
| 服 | 40 | 怛姪悉指羅波他耶 | 4 | 108 | 字大行疏 |
| 裳 | 93 | 婆婆莎訶善男尼曰 | 2 | 57 | |
| 推 | 11 | 紇硯底九波唎十五 | 1 | 29 | 首碎損 |
| 推 | 30 | 无量能入是我說皆 | 4 | 113 | 首後殘破 |
| 推 | 39 | 怛他十五某特尼曰 | 3 | 91 | 首碎損 |
| 推 | 75 | 諦聽滿年无量耶五 | 2 | 57 | 首碎損 |
| 位 | 45 | 他耶棄悉薩婆唎婆 | 3 | 69 | 首碎損 |
| 位 | 51 | 南謨十五怛姪人前 | 2 | 56 | |
| 位 | 52 | 須毗硯娜薩婆他唵 | 1 | 26 | |
| 位 | 61 | 南謨受持須毗尼曰 | 1 | 27 | 存中間數段 |

新會　陳垣　校錄

## 第十三帙

### 佛說父母恩重經

原號　起　止　紙　行　附記

號 14 恩重奉行 如是一卷 3 64 首四行碎損

辰 36 佛說一卷 如是戒安 6 122 卷內三種首爲此經次爲佛說天請問經末爲佛說大乘四法經均完具末寫有爲師僧父母戒安八字

人 22 嶇山奉行 訶薩重經 3 62 首七行尾三行碎損

闕 40 龍鬼奉行 目不重經 2 54 首行碎損卷中又碎損十行

| | | | | | | |
|---|---|---|---|---|---|---|
| 裳 | 33 | 菩薩尼優 | 奉行重經 | 2 | 56 | 全卷碎損二十八行 |
| 翔 | 25 | 則闌食非 | 雨五奉行 | 2 | 48 | 首尾碎損各一行 |
| 柰 | 28 | 母養各有 | 奉行重經 | 3 | 48 | 首五行碎損卷中又碎損十四行 |
| 洪 | 39 | 持讀但父 | 奉行重經 | 2 | 39 | 首四行碎損卷中又碎損八行 背面有心經一卷 |
| 李 | 85 | 不時兒遙 | 奉行一卷 | 2 | 41 | 首七行碎損 |
| 霜 | 81 | 言若前啓 | 體血水嗽 | 4 | 89 | 首二行尾七行碎損卷中又碎損三十九行卷內共三種首爲救護疾病經次爲此經末行爲佛母經均殘闕姑附此 |

# 大通方廣經

| 原號 | 起 | 止 | 紙 | 行 | 附記 |
|---|---|---|---|---|---|
| 列60 | 皆悉持大 | 佛道卷上 | 23 | 588 | 卷中碎損五行卷尾題大通方廣經據大周刊定衆經目錄卷十五僞經錄中有大通方廣經一部三卷 |
| 列5 | 神王經典 | 佛道卷上 | 19 | 467 | 首四行碎損尾題卷上 |
| 珍88 | 到此持是 | 佛道卷上 | 17 | 469 | 首九行碎損 |
| 藏11 | 界可略說 | 佛道方上 | 15 | 411 | 首一行尾九行碎損 |
| 盈19 | 勉時如來 | 刼刼諸佛 | 9 | 292 | 首六十六行及尾行碎損 |
| 盈24 | 是諸我於 | 授記卷中 | 6 | 165 | 此卷緊接盈十九號尾題卷中 |
| 露66 | 一體如世 | 授記卷中 | 16 | 435 | 首行碎損此卷包括盈十九廿四兩號且可補其缺文 |

| | | | | | |
|---|---|---|---|---|---|
| 衣 1 | 涸於<br>門有 | 佛道<br>卷上 | 16 | 429 | 首四十九行尾五行碎損均已見列六十號<br>合觀各卷仍缺卷下即卷上卷中亦不全 |
| 冬 2 | 薩信<br>薩摩 | 一切<br>空分 | 7 | 181 | 首尾俱缺攷其文即大通方廣經 |

# 大通方廣懺悔滅罪莊嚴成佛經

| 原號 | 起 | 止 | 紙 | 行 | 附記 |
|---|---|---|---|---|---|
| 果 69 | 大通<br>爾時 | 佛言<br>善根 | 4 | 119 | 此即大通方廣經卷端題有全名起處可補<br>盈十九號之缺 |

# 淨度三昧經

| 原號 | 起 | 止 | 紙 | 行 | 卷次 | 附記 |
|---|---|---|---|---|---|---|
| 結65 | 曰男以爾 | 開解卷上 | 3 | 37 | 上 | 首五行碎損佛爲屏沙王說善惡諸報殘餘無幾 |
| 昃2 | 惟帳娛作 | 而去卷下 | 13 | 294 | 下 | 前半爲佛化五百美女成男身作沙門後半與恐畏長者及阿難說戒律及親 |

近善知識中有云是經一名斷諸苦本一名總持諸法門三昧一名淨度三昧

# 佛說禪門經

| 原號 | 起 | 止 | 紙 | 行 | 附記 |
|---|---|---|---|---|---|
| 露 95 | 嵩岳 不若 | 奉行 一卷 | 6 | 156 | 首二十三行碎損前有沙門慧光發願誦寫此經文一篇惜殘缺其略云於嵩岳寺誦得戒了遂便求法來百山三年轉法華經吾即悲泣我今坐禪何時得悟向福龍寺開一切經藏得此經經云時有菩薩名棄諸蓋佛欲涅槃菩薩求法佛言禪定空慧爲究竟門菩薩白言世尊如餘經中或說四禪十二觀門云何此經直言禪定而不具說耶善男子餘經爲說淺近權立方便種種教法此禪要經唯論究竟頓教大乘吾讀此經忽然得悟發願誦三万遍及寫三百卷普及一切云云 |
| 鳥 33 | 棄諸 經直 | 有異 刧迷 | 3 | 44 | 此又一人寫不甚工整又不完具 |

# 入无分別總持經

原號 起 止 紙 行 附記

蓋23 世尊 奉行 6 134 首二行碎損佛爲无分別照明菩薩說唯識分別一卷 无相之理惜起處不全與藏中入無分別法門經蓋同本異譯

# 佛說無量大慈教經

| 原號 | 起 | 止 | 紙 | 行 | 附記 |
| --- | --- | --- | --- | --- | --- |
| 昃 43 | 佛說 爾時 | 而去 教經 | 5 | 140 | 首八行碎損卷首題曰佛說無量大慈教經 |
| 薑 89 | 城中 有佛 | 奉行 慈經 | 2 | 41 | 首六行碎損尾題曰佛說無量大慈經經中說戒酒肉等功德殘缺不完 |
| 河 64 | 鐵床 向所 | 來復 難重 | 4 | 83 | 首二行碎損前半無名後半爲慈教經有大題名有句云得聞大慈經死不墮地獄或即大慈經 |
| 霜 31 | 衆鍾 酒生 | 而去 一卷 | 4 | 116 | 首四行碎損尾題曰大慈教經 |
| 夜 42 | 家是 何等 | 奉行 一卷 | 7 | 145 | 首六行碎損卷中又碎損七行此卷內分三種一玉琊經與制六十八號同均非兩晉原譯二菩薩訶色欲經一卷經文較後秦譯爲長三佛說慈教經尾有木軸 |
| 制 7 | 爾時 爾時 | 而去 一卷 | 2 | 41 | |

鹹
80
白世而去
爾時敎經
2
40
附有木軸

昃
33
黄金禮而
甚多一卷
4
92
全卷碎損

# 究竟大悲經

| 原號 | 起 | 止 | 紙 | 行 | 附記 |
| --- | --- | --- | --- | --- | --- |
| 號 26 | 白佛之有 | 脫果无得 | 20 | 481 | 存顯一切衆生身內有佛父母品第六對治服藥治病品第七除一切衆生修道作佛病品第八一切聖賢心海發作扭捩渾合品第九一相論法即道解脫品第十 |
| 宙 15 | 當來復次 | 法音第二 | 13 | 349 | 首三行碎損末題卷第二存第五六七八等四品 |
| 制 84 | 盧中則寶 | 生希第二 | 2 | 42 | 尾十二行碎損 |

# 佛說延壽命經

| 原號 | 起 | 止 | 紙 | 行 | 附記 |
|---|---|---|---|---|---|
| 李84 | 佛說命經 | 爾時新譯 | 1 | 22 | 首尾完具末有雜阿含經卷第八等字 |
| 昃92 | 一切脩持 | 嚙褐有有 | 4 | 110 | 此卷前半第二段首行題佛說延壽命經係倒貼在他經之前共十四行紙色與後半不同兩面有字 |
| 宇68 | 佛說奉行 | 爾時一卷 | 3 | 65 | 首末完具紙背有雜字二行卷首有年號人名 |
| 來98 | 佛說奉行 | 爾時天經 | 3 | 85 | 首末完具尾有摩利支天經一卷 |
| 秋66 | 佛說奉行 | 爾時一卷 | 3 | 54 | 首末完具 |
| 呂94 | 佛說奉行 | 爾時一卷 | 3 | 65 | 首末完具 |
| 宇66 | 佛說即成 | 爾時命經 | 1 | 22 | 首末完具 |

調 18 佛說奉行 2 58 首四行碎損
爾時壽經

雨 66 佛說奉行 2 61 首末完具
爾時壽經

## 佛說續命經等八種

原號 起 止 紙 行 附記

日 93 佛說奉行 4 109 此卷所寫共八種一佛說續命經二佛說解百怨家陀羅尼經三佛說延壽命經四佛說天請問經五般若波羅蜜多心經六造塔功德經七佛說大乘四法經八佛說十相經
南无一卷

# 四諦法門經

原號起　止　紙行附記

生10四諦樂我2 48首九行碎損尾有雜寫
四諦生滅

# 佛說救疾經

| 原號 | 起 | 止 | 紙 | 行 | 附記 |
| --- | --- | --- | --- | --- | --- |
| 芥83 | 佛說爾時 | 知聞一卷 | 5 | 109 | 首八行碎損 |
| 光8 | 佛案瘡穢 | 知聞一卷 | 3 | 102 | 背面雜寫有字 |
| 人4 | 敎善僧欺 | 知聞一卷 | 3 | 74 | 首七行碎損 |
| 衣14 | 或三之日 | 知聞卌四 | 2 | 47 | 首十一行碎損 |
| 字10 | 久久惡病 | 知聞一卷 | 2 | 40 | 首九行碎損末題曰佛說疾病經文與芥八十三號同 |

# 佛說閻羅王授記勸修七齋功德經

| 原號 | 起 | 止 | 紙 | 行 | 附記 |
| --- | --- | --- | --- | --- | --- |
| 鹹75 | 佛說 如是 | 功德 受持 | 4 | 74 | 此卷經文爲亡人七七修齋幷在生之日預修七齋所有功德首尾完具卷尾題曰比丘道眞受持 |
| 服37 | 佛說 如是 | 因之 即令 | 5 | 79 | 全卷碎損 |
| 字66 | 佛說 如是 | 音菩 薩陁 | 3 | 42 | 全卷碎損 |
| 宇45 | 佛說 普賢 | 奉行 一卷 | 3 | 54 | 全卷碎損一卷尾題曰安國寺弟子妙福發心敬寫此經一七卷一心供養 |
| 列26 | 於嚴 土滿 | 奉行 記經 | 5 | 93 | 首二十行碎損經文較鹹七十五號爲多於十王名字之後尚有經文二節卷尾題曰戊辰年八月一日八十五老人手寫流傳依敎不脩生入地獄 |
| 罔44 | 屬爲 得一 | 眷屬 供養 | 6 | 166 | 首三十九行碎損內寫三種均爲亡母資冥福而書一閻羅王授記經四月五日五七所 |

寫二護諸童子陁羅尼咒經首末完具四月十二日六七所寫三心經首末完具四月十九日收七所寫尾附木軸

# 讚僧功德經

| 原號 | 起 | 止 | 紙 | 行 | 附記 |
| --- | --- | --- | --- | --- | --- |
| 海78 | 讚僧休息 | 阿含懺儀 | 2 | 46 | 詞辯菩薩譯偈頌首句曰阿含經中略集出末完又另九行寫密嚴經密嚴會品 |
| 服62 | 崇重虛空 | 有俱彌勒 | 3 | 67 | 首五行碎損此卷與海七十八號銜接文氣已完通篇皆偈頌 |
| 衣22 | 是人彌勒 | 大悲一卷 | 3 | 58 | 首二行碎損文已見海七十八號及服六十二號書法整齊可資校勘 |
| 昃70 | 讚僧彌勒 | 阿含德經 | 5 | 126 | 首尾完整 |
| 生40 | 善心彌勒 | 僧中德經 | 3 | 75 | 首九行碎損 |

# 佛說咒魅經

| 原號 | | 起 | 止 | 紙 | 行 | 附記 |
|---|---|---|---|---|---|---|
| 劍 | 63 | 衛經罪國 | 奉行一卷 | 5 | 118 | 首四行碎損據大周刊定衆經目錄卷十五此經列僞經類經文久佚 |
| 月 | 80 | 二老星下 | 梨樹七分 | 3 | 70 | 首四行尾五行碎損 |
| 乃 | 20 | 身刺人腰 | 樹枝一卷 | 5 | 98 | 首二行碎損卷中又碎損廿三行 |
| 號 | 63 | 吾字婆今 | 奉行魅經 | 4 | 82 | 全卷碎損 |
| 荒 | 97 | 頭破來咒 | 羅剎女人 | 4 | 95 | 首四行碎損卷尾附有病鬼咒藥王菩薩縛鬼咒及楞伽咒 |

# 善惡因果經

| 原號 | 起 | 止 | 紙 | 行 | 附記 |
| --- | --- | --- | --- | --- | --- |
| 玉38 | 佛說如是 | 從善世用 | 1 | 27 | 大周刊定衆經目錄此經列僞經類中 |
| 盈58 | 心不辱中 | 奉行一卷 | 9 | 214 | 與玉三十八號文緊接 |
| 辰60 | 佛法爾時 | 奉行一卷 | 10 | 269 | 首十八行碎損尾有木軸 |
| 冬79 | 也泥衆僧 | 奉行果經 | 8 | 200 | 首七行碎損 |

# 首羅比丘見月光童子經

| 原號 | 起 | 止 | 紙 | 行 | 附記 |
| --- | --- | --- | --- | --- | --- |
| 重26 | 三七大仙 | 不輪丘經 | 14 | 307 | 首十三行碎損尾題首羅比丘經按即衆經目錄卷二所定爲僞經之首羅比丘見月光童子經 |
| 日87 | 月光山中 | 不輪丘經 | 12 | 301 | 首十二行碎損 |

## 佛說地藏菩薩經

| 原號 | 起 | 止 | 紙 | 行 | 附記 |
| --- | --- | --- | --- | --- | --- |
| 金62 | 佛說爾時 | 奉行薩經 | 1 | 17 | 首尾完具 |
| 帝81 | 佛說爾時 | 奉行一卷 | 1 | 14 | 首尾完具 |

## 法王經

| 原號 | 起 | 止 | 紙 | 行 | 附記 |
| --- | --- | --- | --- | --- | --- |
| 日30 | 住一尊如 | 而去一卷 | 17 | 474 | 首十一行碎損 大周刊定衆經目錄列入僞經 |
| 鹹26 | 是虛藏菩 | 而去一卷 | 9 | 240 | |

# 觀世音三昧經

| 原號 | 起 | 止 | 紙行 | 附記 |
|---|---|---|---|---|
| 日 | 62 爾時 議亦 | 作禮 昧經 | 8 191 | 攷隋衆經目錄以此經題注參差文理複雜 眞僞未分事須更詳附列疑錄中 |
| 餘 | 80 時之 喜歡 | 四輩 而去 | 7 163 | 首十行碎損 |

## 救諸衆生一切苦難經 新菩薩

| 原號 | | 起 | 止 | 紙 | 行 | 附記 |
|---|---|---|---|---|---|---|
| 鳥 | 38 | 救諸饒患 天台一卷 | | 2 | 29 | 經文首末完具末有新菩薩經一卷 |
| 皇 | 6 | 救諸饒患 天台一卷 | | 1 | 21 | 首末完具末有新菩薩經一卷 |
| 字 | 63 | 救諸衆生 天台饒患 | | 1 | 26 | 首末完具末有新菩薩經一卷 |
| 乃 | 8 | 救諸戴饒 天台心印 | | 1 | 22 | 首末完具末有新菩薩經一卷背面有字 |
| 師 | 20 | 新菩一卷 新菩見記 | | 1 | 13 | 首末均題曰新菩薩經末有此經大蕃乙未年正月二月見記十三字 |

# 勸善經

| 原號 | 起 | 止 | 紙 | 行 | 附記 |
|---|---|---|---|---|---|
| 裳 21 | 勸善勑左 | 平時一卷 | 1 | 16 | 首末完具 |
| 出 4 | 勸善勑左 | 平時一卷 | 1 | 16 | 首末完具 |
| 翔 22 | 勸善勑左 | 平時日下 | 1 | 17 | 首末完具末題貞元九年正月廿三日下十字 |

# 佛說普賢菩薩證明經

| 原號 | 起 | 止 | 紙 | 行 | 附記 |
|---|---|---|---|---|---|
| 陽21 | 去永見有 | 如是明經 | 21 | 511 | 首五行碎損卷首寫此經流通原委惜不完經文首末完具 |
| 淡58 | 方楊字文 | 誦行不遭 | 11 | 313 | 首六行碎損卷中又碎損五行首寫此經流通原委惜不完經文已見陽廿一號 |
| 鹹77 | 時聽爾時 | 如是明經 | 17 | 456 | |
| 光97 | 是普衰亡 | 方來時迎 | 14 | 392 | 首二行碎損 |

# 佛說要行捨身經

| 原號 | 起 | 止 | 紙 | 行 | 附記 |
|---|---|---|---|---|---|
| 律 21 | 佛說如是 | 奉行身經 | 2 | 64 | 首七行碎損經文首末完具 |
| 鳥 26 | 佛說如是 | 身之一發 | 1 | 19 | 尾行碎損 |
| 張 69 | 佛說如是 | 不可窮盡 | 1 | 23 | 全卷碎損七行 |

# 佛說大辯邪正經

| 原號 | 起 | 止 | 紙 | 行 | 附記 |
|---|---|---|---|---|---|
| 麗 10 | 佛說如是 | 一卷正經 | 8 | 201 | 首九行碎損餘皆完好 |

## 佛說救護身命經

| 原號 | 起 | 止 | 紙 | 行 |
|---|---|---|---|---|
| 日46 | 佛說<br>爾時 | 復生<br>命經 | 6 | 103 |

## 相好經

| 原號 | 起 | 止 | 紙 | 行 |
|---|---|---|---|---|
| 日85 | 有十<br>如赤 | 三時<br>一卷 | 6 | 150 |

## 佛說孝順子修行成佛經

| 原號 | 起 | 止 | 紙 | 行 |
| --- | --- | --- | --- | --- |
| 玉 64 | 過万 我今 | 奉行 一卷 | 6 | 133 |

## 佛說法句經

| 原號 | 起 | 止 | 紙 | 行 |
| --- | --- | --- | --- | --- |
| 露 17 | 傳持 爾時 | 奉行 一卷 | 1 | 22 |

# 佛說七階禮佛名經

| 原號 | 起 | 止 | 紙 | 行 | 附記 |
|---|---|---|---|---|---|
| 宇70 | 南无如來 | 南无佛名 | 7 | 199 | 首三行碎損卷後有懺悔一切誦蕃咒文說偈文无常偈文及寅朝禮懺文 |
| 洪50 | 南无最止 | 南无養訖 | 3 | 68 | 首四行碎損卷內有小字一紙約長四尺 |
| 日23 | 普爲諸佛 | 至心量佛 | 7 | 132 | 卷內有懺悔勸請隨喜廻向一切恭敬十二光禮歎佛功德七階禮太上皇讚文及開元皇帝讚文 |
| 日73 | 嚴持第五 | 供養般槃 | 6 | 150 | 首六行碎損 |
| 張40 | 足善刹那 | 尊佛行道 | 6 | 208 | 首三行尾二行碎損卷中碎損十三行卷尾有懺悔文一切誦无常偈文黄昏无常偈寅朝禮至心懺悔至心勸請至心隨喜至心廻向至心發願寅朝清淨偈初夜无常偈及午時无常偈 |

收 50 恭敬供養 悟令自然 3 74 首九行碎損卷中有懺悔勸請隨喜廻向發願寅朝清淨偈黃昏无常偈初夜无常偈

冬 24 禮懺切恭 常受量樂 3 79 首四行碎損卷中有懺悔發願黃昏无常偈及初夜无常偈卷尾雜寫六行

闰 43 南无南无 懺悔名經 5 138 首二行碎損卷尾有懺悔文一切誦說偈咒願晨朝无常偈及晝夜六時發願法

調 81 堅如毗盧 前思懺悔 3 69 首二行碎損卷中有懺悔廻向一切誦及晝夜六時發願法

調 44 願此无量 意是賢聖 6 148 首六行碎損卷後有寅朝禮懺文及發願文

雲 19 南无南无 思議蓮華 4 64 尾行碎損

雲 55 皆成爲諸 一切是諸 5 141 尾二行碎損卷中有懺悔勸請隨喜廻向發願晨朝清淨偈食時三禮午後略禮黃昏禮及初夜禮

騰 20 睡眼歎佛 樂未成佛 9 238 首七十一行碎損卷中有懺悔勸請隨喜廻向發願寅朝清淨偈歎佛功德後夜偈午時偈

雨 72　南无南无　功德是六　5　123　首五行碎損卷後有懺悔文發願文一切誦晝夜六時无常偈及歎佛功德

露 22　南无南无　南无勝佛　1　18　首三行尾四行碎損此爲紙背其正面寫道經

玉 91　南无南无　速發成佛　12　290　首行碎損卷中有廻向六時无常偈發願法十方佛名懺悔勸請隨喜廻向寅朝清淨偈八戒文紙背雜寫八行尾行爲己年六月十二日沙彌索惠善記

崑 96　釋迦俱鄰　淨其賢聖　10　190　首行碎損卷中有廿五佛名禮十方禮懺悔勸請隨喜廻向發願晨朝清淨偈七佛禮十二光禮无生禮卷尾雜寫五行有上元三年正月五日靈圖寺僧志般書寫了奉上等語

號 13　稽首无比　無量如來　3　54　首行碎損

號 53　南无南无　施佛方華　4　103　首行碎損尾有懺悔文一切誦黃昏无常偈初夜无常偈中夜无常偈後夜无常偈午時偈无常偈及寅朝禮文

李 52　住是十方　涅槃水人　2　71　首十一行碎損卷中有懺悔發願六時无常偈寅朝禮紙背雜寫廿二行

李 86 南无痛集 南无安可 2 50 首七行碎損卷後有懺悔文一切誦發願文 黃昏偈初夜偈及中夜偈

薑 91 敬禮界无 敬禮心經 1 27 紙背有字

鹹 1 南无名神 南无除障 3 74 首十四行尾一行碎損卷背有己巳年正月 日柱字記字樣

鹹 18 供養合見 如來沈輪 10 262 首二行碎損卷後有懺悔文說偈文无常偈 文十方佛名寅朝禮懺文五臺山讚文辭孃 讚文辭道塲讚文及南宗定邪正五更轉

河 55 如得三寶 衆等一卷 3 35 首七行碎損卷末題七階佛名尾署乾封口 年四月十七日福禮寫紙背有佛名八行雜 寫五行

翔 46 南无衆一 至心賢聖 3 54 首二行碎損

師 19 南无道滿 南无命舍 4 87 首三行碎損

帝 2 南无德應 南无懺悔 4 98 首七行碎損卷中有迴向一切誦无常偈文 及晝夜六時發願法

| 號 | | 起 | 止 | 紙數 | 行數 | 附記 |
|---|---|---|---|---|---|---|
| 帝 | 91 | 西北德華 | 禮當華佛 | 3 | 72 | 首七行殘損 |
| 官 | 74 | 敬禮善惠 | 敬禮具足 | 1 | 22 | |
| 人 | 71 | 三寶諸佛 | 一切偈西 | 3 | 56 | 首九行殘損 |
| 皇 | 21 | 敬禮清淨 | 衆等我淨 | 3 | 72 | 全卷殘損 |
| 始 | 32 | 堅彊如海 | 若南无礙 | 3 | 67 | 首九行殘損 |
| 制 | 62 | 南无鏡佛 | 南无聲佛 | 3 | 58 | 首十四行殘損卷尾有懺悔文 |
| 文 | 78 | 一切常樂 | 是諸我淨 | 6 | 152 | 卷中有懺悔發願黃昏无常偈初夜无常偈初夜禮懺懺悔勸請隨喜迴向發願及寅朝清淨偈 |
| 字 | 39 | 天龍諸佛 | 慳爲壞佛 | 4 | 69 | 首六行尾三行殘損本卷有懺悔勸請隨喜迴向寅朝清淨偈歎佛文 |
| 字 | 80 | 南无賢聖 | 南无一卷 | 3 | 57 | 首四行殘損尾署乙巳年後五月十五日比丘呂智寫畢記之也 |

裳 15 嚴持幢佛界供進佛 1 24 首三行碎損

裳 26 南无衆生法勝切誦 4 81 首三行碎損

位 2 无龍步佛无日王佛 2 32 首五行碎損

麗 93 自鯀自然願諸一卷 7 183 首十八行碎損卷中又碎損廿一行此卷與七階禮佛名經相似略有異同故附於後

鳥 96 南无佛佛舥佛彌佛 1 34 此卷首寶集佛等二十五佛次釋迦牟尼佛等三十五佛末普光佛等十六佛與他卷異故附於後

# 佛說觀藥王藥上二菩薩經等略禮七階佛懺悔法

原號　起　止　紙　行

宇　16　佛說懺悔　之聞夜偈　5　129

# 西方淨土讚文

原號　起　止　紙　行　附記

菓　41　空置重發　樂國一卷　10　221　首有殘缺

## 歸西方讚

| 原號 | 起 | 止 | 紙 | 行 | 附記 |
| --- | --- | --- | --- | --- | --- |
| 文 89 | 靜時七行 | 火坑意生 | 3 | 100 | 後半題曰歸西方讚沙門法照述又有題曰四十八願讚　全卷多殘缺 |

## 降生禮文觀音禮文

| 原號 | 起 | 止 | 紙 | 行 | 附記 |
| --- | --- | --- | --- | --- | --- |
| 生 25 | 供養眞如 | 遂意大悲 | 7 | 143 | 背面雜寫有契稿三通及金光明經法華經普門品等 |

## 西方阿彌陁佛禮文三藏法師禮文

原號　起　止　紙　行　附記

乃68　嘆佛□獄　政發也獄　5　122　首尾殘缺

## 發願文

原號　起　止　紙　行　附記

收10　發願星宿　稽首希有　1　27　前二行空白

## 淨土願文

| 原號 | 起 | 止 | 紙 | 行 | 附記 |
|---|---|---|---|---|---|
| 服28 | 至心 間樹 | 樂國 法界 | 3 | 81 | 下邊碎損 |

## 讚佛文

| 原號 | 起 | 止 | 紙 | 行 | 附記 |
|---|---|---|---|---|---|
| 位37 | 五天 窮略 | 緣機 天師 | 1 | 24 | 尾空白三行 |

## 禮佛文

| 原號 | 起 | 止 | 紙 | 行 | 附記 |
| --- | --- | --- | --- | --- | --- |
| 文77 | 南无迴始 | 南无上道 | 1 | 28 | 首尾殘缺 |

## 祝文

| 原號 | 起 | 止 | 紙 | 行 | 附記 |
| --- | --- | --- | --- | --- | --- |
| 制61 | 寶蓋衆虔 | 者矣普誦 | 2 | 34 | 首七行殘缺 |

## 懺文

| 原號 | 起 | 止 | 紙 | 行 | 附記 |
|---|---|---|---|---|---|
| 餘17 | 願鼻次請 | 等心三寶 | 6 | 112 | |
| 成16 | 我弟南作 | 若臨諸佛 | 2 | 56 | 首碎損 |
| 柰49 | 虛空空无 | 到心心本 | 2 | 30 | |
| 師53 | 舍利樹後 | 戒衆賢聖 | 4 | 96 | 卷多殘缺尾有木軸 |
| 帝24 | 着我見取 | 德可顙懇 | 1 | 18 | |
| 烏70 | 本師一心 | 共向王家 | 1 | 15 | 首有本師釋迦牟尼佛數字　首碎損 |
| 皇90 | 啟請啟請 | 心敬三寶 | 2 | 36 | 首行首三字爲啟請文　首碎損 |
| 始46 | 至心至心 | 悉懺懺文 | 3 | 68 | 卷內有題曰禮佛已六根懺禮彌勒願文比丘洪秀所供養禮文 |

| | | | | | |
|---|---|---|---|---|---|
| 制 5 | 和戒諸菩 | 不故滿道 | 2 | 35 | 卷多碎損首行五字爲和戒文一本背有字五行末行爲建隆三年歲次癸亥五月四日律師僧保德自手題記比丘僧慈願誦 |
| 字 99 | 愛河者其 | 倫常三寶 | 4 | 82 | 多殘缺 |
| 服 57 | 弟子欲尊 | 正法作仙 | 2 | 43 | |
| 衣 37 | 邪斯汙伽 | 途息成佛 | 5 | 120 | 此卷二片 首殘缺 |
| 衣 74 | 和戒諸菩 | 戒師且披 | 2 | 46 | 首尾殘缺首行三字爲和戒文 |
| 推 28 | 和戒深心 | 佛子口諸 | 1 | 24 | 首行三字爲和戒文僅言不殺不盜不婬不妄語不酤酒不自說不毀他不慳八者以下似尚有殘缺 |

## 大悲明二讚

| 原號 | 起 | 止 | 紙 | 行 | 附記 |
|---|---|---|---|---|---|
| 地41 | 名色無嗔 | 訶菩皤訶 | 4 | 81 | 裂爲兩截尾有空白 |

## 歌讚

| 原號 | 起 | 止 | 紙 | 行 | 附記 |
|---|---|---|---|---|---|
| 薑100 | 一更了五 | 妾取一本 | 1 | 19 | 卷中卷尾各有辭道場一本五字 |

# 法身禮

| 原號 | 起 | 止 | 紙 | 行 | 附記 |
| --- | --- | --- | --- | --- | --- |
| 推79 | 法身實理 | 无色因廻 | 1 | 24 | 首末完具兩面字 |

# 无相禮

| 原號 | 起 | 止 | 紙 | 行 | 附記 |
| --- | --- | --- | --- | --- | --- |
| 乃74 | 无相般若 | 南无年詮 | 3 | 72 | 首四行碎讚南宗讚損末附有金剛五禮等又有辭娘 |
| 重20 | 无相前行 | 南无三寶 | 1 | 19 | 全文完具但與乃七十四號文義微有不同此係重二十號之一段 |

## 金剛五禮

| 原號 | 起 | 止 | 紙 | 行 |
| --- | --- | --- | --- | --- |
| 鳥29 | 金剛我今一心 | 法藏 | 1 | 16 |

## 禪宗安心義

| 原號 | 起 | 止 | 紙 | 行 | 附記 |
| --- | --- | --- | --- | --- | --- |
| 宿99 | 唯有善家 | 不屬相看 | 9 | 264 | 首碎損 |

## 惠達和上頓悟大乘秘密心契禪門法

| 原號 | 起 | 止 | 紙 | 行 | 附記 |
| --- | --- | --- | --- | --- | --- |
| 致86 | 惠達<br>一切 | 大宅<br>大說 | 1 | 12 | 共十頌尾有餘紙題說禪理非秘密宗 |

## 和尚頓教解脫禪門眞了性壇語

| 原號 | 起 | 止 | 紙 | 行 | 附記 |
| --- | --- | --- | --- | --- | --- |
| 寒81 | 和尚<br>提法 | 疑來<br>如法 | 7 | 174 | 首二行碎損卷中又碎損十行 |

# 大乘五門十地實相論

原號起　止　紙行附記

露 43 與九破壞 益也第六 24 697 首三行碎損末題大乘五門十地實相論然細詳文義實兼論疏

騰 6 即不地震 須摩諸風 18 470 首二行尾九行碎損卷中題曰大乘五門實相論當即大乘五門十地實相論之略名情狀與露四十三號同背面寫有五月五日天中節及天福拾年正月一日等字

## 般若第分中略集義

原號 起 止 紙行

黃 68 滴乳法眼 11
然實一卷 290

## 釋大般若經法數

原號 起 止 紙行 附記

結 93 云何百六 6 背面有字
世間分說 143

## 斷惑義

原號　起　止　紙　行

文100　此迷不說不同斷也　1　18

## 大乘義

原號　起　止　紙　行　附記

推23　三弃无分其容八法　2　64　首十二行殘缺

## 雜義

| 原號 | 起 | 止 | 紙 | 行 | 附記 |
| --- | --- | --- | --- | --- | --- |
| 始66 | 五蘊爲處 | 四行佃促 | 1 | 25 | 上邊殘缺 |

## 无名上士集觀行法

| 原號 | 起 | 止 | 紙 | 行 | 附記 |
| --- | --- | --- | --- | --- | --- |
| 閏84 | 漏之次常 | 是自此處 | 6 | 148 | 首四行碎損首段似禪宗語錄卷中題曰无名上士集觀行法爲有緣沙門知嵩述等字 末附有寂和尚偈 |

## 了性句

原號　起　止　紙　行　附記

裳　67　句拜是癡夫世別久　1　29　首行碎損首題曰了性句發揮心性之義如證道歌之類惜尾殘缺

## □□觀修善法

原號　起　止　紙　行　附記

制　79　末之一卷其瘡校定　11　247　卷中碎損七行末題□□觀修善法首缺內有硃筆圈改處

# 破昏怠法

原號起　止　紙行附記

字 1 鞮等投岸 4 93 短小　兩面有字
種名何難

# 菩薩藏修道中法數

原號起　止　紙行附記

潛 71 樂一諸度 3 80 首十五行碎損
者觀千度

## 法數雜錄

原號 起 止 紙 行 附記

制 8 決定菩薩 法空性門 3 58 首行四字爲決定毗尼末寫大業六年歲次庚午汜通許 背面首行三字爲道品義

## 證心論

原號 起 止 紙 行 附記

裳 75 證心業可 脫乘一卷 1 25 首末完具卷中碎損七行所言探求心體頗明瞭末有除睡眼眞言

## 一乘顯自心論

原號　起　止　紙　行　附記

宇4　法曰當來滅答所食　3　118　此卷爲中土撰述

## 大義章

原號　起　止　紙　行　附記

洪53　大義捨及三寶法二　11　204　首行三字爲大義章背面係羯磨文

## 三科法門

| 原號 | 起 | 止 | 紙 | 行 |
|---|---|---|---|---|
| 文 2 | 甚是五法 | 明具至明 | 5 | 106 |

## 法門名義集

| 原號 | 起 | 止 | 紙 | 行 | 附記 |
|---|---|---|---|---|---|
| 調 89 | 三理澀其 | 施含漢向 | 11 | 264 | 首尾殘缺太甚 |

# 小乘三科

| 原號 | 起 | 止 | 紙 | 行 | 附記 |
| --- | --- | --- | --- | --- | --- |
| 致74 | 小乘問三 | 眞重科竟 | 2 | 39 | 首末俱題曰小乘三科剖析入微原文具全 |
| 官93 | 問三法身 | 何義人義 | 1 | 27 | 首末完具 |
| 龍82 | 小乘問三 | 色蘊受蘊 | 1 | 19 | 尾行碎損 |
| 羽58 | 問三有妙 | 第六珍重 | 1 | 29 | |
| 裳66 | 取捨爲想 | 眞重科竟 | 1 | 20 | 首行碎損 |

## 釋唯心識義

原號起　止　紙行

金 33 依地臥皆處滅界也 11 218

## 相宗釋義

原號起　止　紙行　附記

寒 46 義分表示覺地名染 2 36 有硃筆圈點及旁注

## 大乘入道次第章 唐智周撰

原號起止紙行附記

始 14 大乘住二稽首觀起 2 32 背面雜寫有字

重 51 道次之行等善不説 6 176 首十三行碎損

日 50 終盡亦名終是後見 22 592 首行碎損卷中又碎損八行

## 悉曇頌

原號起止紙行附記

鳥 64 空理容龍明无智燈 2 46 首三行殘缺卷中又多碎損

## 諸經要集

| 原號 | 起 | 止 | 紙 | 行 | 附記 |
| --- | --- | --- | --- | --- | --- |
| 宿91 | 意十 因復 | 身寧 十一 | 9 | 249 | 首碎損尾題卷第十一 |

## 法苑珠林

| 原號 | 起 | 止 | 紙 | 行 | 附記 |
| --- | --- | --- | --- | --- | --- |
| 鳥16 | 解脫 世尊 | 城上 六通 | 12 | 268 | 卷中寫像緣第十六香花緣第十七燈緣第十八每節上各有一硃點 卷尾殘缺 |

# 大唐中興三藏聖教序

原號　起　止　紙　行　附記

翔　50　金剛大唐　贖流大扇　1　28　兩面雜寫有字

玉　92　悲正欲分　者不知聖　1　28　首十行殘缺

# 義淨三藏法師碑文

原號　起　止　紙　行　附記

字　19　名不之象　郡守部爰　2　36　全卷碎損卷末云大福光寺翻經三藏法師義淨者范陽人也俗姓張氏五代相韓之後等句尚完整

# 釋氏雜文稿

| 原號 | 起 | 止 | 紙 | 行 | 附記 |
| --- | --- | --- | --- | --- | --- |
| 字 59 | 酤酒總爲 | 散慮寫記 | 2 | 27 | 全卷碎損皆說戒相之文末題戊子年八月三日比丘法江寫記字多譌誤 |
| 海 51 | 佛語二者 | 處覓西東 | 4 | 72 | 雜寫諸經中戒酒戒欲及各勸善詩文又有陰陽題文勸善一段末有僧與女人唱和四詩卷首餘紙上有僧口明照寫五字第三十三行三十四行有空白七寸 |
| 成 98 | 相如涅槃 | 共滅者矣 | 21 | 359 | 首二行碎損首尾均有餘紙係敎誡出家行人之文 |
| 宿 50 | 遠人挩水 | 道善万里 | 3 | 68 | 全卷碎損四六文句似是疏文末云貞明六年十二月十三日龍興寺云云錯字甚多 |
| 寒 82 | 貧得當具 | 若能堂宮 | 11 | 238 | 與字五十九號字跡文句相同疑從一卷中分出 |

## 佛說諸經雜緣喻因由記

原號　起　止　紙　行　附記

騰 29　佛說 昔日　益心 迴向　10　256　靈圖寺僧道琳寫　中有硃筆句讀

## 寫經欠數

原號　起　止　紙　行　附記

文 54　聖 第一　口　二八 九十　1　16　內有硃點　尾殘缺

## 姓氏錄

| 原號 | 起 | 止 | 紙 | 行 | 附記 |
|---|---|---|---|---|---|
| 位79 | 郡三依奏門郡眞記 | | 3 | 54 | 尾寫大蕃歲次丙辰三月庚午朔十六日乙酉曾國唐氏苾蒭悟眞記最末有硃筆寫勘定二字　首四行殘缺廿四行橫裂 |

## 經目

| 原號 | 起 | 止 | 紙 | 行 | 附記 |
|---|---|---|---|---|---|
| 收94 | 佛羅二卷 | 中陰一卷 | 2 | 32 | 背面有字亦係經目 |

## 雜類

| 原號 | 起 | 止 | 紙 | 行 | 附記 |
|---|---|---|---|---|---|
| 柰55 | 而生情言 | 我之所寫 | 13 | 280 | 首六行碎損首末俱殘僅存三轉無明爲明論第三三行教對於三佛論第四三根對於三教論論第五釋三佛有說無說論第六辨共成佛爲不共成佛第七有執無執論第八淨土論第九二諦論第十十二因緣論第十一禪枝論第十二發揮相宗義理甚精附有丞相王五門佛性一卷末題比丘釋道遵許及沙彌庫狐純所寫許字照原文 |
| 人72 | 了性有妙 | 所說諦本 | 1 | 27 | 首十二行碎損卷末題曰三寶四諦本 |
| 重22 | 南无南无 | 三寶願法 | 14 | 378 | 首行碎損卷末題曰讚禮地藏王菩薩懺悔願法 |
| 位20 | 夫至博聞 | 窮由謂行 | 1 | 27 | 義趣甚深不知何師承答帝問之辭僅存第一第二兩問 |

# 抄經

| 原號 | 起 | 止 | 紙 | 行 | 附記 |
| --- | --- | --- | --- | --- | --- |
| 號87 | 異相氣空 | 則滅四卷 | 2 | 44 | 第二段首題楞伽經四卷並有硃筆寫森羅万象一法之所印處又一段尾題思益經四卷並有硃筆寫所住貪著於中而得解脫處 |
| 芥7 | 菩提有乃 | 佛之到處 | 15 | 276 | 此卷彙抄大集經光讚般若經妙法蓮華經等經文背面硃砂寫經末題涅槃經音義一部 |
| 張11 | 或慢能事 | 界文薩言 | 19 | 454 | 首尾碎損各二行節錄諸經而成 |

# 雜寫

| | 原號 | 起 | 止 | 紙 | 行 | 附記 |
|---|---|---|---|---|---|---|
| 致 | 64 | 祚司盋通 | 鉄鉄磨磨 | 2 | 46 | |
| 翗 | 9 | 那謨如是 | 阿阿之之 | 1 | 18 | 兩面字 |
| 鳥 | 23 | 有一有漏 | 時阿諸之 | 1 | 34 | 兩面字 |
| 人 | 79 | 婆塞者三 | 次不門不 | 2 | 56 | 第一紙碎損尾有空白背後有字 |
| 字 | 74 | 夘年鐸怡 | 鷹黃精衛 | 1 | 24 | |
| 衣 | 28 | 如正時佛 | 耨多菩提 | 1 | 26 | 兩面字 |
| 裳 | 63 | 記事三應 | 須見聞語 | 1 | 20 | |
| 裳 | 94 | 如舊伎樂 | 愚癡之患 | 1 | 27 | 兩面字 |

## 維摩經俗文

| 原號 | 起 | 止 | 紙 | 行 | 附記 |
|---|---|---|---|---|---|
| 光 94 | 持世經云 | 將來二卷 | 8 | 221 | 取菩薩品第四演爲俗文前後闕 |

## 佛本行集經俗文

| 原號 | 起 | 止 | 紙 | 行 | 附記 |
|---|---|---|---|---|---|
| 潛 80 | 貧乏衆生 | 如來界內 | 7 | 201 | 全卷碎損 |

## 八相成道俗文

| 原號 | 起 | 止 | 紙 | 行 | 附記 |
| --- | --- | --- | --- | --- | --- |
| 雲 24 | 爾時國廣 | 伏望恩矣 | 15 | 290 | 演釋迦佛降生出家成道等事爲俗文與潛八十號相仿詞句不同首尾完具訛字甚多 |
| 乃 91 | 供養身體 | 偈疑苦灾 | 5 | 107 | 首二行碎損 |

## 地獄俗文

| 原號 | 起 | 止 | 紙 | 行 |
| --- | --- | --- | --- | --- |
| 衣 33 | 覓得生餓 | 爲灾屍來 | 1 | 20 |

# 勸戒文

| 原號 | 起 | 止 | 紙 | 行 | 附記 |
| --- | --- | --- | --- | --- | --- |
| 鳥10 | 原里 最是 | 臥黃 何在 | 1 | 29 | 首五行碎損 卷尾寫書手馬幸員共同作 甲年七月七日報恩寺僧比丘保會誦持受 記 |
| 皇76 | 勸善 三十 | 來迎 一本 | 1 | 26 | 正面題勸善文 背面題悉達太子讚首末皆 完均導俗之文 |
| 位68 | 避家 值重 | 求推 都頭 | 2 | 51 | 末題百行章蓋亦勸世之文僅存六十九八 十四等章末有庚辰年正月二十一日淨土 寺學使郎王海潤書寫鄧保住薛安俊札又 有寫書不飲酒恆日筆頭乾且作隨宜過即 與後人看學使郎身姓長大要人求堆虧急 學得成人作都頭等語 |

## 目蓮救母變文

| 原號 | 起 | 止 | 紙 | 行 | 附記 |
|---|---|---|---|---|---|
| 霜 89 | 青提望風 | 不淨念三 | 3 | 62 | 首二行尾一行碎損 |
| 成 96 | 上來竭國 | 土塠狼鵄 | 3 | 65 | |
| 麗 85 | 孃孃是出 | 自哺鉢來 | 4 | 63 | 首五行尾行碎損卷中又碎損十三行 |

## 老子

| 原號 | 起 | 止 | 紙 | 行 |
|---|---|---|---|---|
| 昃 41 | 獨悶頑似 | 籌笮解是 | 1 | 28 |

## 太上洞玄靈寶天尊名

原號　起　止　紙　行　附記

列　18　太上元始　日夜名地　2　56　原題卷上

## 太上洞玄靈寶業報因緣經

原號　起　止　紙　行　附記

柰　67　中來來蜈　此報此報　4　70　原題卷第二

## 太上一乘海空經

| 原號 | 起 | 止 | 紙 | 行 | 附記 |
| --- | --- | --- | --- | --- | --- |
| 人2 | 於是而退所我 | 第六 | 2 | 40 | 原題卷第六 首六行殘缺尾有空白背面有字 |

## 太玄眞一本際經

| 原號 | 起 | 止 | 紙 | 行 | 附記 |
| --- | --- | --- | --- | --- | --- |
| 往76 | 爲臣曰善作衆 | 第五 | 4 | 79 | 原題卷第五 |

## 元始无量人上品妙經

| 原號 | 起 | 止 | 紙 | 行 |
| --- | --- | --- | --- | --- |
| 麗99 | 天復醜音 | 法普摩夷 | 4 | |

## 无上祕要

| 原號 | 起 | 止 | 紙 | 行 | 附記 |
| --- | --- | --- | --- | --- | --- |
| 珍20 | 天尊上仙 | 十五十二 | 9 | 247 | 原題卷五十二末題開元六年二月八日沙州燉煌縣神泉觀道士馬處幽幷姪道士馬抱一奉爲七代先亡及所生父母法界蒼生敬寫此經供養　此卷已裝褫 |

## 道經

| | 原號 | 起 | 止 | 紙 | 行 | 附記 |
|---|---|---|---|---|---|---|
| 重 | 95 | 國寧先後 | 等无第十 | 2 | 35 | 末題弭懴品第十 |
| 地 | 17 | 十五誠之 | 王罪宿罪 | 4 | 235 | 兩面有字前爲道經後爲釋文 |
| 黃 | 87 | 奉行正一 | 復大與河 | 1 | 24 | |
| 辰 | 17 | 玉室化洞 | 極宮本勘 | 10 | 299 | |
| 宿 | 57 | 道言後聖 | 等頭有道 | 4 | 102 | 尾碎損 |
| 列 | 19 | 恆聞煩惱 | 不歎車猶 | 16 | 499 | 多殘缺 |
| 陽 | 83 | 明燈官王 | 要多將吏 | 6 | 168 | |
| 李 | 7 | 食自境大 | 不能是人 | 8 | 207 | |

| | | | | | |
|---|---|---|---|---|---|
| 芥 | 97 | 或仙　何邪<br>由物　淳猶 | 4 | 110 | 背有釋文 |
| 鳥 | 84 | 方香　歎曰<br>法式　廿諦 | 2 | 54 | 背面雜寫 |
| 文 | 85 | 君所　无横<br>仙五　來慶 | 1 | 28 | |
| 服 | 46 | 自然　拙解<br>習道　於諸 | 1 | 28 | 首二行殘缺兩面有字 |
| 服 | 89 | 益一　不伏<br>其煩　記中 | 1 | 19 | |
| 裳 | 30 | 煩惱　寶藏<br>上甘　齋會 | 2 | 56 | |
| 位 | 39 | 法智　三宮<br>煞害　在現 | 3 | 64 | 兩面有字 |

## 道懺

原號起止紙行附記

麗 47 至心天尊 至心天尊 3 84

皇 20 布施林園 郎濟愛何 3 50 卷首碎損

## 摩尼教經

原號起止紙行

宇 56 身本經已 方便奉行 17 244

# 敦煌劫餘錄

## 第十四帙

新會　陳垣　校錄

## 續考諸經

### 大方廣佛華嚴經　東晉佛陁跋羅譯　六十卷

| 原號 | | 起 | 止 | 紙 | 行 | 卷次 | 附記 |
|---|---|---|---|---|---|---|---|
| 辰 | 9 | 調伏空界 | 安穩向不 | 5 | 138 | 18 | 首九行及末三行殘破 |
| 成 | 91 | 三昧無量 | 出一以爲 | 2 | 23 | 44 | 末行殘破 |
| 人 | 13 | 善男言海 | 遊戲藏心 | 2 | 40 | 46 | |
| 宇 | 52 | 者示王荷 | 千世如是 | 2 | 44 | 60 | 首二行殘破此爲宇五十二號之第二段 |

# 大方廣佛華嚴經

唐實叉難陀譯

八十卷

| 原號 | 起 | 止 | 紙 | 行 | 卷次 |
|---|---|---|---|---|---|
| 羽 71 | 益衆其命 | 乃至云何 | 1 | 28 | 21 |
| 張 31 | 中示用於 | 聲聞成正 | 1 | 28 | 56 |
| 爲 94 | 師子其冠 | 一切得大 | 1 | 28 | 72 |
| 師 42 | 智智生善 | 說殊菩提 | 2 | 54 | 79 |
| 珠 67 | 色菩色不 | 菩摩能成 | 3 | 77 | 97 |

# 大寶積經 唐菩提流志譯集 一百二十卷

| 原號 | | 起 | 止 | 紙 | 行 | 卷次 | 附記 |
|---|---|---|---|---|---|---|---|
| 始 | 83 | 敬愛苦於 | 露句修學 | 1 | 28 | 7 | |
| 羽 | 98 | 謂此布信 | 塵勞告寂 | 1 | 28 | 12 | |
| 荒 | 20 | 著亦無有 | 即是解如 | 1 | 28 | 26 | |
| 龍 | 65 | 訶薩未曾 | 記不薩者 | 1 | 28 | 27 | |
| 爲 | 62 | 隨聲無礙 | 舍利來十 | 1 | 28 | 40 | |
| 果 | 60 | 六年六年 | 敬信親黨 | 1 | 24 | 61 | |
| 龍 | 90 | 等通行於 | 不信不信 | 2 | 56 | 61 | 二紙文完全相同 |
| 珍 | 28 | 以布淨持 | 三昧由地 | 1 | 28 | 62 | |

| | | | | | | | |
|---|---|---|---|---|---|---|---|
| 翔 | 54 | 非贏 善戒 | 信比 少丘 | 1 | 28 | 63 | |
| 玉 | 6 | 法菩 亦提 | 爲不 難滅 | 1 | 28 | 67 | |
| 呂 | 67 | 比世 丘諸 | 子於 說諸 | 2 | 42 | 71 | |
| 光 | 100 | 爾黑 時法 | 難鑽 佛曰 | 1 | 25 | 71 | |
| 人 | 26 | 黑爾 法時 | 難讚 者曰 | 1 | 28 | 71 | |
| 致 | 77 | 是非 樂彼 | 身其 大身 | 2 | 44 | 78 | 103 |
| 龍 | 63 | 以能 是演 | 辯稱 豈讚 | 1 | 28 | 91 | |
| 翔 | 72 | 猶臂 倘菩 | 苦不 所懈 | 1 | 28 | 93 | |
| 潛 | 50 | 疾攣 印緣 | 世如 尊是 | 1 | 28 | 110 | |
| 玉 | 35 | 是觀 之佛 | 見无 覩垢 | 1 | 24 | 117 | |

此係第二紙第一紙爲佛說灌頂經

師

21 故諸法見以觀其者 1 28 117

師

97 寶積破壞具有慧故 1 20

此卷抄大寶積經卷百十二卷百十七中各一段

勝鬘師子吼一乘大方便方廣經 劉宋求那跋陀羅譯一卷

原號起止紙行

龍

2 力菩生及世尊於恆 3 35

## 阿彌陀經義述

| 原號 | | 起 | 止 | 紙 | 行 | 附記 |
|---|---|---|---|---|---|---|
| 昃 | 30 | 阿彌入智 | 明實音發 | 7 | 174 | 此係阿彌陀經義述全卷已佚與否俟考首紙稍破 |
| 官 | 35 | 爲道然聖 | 之事佛稱 | 5 | 131 | 此卷首末兩分稍有殘破與昃三十號文義全同 |

## 龍樹菩薩禮阿彌陀佛文

| 原號 | | 起 | 止 | 紙 | 行 | 附記 |
|---|---|---|---|---|---|---|
| 果 | 88 | 至心伏外 | 三寶佛文 | 3 | 36 | 內分二段一段二十四行一段十二行首半殘闕可依秋九十七號補之 |

大方等大集經　北涼曇無讖譯　二十九卷

原號　起　止　紙　行　卷次　附記

羽　12　知衆　爲壞　師花　阿提　3　30　3　殘卷

皇　53　節陁　尼六　法无　无滅　2　26　4　殘卷

芥　91　不以　其心　轉故　惡名　5　143　8　殘卷

大方等大集月藏經　高齊那連提耶舍譯　十卷

原號　起　止　紙　行

衣　68　已羞　一切　果生　救但　2　30

## 寶星陀羅尼經 十卷 唐波羅頗密多羅譯

| 原號 | 起 | 止 | 紙 | 行 | 卷次 | 附記 |
|---|---|---|---|---|---|---|
| 暑 30 | 退怨无願 | 置立置立 | 1 | 28 | 2 | 殘卷 |
| 芥 50 | 食者固樂 | 足力善友 | 2 | 56 | 9 | 殘卷 |

## 佛說大方廣十輪經 八卷 失譯人名附北涼錄

| 原號 | 起 | 止 | 紙 | 行 | 附記 |
|---|---|---|---|---|---|
| 人 54 | 聲口聲入 | 慧眼口法 | 6 | 125 | |
| 始 38 | 不住若有 | 心懺本不 | 2 | 28 | 殘卷 |

## 藥師瑠璃光如來本願功德經疏

原號 起 止 紙行 附記

結 77 惡趣爲妙 經即積善 2 25 此疏釋玄奘譯藥師經未見著録

## 解深密經 唐玄奘譯五卷

原號 起 止 紙行 附記

裳 39 言世知我 告曼若有 7 169 殘卷

思益梵天所問經 後秦鳩摩羅什譯
四卷

原號 起 止 紙 行 卷次 附記

位 38 者失量生 3 46 1 殘卷
四梵慈心

麗 7 菩薩寶女 1 29 3
是名樂三

宙 33 外道耶侄 4 77 4 首四行末行殘破
世尊寶相

持心梵天所問經 西晉竺法護譯
四卷

原號 起 止 紙 行 附記

珍 36 衣毛貌難 1 28 殘卷
和其莊嚴

## 諸法無行經 二卷 後秦鳩摩羅什譯

原號 起 止 紙 行 卷次 附記

寒 18 諸法積集 雖讚一切 5 131 上 首二行殘破

字 13 說是切衆 及似畢滅 1 17 上 殘卷

## 佛說華手經 十卷 後秦鳩摩羅什譯

原號 起 止 紙 行 卷次 附記

寒 7 禮足生喜 訶俱亦爾 5 134 1 殘卷

## 佛說寶雨經 唐達摩流支譯 十卷

| 原號 | 起 | 止 | 紙 | 行 | 卷次 | 附記 |
|---|---|---|---|---|---|---|
| 李 26 | 善供法若 | 何守惟若 | 1 | 28 | 1 | 殘卷 |
| 李 31 | 嚴菩慧菩 | 頂周滿爲 | 1 | 28 | 1 | 殘卷 |

## 寶雲經 梁曼陀羅仙譯 七卷

| 原號 | 起 | 止 | 紙 | 行 | 卷次 | 附記 |
|---|---|---|---|---|---|---|
| 師 24 | 男子善男 | 意是尼力 | 1 | 28 | 2 | 寫文未竟末空三行 |
| 辰 23 | 口夜爾時 | 修精具此 | 3 | 50 | 3 | 首二行殘破 |
| 官 49 | 佛所城當 | 而行而行 | 2 | 33 | 4 | 殘卷 |

## 觀察諸法行經 隋闍那崛多譯 四卷

| 原號 | 起 | 止 | 紙 | 行 | 卷次 | 附記 |
| --- | --- | --- | --- | --- | --- | --- |
| 陽52 | 至无覺解 | 言說能持 | 2 | 43 | 2 | 殘卷 |

## 大方便佛報恩經 失譯人名附後漢錄 七卷

| 原號 | 起 | 止 | 紙 | 行 | 卷次 | 附記 |
| --- | --- | --- | --- | --- | --- | --- |
| 鱗79 | 我有何須 | 妻子復名 | 4 | 72 | 2 | 殘卷末空白十一行 |
| 月92 | 其王佛飛 | 一小思議 | 5 | 150 | 5 | 殘卷 |
| 閏46 | 思惟皮還 | 毀害成積 | 1 | 28 | 7 | 殘卷 |

佛說菩薩本行經 失譯人名附東晉錄 三卷

原號 起 止 紙 行

字 9 佛等學於 4 天當得智 45

太子須大拏經 西秦聖堅譯 一卷

原號 起 止 紙 行 附記

字 6 審大太子 欲得遠去 5 85 此卷五葉黏成一册

佛說佛名經 元魏菩提流支譯 十二卷

原號起止紙行卷次附記

律 16 彌尼過去 3 62 8 戒優利弗 首四行末七行殘破

佛說佛名經 佚本 二十卷

原號起止紙行附記

歲 12 舍那而去 20 519 動佛十九 首五行碎損

五千五百佛名神咒除障滅罪經 隋闍那崛多譯 八卷

原號 起 止 紙 行 附記

調 84 闍若帝 5 140 殘卷
南無莎訶

佛說八部佛名經 元魏瞿曇般若流支譯 一卷

原號 起 止 紙 行

冬 12 東北如來 1 25
東北如來

## 維摩詰所說經

後秦鳩摩羅什譯

三卷

原號　起　止　紙　行　卷次　附記

署　71　所集說世　2　29　下　殘卷

汝如讀誦

## 維摩經疏

原號　起　止　紙　行　附記

裳　5　二字如也　3　32　釋弟子品第三目連章

物言觀樹

李　20　上問循行　4　120

異學口二

淨名經關中釋鈔　唐道液撰

原號　起　止　紙　行　附記

文41　法喜鬼來　平等假名　2　57　此卷文與藏二號同今題即據該卷

# 金光明最勝王經　十卷　唐義淨譯

原號　起　止　紙　行　卷次　附記

昃40　法如見行　復次障入　5　119　2　首十五行末八行殘破

雲38　如依於无　應身行方　1　28　2　此係雲三十八號之後段

文40　毛端除盡　一切勝味　1　28　2　殘卷

服75　離一滿足　一切衆生　1　25　2　殘卷

| | | | | | | | |
|---|---|---|---|---|---|---|---|
| 呂 | 81 | 法如一切 | 眞實生隨 | 3 | 67 | 3 | 首二行殘破 |
| 翔 | 57 | 鼓吹竟天 | 安樂來果 | 2 | 50 | 3 | 殘卷 |
| 昃 | 6 | 善男行覺 | 地平自在 | 2 | 30 | 4 | 殘 |
| 衣 | 75 | 今復身形 | 於諸盈流 | 1 | 28 | 5 | 殘卷 |
| 推 | 16 | 爾時等聚 | 從座車兵 | 2 | 31 | 5 | 殘卷 |
| 羽 | 74 | 著陁尼曰 | 之所喇你 | 1 | 24 | 7 | 殘卷 |
| 雲 | 38 | 天皆捨棄 | 行於根故 | 1 | 28 | 8 | 殘卷 此係雲三十八號之前段 |
| 調 | 70 | 云何氣力 | 云何瘵殊 | 1 | 26 | 9 | 殘卷 |
| 歲 | 44 | 爾時伐底 | 怛姪莎訶 | | 102 | | 此爲金光明最勝王經咒文即由經中抄出別行中斷爲二截前五行末九十七行紙皆殘破重疊黏補不復能分其紙數 |

# 大般若波羅蜜多經 唐玄奘譯 六百卷

| 原號 | 起 | 止 | 紙 | 行 | 卷次 | 附記 |
|---|---|---|---|---|---|---|
| 收39 | 十偏得無 | 薩行薩摩 | 1 | 28 | 352 | 殘卷 |
| 玉37 | 四百之二 | 羅蜜切有 | 3 | 82 | 412 | 首九行碎損 第二分六到彼岸品十三之二 |
| 龍86 | 已熟无所 | 應正大菩 | 2 | 26 | 554 | 殘卷 |
| 龍95 | 爾時禮佛 | 座起掌向 | 1 | 27 | 573 | 殘卷 |
| 鳥52 | 合及散自 | 乖諍妙悉 | 1 | 28 | 578 | 殘卷 |

## 光讚般若經

西晉竺法護譯　十卷

| 原號 | 起 | 止 | 紙 | 行 | 卷次 |
|---|---|---|---|---|---|
| 帝 5 | 五根 慧又 | 死識 想生 | 1 | 20 | 4 |

## 摩訶般若波羅蜜經

後秦鳩摩羅什譯　二十七卷

| 原號 | 起 | 止 | 紙 | 行 | 附記 |
|---|---|---|---|---|---|
| 龍 75 | 過久 密若 | 曠百 歲百 | 1 | 28 | 殘卷 |
| 制 28 | 若无 提白 | 義不 義一 | 2 | 32 | 大半殘缺係卷廿一之文 |

# 般若波羅蜜多心經注

原號 起 止 紙 行

爲 10 无二受想 无地身意 5 140

# 妙法蓮華經度量天地品

| 原號 | 起 | 止 | 紙 | 行 | 品次 |
| --- | --- | --- | --- | --- | --- |
| 成 63 | 敬師所說 | 无量疑惑 | 11 | 226 | 度量天地品廿九 |
| 麗 27 | 佛告寶象 | 汝等十菩 | 1 | 24 | 度量天地品廿九 |
| 罔 25 | 男女海小 | 內一王百 | 4 | 96 | 度量天地品廿九 |

附記

首殘破無題名文與生十七號同故題此名然妙法蓮華經凡三譯皆無此品惟由來已久初見於隋費長房錄其後隋唐諸錄皆有之列於疑僞部題曰妙法蓮華度量天地經亦名妙法蓮華經度量天地品第廿九云此係正面經背雜寫經名及有釋魏

譯金剛經九喻文一節

珠 100 壽命平等 切衆多少 9 240 度量天地品廿九 殘卷

## 法華經玄讚 唐窺基撰

原號 起 止 紙 行 卷次 附記

結 48 諸漏在故 名伽三迦 5 138 1 殘卷

## 法華經雜釋

原號　起　止　紙　行　附記

字　90　利弗退轉　智慧弘經　11　301　未釋經文僅解諸品要義及各喻旨原本無題姑擬今名

## 大般涅槃經 北涼曇無讖譯　四十卷

原號　起　止　紙　行　卷次　附記

龍　29　又解法財　王畏直解　2　27　5　殘卷

餘　51　不能有住　龜穬天魔　1　24　16　殘卷

雲　2　不久初出　羅三子乃　2　32　18　殘卷

辰 55 佛所世尊 哉善多羅 1 25 19 首行殘破末空二行

成 70 空如可曳 非相不屬 1 18 首尾碎損

字 46 先說池出 法若闡提 2 56 殘缺

# 大般涅槃經 劉宋慧嚴等再治三十六卷

原號 起 止 紙 行 附記

乃 85 世尊樂作 一義滅諦 6 124 首碎損

涅槃經解

原號 起 止 紙 行

餘 16 是佛非乳第二種因 10 260

中阿含經 東晉僧伽提婆譯十卷

原號 起 止 紙 行 附記

露 27 難若截耳憶者須髮 6 90 殘卷六紙長短不一各紙文亦不相接第一第四第六紙抄中阿含經第二第三第五紙抄阿毘曇毘婆沙論

字 55 百由比丘中婆中有 1 19 殘卷

雜阿含經 失譯人名附吳魏二錄 一卷

原號 起 止 紙 行 附記

致 19 行者亦具 何等佛便 4 86 殘卷

雜阿含經 劉宋求那跋陀羅譯 五十卷

原號 起 止 紙 行 卷次 附記

岡 65 沙門等爲 淨鮮貪恚 1 28 20 殘卷

別譯雜阿含經　失譯人名附秦錄　十六卷

| 原號 | 起 | 止 | 紙 | 行 | 卷次 | 附記 |
| --- | --- | --- | --- | --- | --- | --- |
| 潛 76 | 拜度魔女 | 奉行毒蛇 | 1 | 28 | 2 | 殘卷末空二行 |

佛本行集經　隋闍那崛多譯　六十卷

| 原號 | 起 | 止 | 紙 | 行 | 卷次 | 附記 |
| --- | --- | --- | --- | --- | --- | --- |
| 調 88 | 呼嗚彼岸 | 偈說日天 | 1 | 24 | 33 | |
| 制 11 | 狀者時畢 | 羅門者衣 | 1 | 28 | 45 | 殘卷末空六行 |

## 正法念處經 元魏般若流支譯 七十卷

| 原號 | 起 | 止 | 紙 | 行 | 卷次 | 附記 |
|---|---|---|---|---|---|---|
| 始76 | 云何觸而 | 順觀彼受 | 1 | 28 | 3 | 殘卷 寫文未竟末空四行 |
| 冬7 | 知若在彼 | 樂行前所 | 1 | 28 | 13 | 殘卷 |
| 翔14 | 鷄鵬尊佛 | 拔其行龍 | 1 | 28 | 18 | 殘卷 |
| 龍53 | 之可力故 | 爲翅釋告 | 1 | 24 | 27 | 殘卷 |
| 翔39 | 住處皆不 | 彼如受欲 | 2 | 38 | 42 | 殘卷 |
| 歲7 | 見彼大室 | 過弟大大 | 1 | 28 | 47 | 殘卷 寫文未竟末五行亂寫 |
| 李34 | 復次因或 | 山彼以此 | 1 | 28 | 60 | 殘卷 寫文未竟末空三行 |
| 李35 | 色慢骨節 | 作身節異 | 1 | 28 | 62 | 殘卷 寫文未竟末空三行 |

李 38 如實堅無 惱起惱不 1 28 62 殘卷

羽 63 說某能知 地獄苦皆 1 28 63 殘卷 寫文未竟末空三行

光 25 說某能知 地獄苦皆 1 28 63 殘卷

制 20 眼見彼以 消熱已如 1 28 65 殘卷

果 12 那梨次名 天眼處不 1 28 70 殘卷

# 佛說未曾有因緣經 蕭齊曇景譯 二卷

原號 起 止 紙 行 附記

冬 37 遠塗日世 孤抱自燒 19 499 首六行殘破

# 賢愚因緣經 元魏慧覺譯 十三卷

| 原號 | 起 | 止 | 紙 | 行 | 卷次 | 附記 |
|---|---|---|---|---|---|---|
| 冬32 | 所怙此一 | 喜不將至 | 2 | 35 | 1 | 殘卷 首行末行殘闕 |
| 師82 | 喜足置於 | 者若然佛 | 2 | 50 | 3 | 殘卷 |
| 來41 | 當紹淨衣 | 其令之後 | 19 | 507 | 9 | 此卷內題曰善求惡求第四十一善事太子入海第四十二與今藏本次第不合 |
| 稱95 | 山學此事 | 家悉王聞 | 1 | 28 | 11 | 殘卷 |
| 潛87 | 於衛得足 | 已白王不 | 3 | 35 | 11 | 殘卷 |
| 人11 | 汝不言曰 | 指譬佛告 | 1 | 22 | 11 | 殘卷 |
| 文53 | 父付爲說 | 其卜阿羅 | 1 | 27 | 13 | 殘卷 寫文未竟末空二行 |

## 優婆塞戒經 北涼曇無讖譯 七卷

| 原號 | 起 | 止 | 紙 | 行 | 附記 |
|---|---|---|---|---|---|
| 雨69 | 遮不繞敎 | 生己卄八 | 4 | 110 | 首十行碎損 |

## 四分律 後秦佛陀耶舍共竺佛念譯 六十卷

| 原號 | 起 | 止 | 紙 | 行 | 卷次 | 附記 |
|---|---|---|---|---|---|---|
| 薑1 | 書亦念乃 | 復令波離 | 1 | 28 | 17 | 殘卷　寫文未竟末空四行 |
| 乃3 | 其有比言 | 比比障道 | 1 | 28 | 17 | 殘卷 |
| 爲75 | 我成足右 | 逆流匝而 | 1 | 28 | 32 | 殘卷　寫文未完 |

爲77

我成極妙逆流復作 1 28 32 殘卷

# 四分律比丘戒本

後秦佛陀耶舍譯 一卷

原號 起 止 紙 行 附記

宿1

在於所說得故尸沙 3 34 首三行殘破

# 四分比丘尼羯磨法式叉摩那受六法文

劉宋求那跋摩譯

原號 起 止 紙 行 附記

重 6 次說戒是所說言能 1 26 此卷題曰尼六法即式叉摩那六戒唐人自羯摩法中錄出別行

# 如來八戒

原號 起 止 紙 行 附記

衣 5 人汝射六如來貞良 2 47 首十行碎損

# 瑜伽師地論 唐玄奘譯 百卷

| 原號 | 起 | 止 | 紙 | 行 | 卷次 | 附記 |
| --- | --- | --- | --- | --- | --- | --- |
| 果 100 | 无色三摩 | 生誼住如 | 2 | 56 | 11 | 殘卷 |
| 藏 49 | 知善一語 | 敎法義謂 | 3 | 47 | 19 | 首三行殘破 |
| 推 1 | 覆藏无憂 | 故速法戒 | 1 | 21 | 40 | 殘卷 |
| 帝 17 | 釋曰无起 | 白衣爲俘 | 1 | 26 | 67 | 此係背面 正面爲大乘莊嚴經論 |
| 裳 72 | 謂諸怠惧 | 諸受散動 | 1 | 28 | 75 77 | 抄卷第七十五七十七各一段 |

## 菩薩地持經 北涼曇無讖譯 十卷

| 原號 | 起 | 止 | 紙 | 行 | 卷次 | 附記 |
| --- | --- | --- | --- | --- | --- | --- |
| 霜 50 | 諦復菩諦 | 前眞隨名 | 3 | 43 | 8 | 殘卷 |
| 字 42 | 受思是名 | 切種不共 | 6 | 132 | 10 | 殘卷 |

## 大乘百法明門論開宗義記疏

| 原號 | 起 | 止 | 紙 | 行 | 附記 |
| --- | --- | --- | --- | --- | --- |
| 洪 90 | 母若男爲 | 入彼住弟 | 2 | 43 | |
| 生 56 | 修此轉依 | 者應不應 | 5 | 145 | 文之末與洪九十號同 |
| 制 45 | 言以事別 | 說後斷也 | 1 | 18 | |

大乘百法明門論疏　唐普光撰

| 原號 | 起 | 止 | 紙 | 行 | 附記 |
| --- | --- | --- | --- | --- | --- |
| 官20 | 智者懃勇 | 四是闕二 | 1 | 23 | 殘卷 |

大乘起信論義記　唐法藏撰

| 原號 | 起 | 止 | 紙 | 行 | 卷次 | 附記 |
| --- | --- | --- | --- | --- | --- | --- |
| 結61 | 熏之故漸 | 中有等脩 | 28 | 698 | 5 | 7　殘卷　背面有字此係正面 |

## 大莊嚴經論 後秦鳩摩羅什譯 十五卷

原號 起 止 紙 行 卷次 附記

推 59 我等於我 生死出家 1 28 15 殘卷

始 1 純金是怨 爾時充滿 1 28 殘卷

## 大智度論 後秦鳩摩羅什譯 百卷

原號 起 止 紙 行 卷次 附記

律 95 聞之此十 上衆故置 10 201 1 殘卷

羽 69 盡此陁亘 諸外讚諸 2 24 3 殘卷

結 64 一者種種 如說不說 2 23 8 首末二行殘破

| 原號 | 起 | 止 | 紙 | 行 | 卷次 | 附記 |
|---|---|---|---|---|---|---|
| 始52 | 復有 新生 | 世業 苦於 | 1 | 28 | 23 | 殘卷 |
| 鳥57 | 大衆 天若 | 佛自 智巧 | 1 | 22 | 25 | 殘卷 |

## 成唯識論 唐玄奘譯 十卷

| 原號 | 起 | 止 | 紙 | 行 | 卷次 | 附記 |
|---|---|---|---|---|---|---|
| 文29 | 論曰 不取 | 所 是 | 1 | 24 | 9 | 殘卷 |

阿毘曇毘婆沙論 北涼浮陀跋摩共道泰譯 六十卷

原號 起 止 紙 行 卷次 附記

師 88 脩道事故 1 21 20 殘卷
日欲所說

阿毘達磨大毘婆沙論 唐玄奘譯 二百卷

原號 起 止 紙 行 卷次 附記

露 29 欲令次有 2 39 102 殘卷 二紙文不相連
也若觀得

## 阿毗達磨俱舍論 唐玄奘譯 三十卷

| 原號 | 起 | 止 | 紙 | 行 | 品次 | 附記 |
| --- | --- | --- | --- | --- | --- | --- |
| 乃64 | 或流身不 | 五百一盡 | 10 | 186 | 分別世品三 | 殘卷 |

## 成實論 後秦鳩摩羅什譯 十六卷

| 原號 | 起 | 止 | 紙 | 行 | 卷次品次 | 附記 |
| --- | --- | --- | --- | --- | --- | --- |
| 位17 | 惡少之洹 | 惡道隱海 | 3 | 52 | 9 十善道品一百十七 過惡品一百十八 | 殘卷 |
| 宙95 | 應非假名 | 我先以細 | 5 | 122 | 16 三慧品一百九十四 | 首數行殘缺 |

**法句譬喻經** 晉法矩共法立譯 四卷

| 原號 | 起 | 止 | 紙 | 行 | 附記 |
|---|---|---|---|---|---|
| 菜 92 | 昔佛慳貪 | 起住陀洹 | 3 | 78 | 抄喻欲愛品梵志品道利品各一事 |
| 鱗 10 | 昔佛何爲 | 滅愛漢道 | 5 | 118 | 殘卷一事　抄安寧品好喜品忿怒品道行品各 |
| 翔 44 | 昔佛禮却 | 世受以上 | 1 | 24 | 抄華香品二事 |

**佛頂尊勝陀羅尼經** 唐佛陀波利譯 一卷

| 原號 | 起 | 止 | 紙 | 行 | 附記 |
|---|---|---|---|---|---|
| 位 65 | 寫流惡道 | 世尊尼法 | 1 | 26 | 殘卷 |

大佛頂經

原號 起 止 紙 行 附記

結 82 業發欲界吏證第八 6 162 尾題大佛頂經卷第八

千眼千臂觀世音菩薩陀羅尼神咒

原號 起 止 紙 行 卷次 附記

裳 23 自咒者說貌身但取 1 28 上 別譯殘卷此經凡二譯唐智通譯三卷唐菩提流志譯一卷此譯與智通譯相類而文字微有出入

## 青頸觀音大悲心咒

原號 起 止 紙 行 附記

官 18 銜娑莎訶 訶嚩只喝 1 42 此咒與續藏所收文不同然音句無差知是唐時別譯

## 佛說隨求即得大自在陀羅尼神咒經 唐寶思惟譯 一卷

原號 起 止 紙 行 附記

乃 28 鉢囉訖底 揭拏呵七 1 53 殘卷兩面有字文相聯屬

## 大方等陀羅尼經

北涼法衆譯 四卷

| 原號 | 起 | 止 | 紙 | 行 | 卷次 | 附記 |
| --- | --- | --- | --- | --- | --- | --- |
| 雲 58 | 无有有得 | 迦年王子 | 2 | 49 | 2 | 末行殘破 |
| 人 46 | 當得時佛 | 行七波旬 | 5 | 82 | 2 | 殘卷 |
| 人 44 | 三菩佛都 | 求身求端 | 1 | 26 | 2 | |

## 六門陀羅尼經論廣釋

| 原號 | 起 | 止 | 紙 | 行 | 卷次 | 附記 |
| --- | --- | --- | --- | --- | --- | --- |
| 結 61 | 熏之故漸 | 中有等脩 | 28 | 698 | 下 | 殘卷此論爲世親作釋乃智威尊者作失譯人名不見於歷代諸藏此係背面 |

## 佛說灌頂經

東晉帛尸梨蜜多羅譯　十二卷

| 原號 | 起 | 止 | 紙 | 行 | 卷次 | 附記 |
| --- | --- | --- | --- | --- | --- | --- |
| 官7 | 阿難難言 | 順心衆生 | 2 | 23 | 12 | 殘卷 |

## 佛金剛壇陀羅尼經

| 原號 | 起 | 止 | 紙 | 行 | 附記 |
| --- | --- | --- | --- | --- | --- |
| 宙70 | 是自愁苦 | 白佛是名 | 3 | 84 | 殘卷 |
| 月100 | 淨性性空 | 室利說相 | 2 | 32 | 首二行末二行皆殘破卷末與冬七十號卷首文相連故知爲佛金剛壇陀羅尼經 |

## 大通方廣經

| 原號 | 起 | 止 | 紙 | 行 | 卷次 | 附記 |
|---|---|---|---|---|---|---|
| 玉 88 | 影口一切無非阿羅 | | 3 | 43 | 中 | 殘卷隋目大通方廣經三卷又方廣滅罪成佛經見開元錄 |
| 乃 31 | 如來梵音供養提故 | | 5 | 90 | 中 | 殘卷 |

## 淨度三昧經

| 原號 | 起 | 止 | 紙 | 行 | 卷次 | 附記 |
|---|---|---|---|---|---|---|
| 結 63 | 用外廣煞受畏畏禁 | | 16 | 325 | 上 | 殘卷其中湼槃作泥洹無量數作無央數當是晉譯自僧祐錄以下各目均載之 |
| 霜 51 | 世罪何因德孰告无 | | 3 | 69 | 上 | 殘卷與結六十五號文同據彼卷題名如此 |

## 佛說救疾經

| 原號 | 起 | 止 | 紙 | 行 | 附記 |
|---|---|---|---|---|---|
| 霜80 | 解□以佛 | 佛即爲浴 | 4 | 80 | 殘卷 |

## 佛說善惡因果經

| 原號 | 起 | 止 | 紙 | 行 | 附記 |
|---|---|---|---|---|---|
| 果90 | 惡罵走狗 | 來爲行者 | 1 | 50 | 殘卷　見大周錄疑僞部 |
| 柰34 | 死墮地獄 | 礓地主五 | 1 | 28 | 殘卷　與果九十號末文相接 |
| 乃24 | 寶車僧水 | 爲人中虫 | 1 | 27 | 殘卷 |
| 裳50 | 三寶復得 | 脚中地獄 | 3 | 84 | 殘卷 |

## 首羅比丘見月光童子經

| 原號 | 起 | 止 | 紙 | 行 | 附記 |
| --- | --- | --- | --- | --- | --- |
| 衣 | 41 光童有人 | 語聲樂貴 | 5 | 113 | 經名初見於隋衆經錄疑僞部唐各錄皆列之 |

## 法王經

| 原號 | 起 | 止 | 紙 | 行 | 附記 |
| --- | --- | --- | --- | --- | --- |
| 淡 | 36 眼色諸法 | 一切以故 | 16 | 309 | 殘卷開元錄疑僞部中有諸佛下大法王經六十卷疑就大經中抄出 |

## 佛說要行捨身經

| 原號 | 起 | 止 | 紙 | 行 | 附記 |
|---|---|---|---|---|---|
| 推 10 | 以佛有有 | 身分彌勒 | 3 | 43 | 文與律二十一號同據彼卷題名如此大唐內典錄有齊竟陵王抄要行捨身經六卷開元釋敎錄有要行捨身經一卷註中並歷舉其僞謬疑釋敎錄所載即此本 |

## 佛說法句經

| 原號 | 起 | 止 | 紙 | 行 | 品次 | 附記 |
|---|---|---|---|---|---|---|
| 騰 23 | 食尋我記 | 智者男子 | 2 | 63 | 觀聲性空證實際品三 觀三處空得菩提品四 | 殘卷 |
| 歲 80 | 親近善男 | 道故食故 | 1 | 28 | 親近眞善知識品五 廿一種譬喻善知識品六 | 殘卷 |
| 爲 45 | 何光此是 | 如佛於親 | 1 | 24 | | 殘卷末與爲四十六號相連 |

爲 46 近善佛言 諸灾悔不 1 24 煩惱即菩提品九 殘卷

露 21 畏諸德廣 所動所動 1 23 求善知識不惜內外壽命嫌疑品十 普光問如來慈偈答品十一 殘卷前與爲四十六號相連

露 24 一切說諸 薩授捨坐 1 24 寶明菩薩授記品十二 殘卷案此卷與露廿一號文相連屬

## 雜記如來本行

原號 起 止 紙 行 附記

洪 62 第三佛昔 化作去時 11 264 首紙橫裂首六行殘損寫法草率文多脫簡凡集如來本行十一則每則皆題云第幾

扇

## 八相成道俗文

原號起止紙行附記

麗 40 爾時伏望波羅恩矣 15 274 與雲二十四號文同

## 父母恩重俗文

原號起止紙行

河 12 到處善恩不識愛慮 5 78

# 俟考諸經

| 原號 | | 起 | 止 | 紙 | 行 | 附記 |
|---|---|---|---|---|---|---|
| 字 | 91 | 復次過去 | 應以那含 | 3 | 70 | 全卷碎損 |
| 嘗 | 32 | 阿脩故應 | 念念離心 | 1 | 26 | 首二行殘缺 |
| 嘗 | 86 | 得無以故 | 或有依菩 | 2 | 49 | 首八行殘缺　以上三卷舊注金光明經俟考 |
| 嘗 | 48 | 分或慮不 | 難故運轉 | 1 | 28 | 舊注大般若經俟考 |
| 餘 | 61 | 觀十智通 | 當勤法及 | 1 | 28 | |
| 稱 | 32 | 波羅因惡 | 空法无願 | 1 | 28 | |
| 官 | 38 | 憐愍三菩 | 汝今毗婁 | 1 | 26 | 首六行殘缺 |
| 皇 | 24 | 解脫對治 | 名字名於 | 1 | 20 | 首尾殘缺　以上四卷舊注涅槃經俟考 |

| | | | | | |
|---|---|---|---|---|---|
| 制 | 68 | 故女擁護 難養還歸 | 2 | 52 | 首九行碎損其文似係別譯玉耶經文中 玉耶作玉娜與東西晉兩譯畧有異同 |
| 師 | 25 | 劣明塵親 巍巍諸境 | 1 | 28 | 舊注六度無極經俟考 |
| 制 | 73 | 簡然就大 宗三功德 | 3 | 54 | 舊注稻芊經疏俟考 |
| 金 | 85 | 通依滿三 去石七地 | 10 | 243 | 舊注相宗唯識義 |
| 始 | 67 | 那謨布悉 參婆鬼趣 | 1 | 21 | 背面有字 舊注施食軌俟考 |
| 人 | 20 | 之世衆生 言聲佛邪 | 13 | 294 | 首十六行 異章第七 殘缺下半多碎損 內題佛性同 |
| 騰 | 59 | 親近婦女 經精年歲 | 6 | 138 | 存禪章第五般若章第六出家章第七孝愼 章第八戒色慾章第九 |
| 冬 | 11 | 隨時者何 等至奉於 | 1 | 28 | |
| 藏 | 58 | 行脩殿雨 爾時八萬 | 1 | 28 | 末空三行文與鱗卅號同 |
| 歲 | 79 | 味五闡提 薩得墮阿 | 3 | 57 | 末十餘行破損文與律八十七號同 |

| | | | | | | |
|---|---|---|---|---|---|---|
| 律 | 87 | 復次勝活 | 佛性釋迦 | 12 | 247 | 末行殘破文與河五十二號歲七十九號同疑是大通方廣懺悔滅罪莊嚴成佛經之下卷 侯考 |
| 陽 | 8 | 天地業故 | 乾消若不 | 14 | 250 | |
| 騰 | 9 | 黃金磨金 | 第一能布 | 1 | 28 | |
| 致 | 98 | 地中見己 | 滅二而去 | 9 | 229 | |
| 結 | 78 | 歌梨我大 | 與於如是 | 4 | 100 | 雜集事緣殘卷　凡錄三緣各有題 |
| 李 | 33 | 獨行以者 | 子所薩和 | 1 | 28 | 寫文未竟末空四行 |
| 河 | 52 | 无量復次 | 流布重禁 | 12 | 343 | |
| 鱗 | 30 | 天呼簡五 | 如是心皆 | 7 | 179 | 殘卷 |
| 羽 | 75 | 王即君時 | 貴加爲乞 | 1 | 16 | |

| | | | | | |
|---|---|---|---|---|---|
| 翱 | 51 | 還本聽比神仙不得 | 1 | 28 | 殘卷經中說食五辛過失據唐代諸經目疑僞部中均有五辛經或即此類 |
| 師 | 89 | 隨時戒是是若地悉 | 2 | 28 | |
| 帝 | 33 | 歸依十善問三不貪 | 1 | 41 | 案此乃中土論 |
| 鳥 | 31 | 廢別女色繁廣云戰 | 1 | 32 | |
| 官 | 2 | 涅槃遍觀是經利子 | 1 | 28 | |
| 官 | 65 | 云懷或今固守勝故 | 1 | 23 | |
| 官 | 87 | 願令行盡老病行盡 | 2 | 40 | |
| 人 | 95 | 得喜自見平等蘊之 | 17 | 412 | |
| 乃 | 79 | 弗若於諸不解弗我 | 1 | 26 | |
| 衣 | 99 | 蓋得出五功德七者 | 1 | 21 | |

| | | | | | | |
|---|---|---|---|---|---|---|
| 裳 | 31 | 問三問如 | 佛聞別也 | 3 | 68 | |
| 推 | 44 | 當行學佛 | 持戒見行 | 1 | 21 | |
| 地 | 76 | 六哼不聽 | 下弓愧傾 | 17 | 490 | 首二行殘缺尾行微缺　已裝裱末書太安四年 |
| 黃 | 64 | 者終等應 | 比丘无病 | 1 | 28 | 此係黃六十四號之第九段 |
| 黃 | 79 | 世界界大 | 不得能調 | 1 | 28 | |
| 盈 | 10 | 甚善聖道 | 十二八年 | 2 | 50 | 全卷硃筆句讀 |
| 辰 | 34 | 廣大言方 | 雖行彼衆 | 11 | 256 | 正面不知何經背面由第三段起一題佛說出家功德經一題依入道次第釋一題沙彌十戒法并威儀一卷 |
| 陽 | 20 | 等作應也 | 後自應非 | 9 | 211 | 首紙及尾十六行殘缺　硃筆句讀背面有佛說法花四字 |
| 陽 | 100 | 忍言一切 | 敎經作樂 | 8 | 177 | 首六行殘缺 |

| | | | | | | |
|---|---|---|---|---|---|---|
| 水 | 8 | 大如 沉淪 | 惟素 沉恩 | 5 | 77 | 首行寫維大唐天福四年歲次丁亥 |
| 崑 | 83 | 達行 斯陁 | 八不 卄是 | 1 | 24 | |
| 劍 | 87 | 問聖 是果 | 法即 旣能 | 11 | 264 | 卷內寫第四豎眞應義第五豎境智義第六豎因果義硃筆句讀兩面有字 |
| 李 | 39 | 或四 歹詐 | 曾无 作橋 | 5 | 79 | |
| 李 | 100 | 證舍 阿爲 | 以故 致相 | 4 | 230 | 已裝裱 |
| 柰 | 15 | 成龍 小不 | 忽現 寶主 | 5 | 96 | 背面尾有蕃文一行 |
| 菜 | 40 | 不及 住持 | 之斷 灾盡 | 8 | 206 | 後有蕃字 |
| 海 | 80 | 莫多 消滅 | 針一 讀誦 | 1 | 19 | 末行有已亥年五月六日比丘寫記沙彌淨覺貞讀誦等字 |
| 河 | 1 | 昔者 耳佛 | 化衆 道迹 | 6 | 176 | 此係小乘經 |
| 淡 | 74 | 同其 提婆 | 不能 莎呵 | 4 | 80 | |

| 千字文 | 號 | 起 | 止 | 紙數 | 行數 | 附記 |
| --- | --- | --- | --- | --- | --- | --- |
| 潛 | 37 | 金光　愛染 | 當知　慧心 | 5 | 66 | 兩面字　首行有金光明最勝王經第五卷第中重題空性品第九云等字中段首行有第三卷中滅業障品第五云等字背面末段首行有五千五百佛名經卷第五等字兩面尾各有空白 |
| 翔 | 18 | 諸法　緣波 | 所未　空空 | 1 | 29 | 背面有字 |
| 龍 | 40 | 南无　囉却 | 那彌　悉雨 | 2 | 30 | |
| 帝 | 47 | 八欲　尼日 | 應當　姪他 | 1 | 29 | |
| 始 | 39 | 犯或　四八 | 食時　少許 | 3 | 64 | 兩面字　前二紙多殘缺 |
| 制 | 57 | 劫章　元數 | 劫名　識誦 | 2 | 42 | 首行首三字爲劫章誦 |
| 制 | 83 | 會三　銜將 | 宮雲　自殊 | 2 | 32 | 首尾殘缺中碎損 |
| 文 | 68 | 唵薩　婆令 | 摩訶　莎訶 | 1 | 24 | |

服 13 大集地藏 出定吽嘲 1 25 舊注陀羅尼

衣 49 取好八遍 中指二中 2 38 首尾殘缺舊注如意輪咒經下半寫有摩尼別行法咒觀世音擲鬼法第二降魔法

第五

〔一九三一年三月由中央研究院歷史語言研究所出版。現據此本影印。〕